ざしきわらし

イラスト作品集

COLOR PALETTE

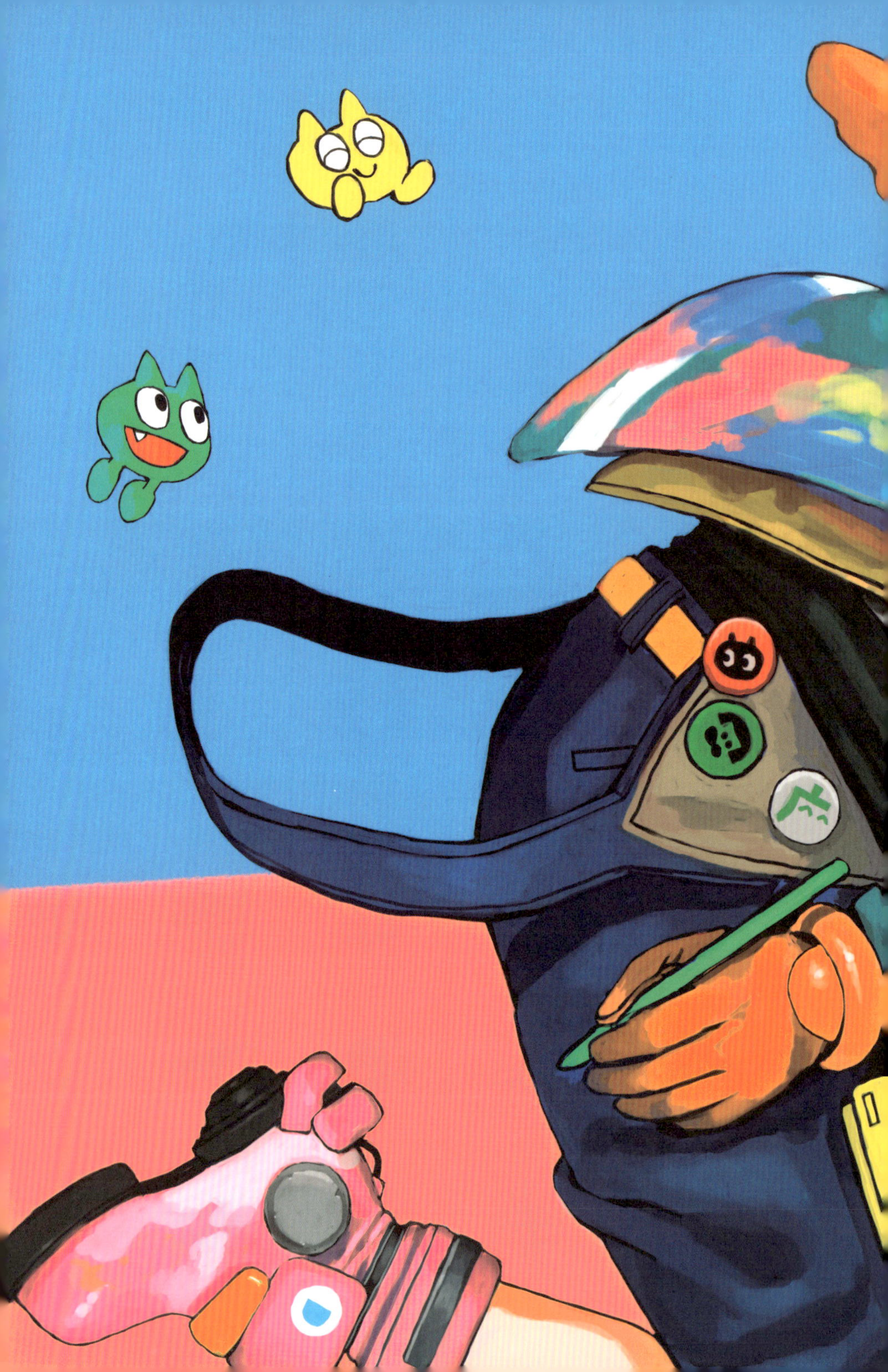

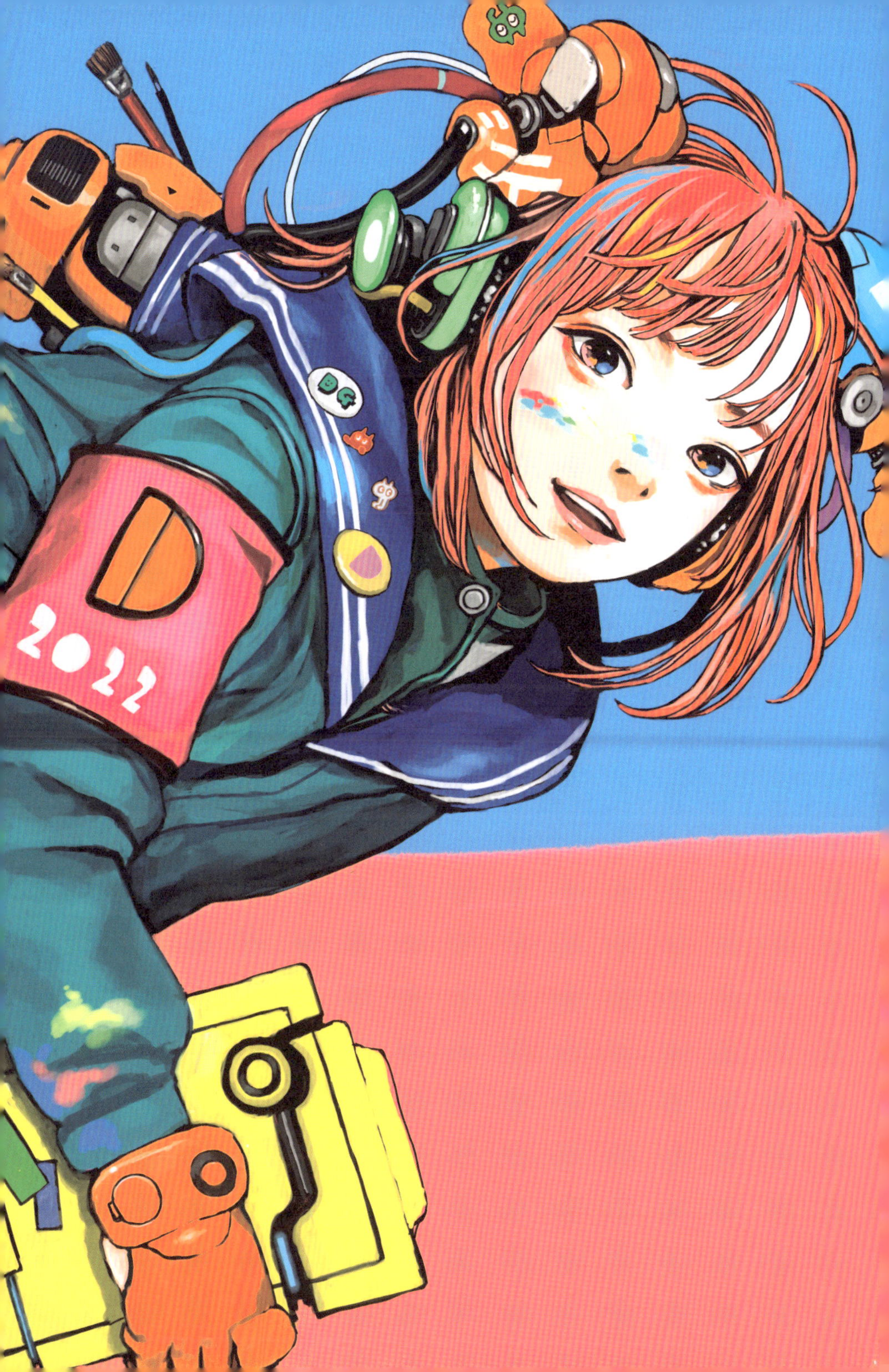
2022

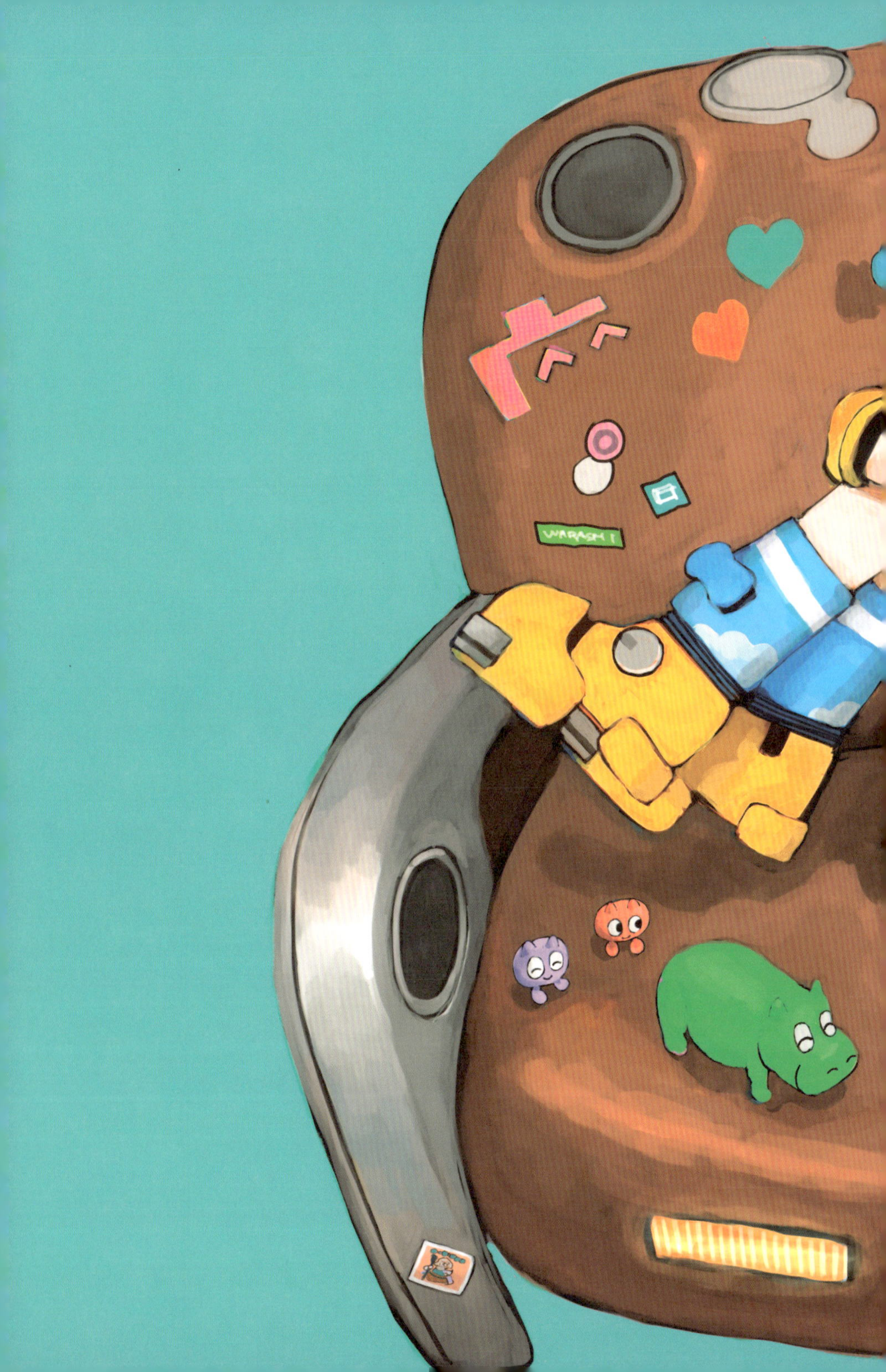
WARASH I

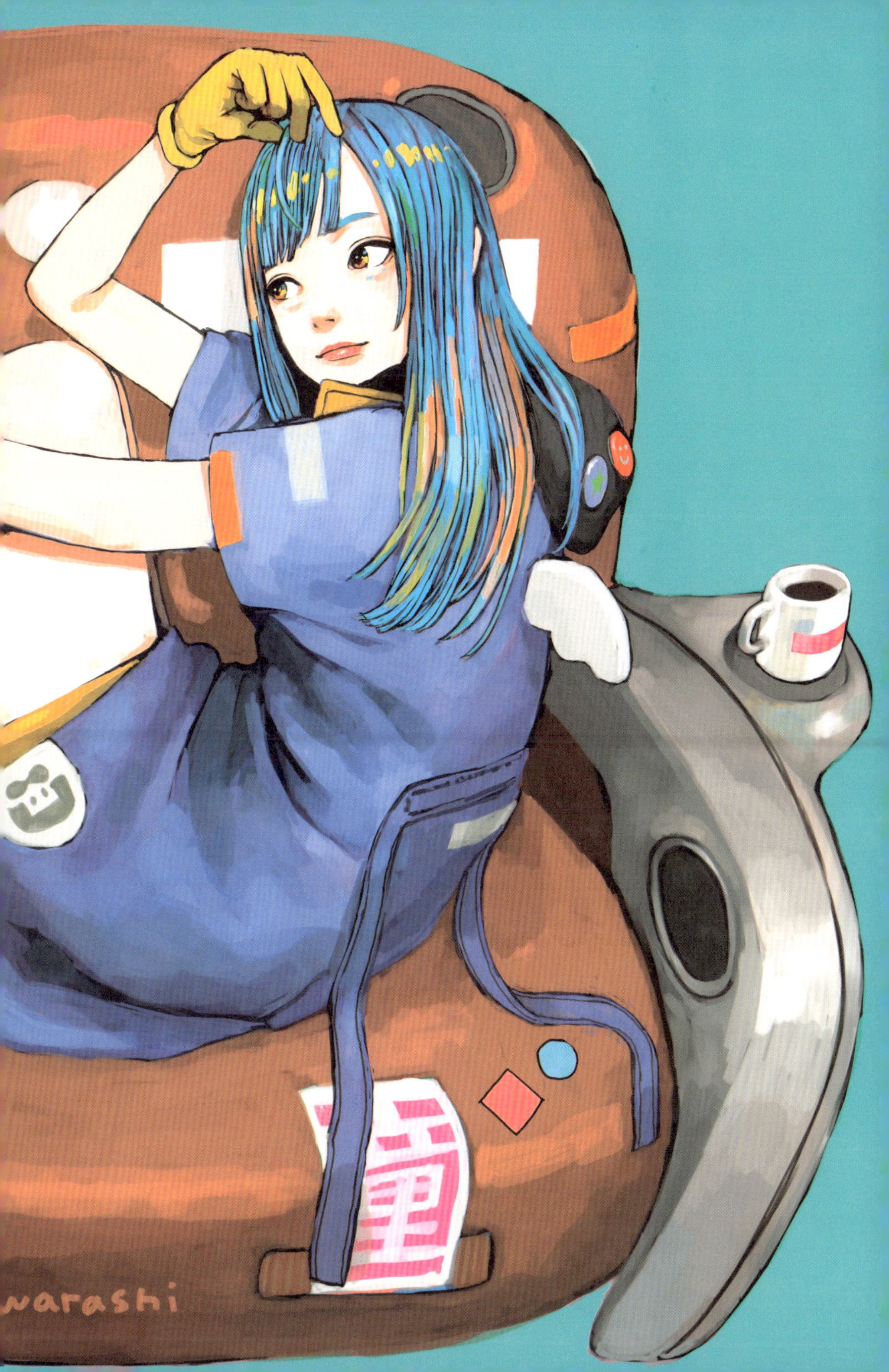
narashi

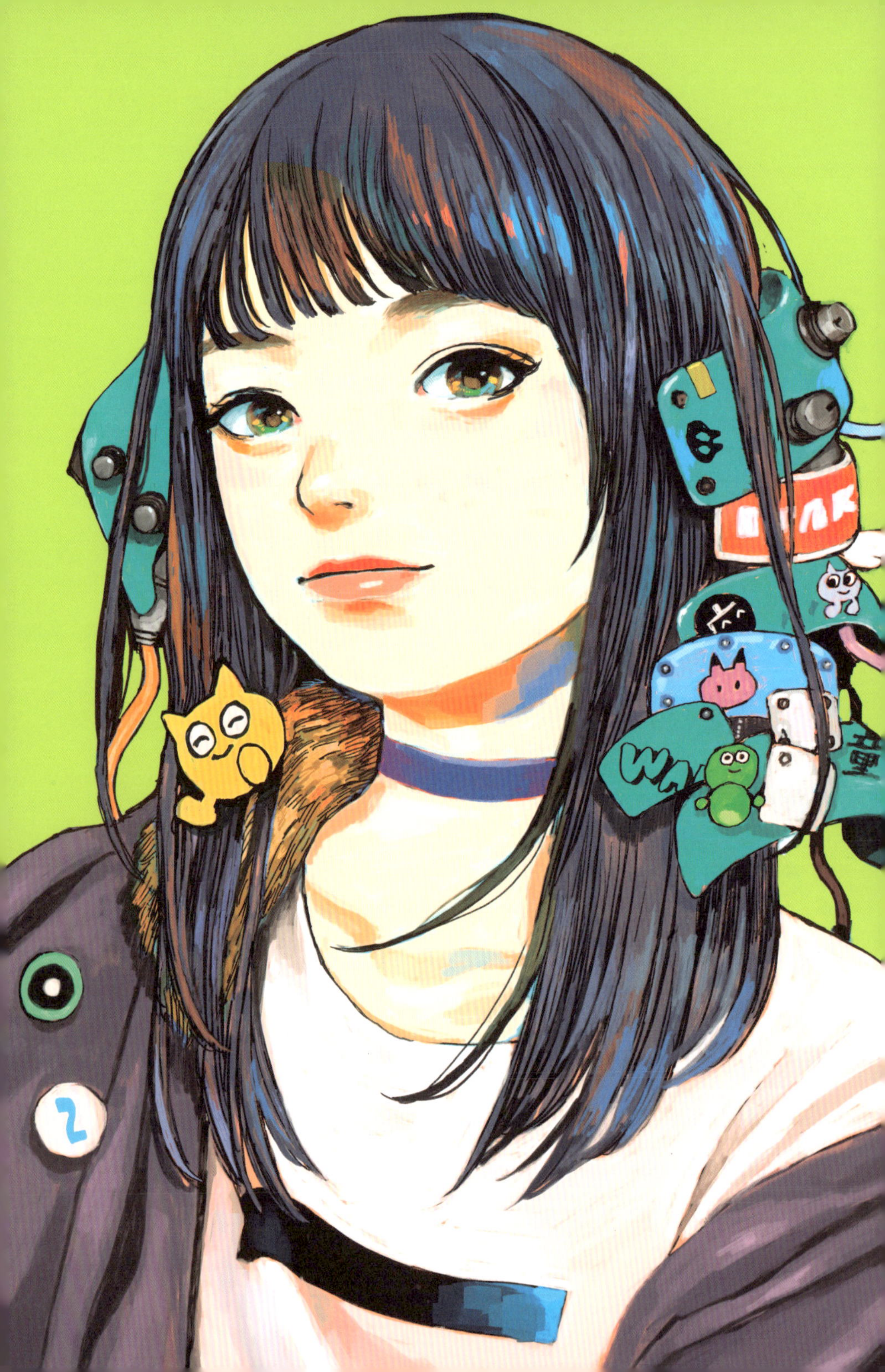

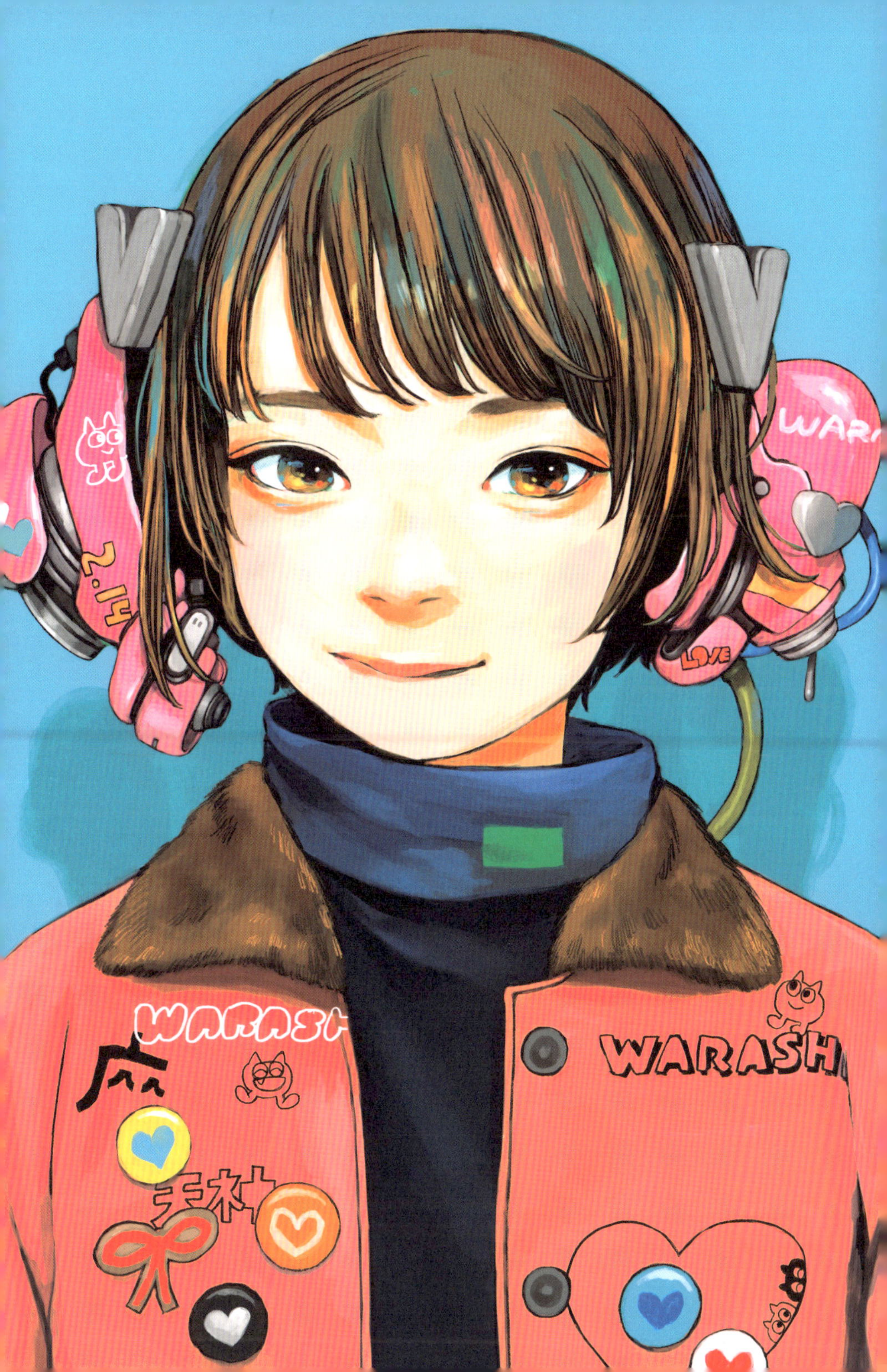
2.14

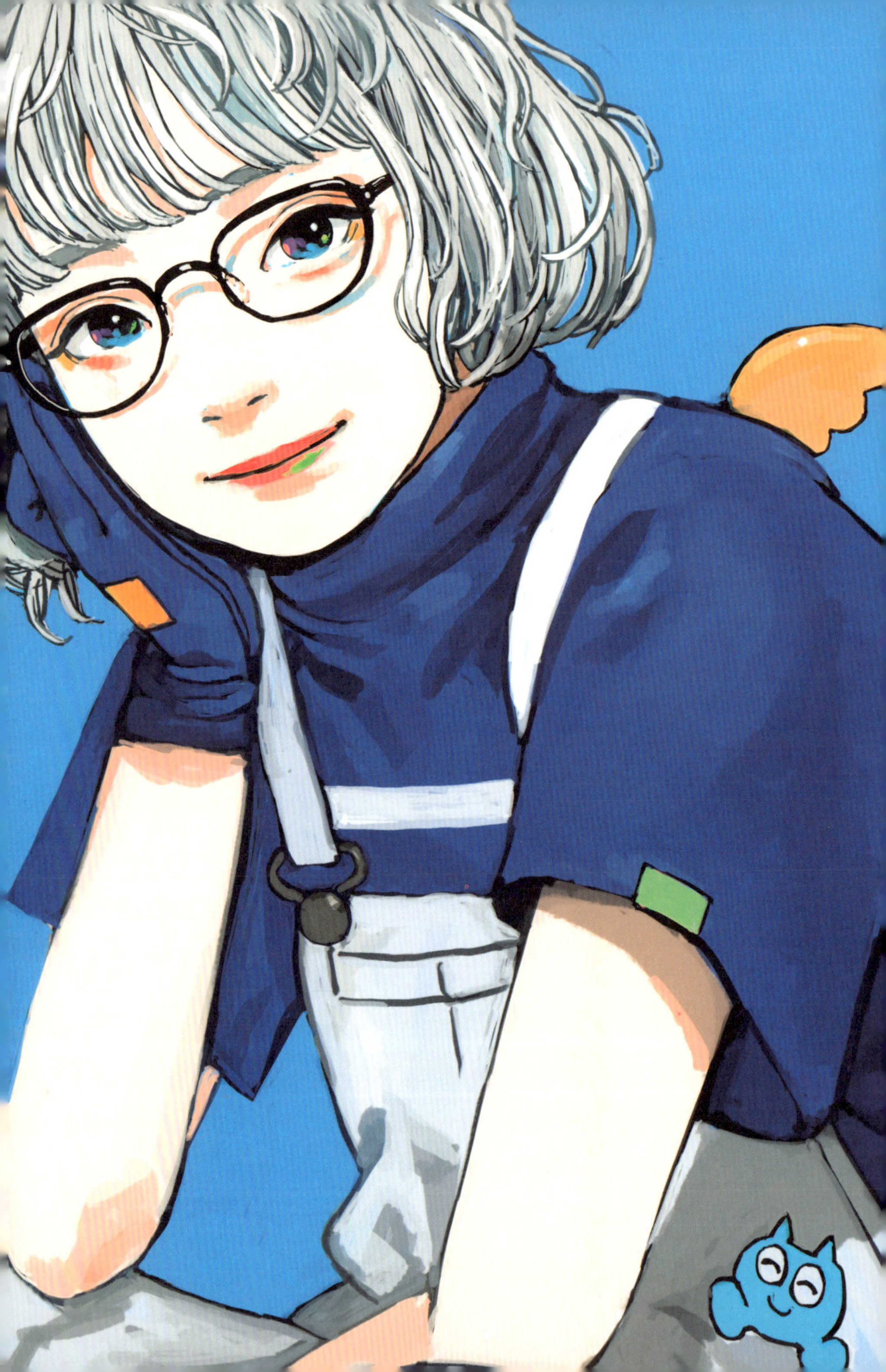

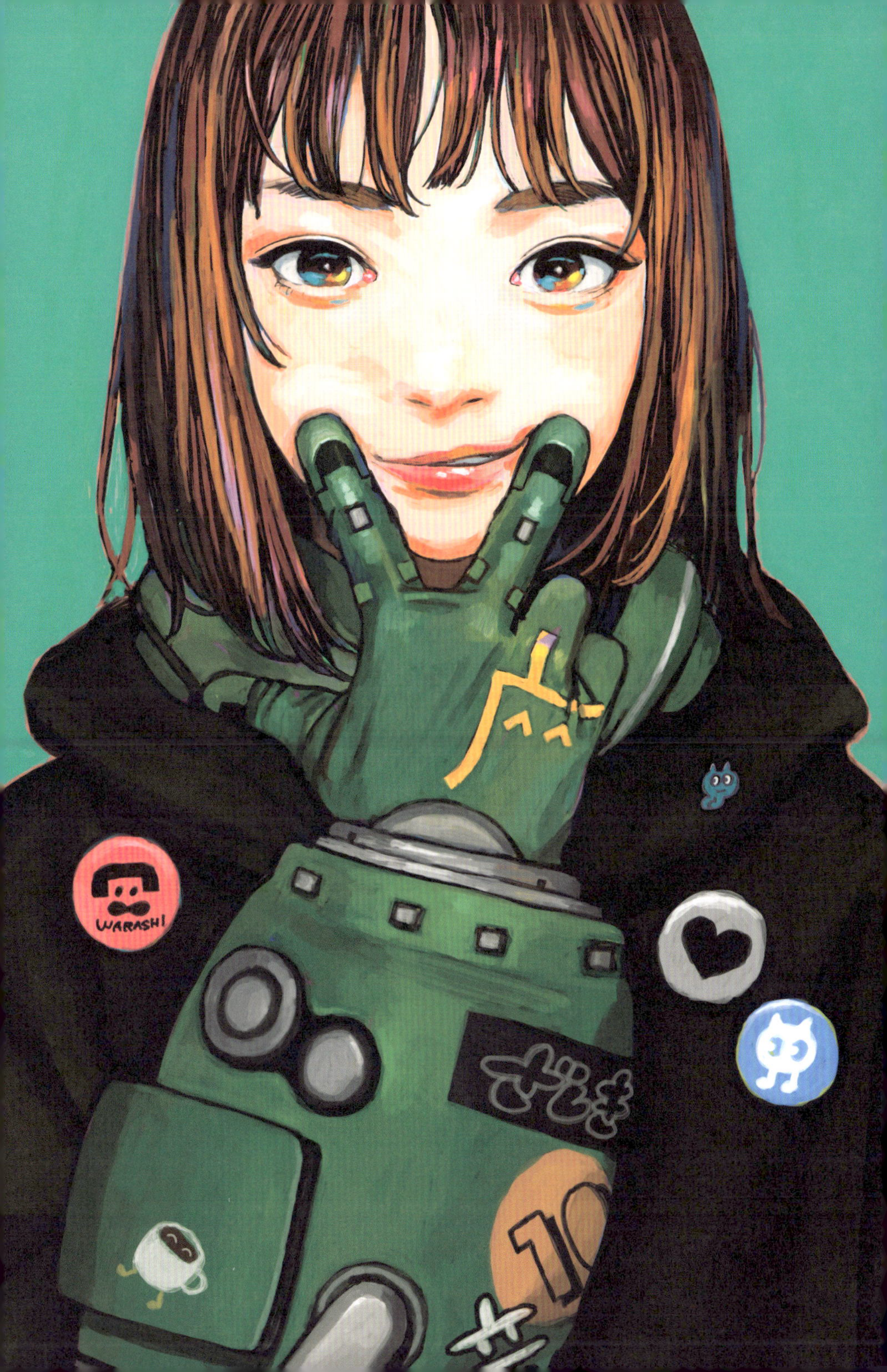
WARASHI

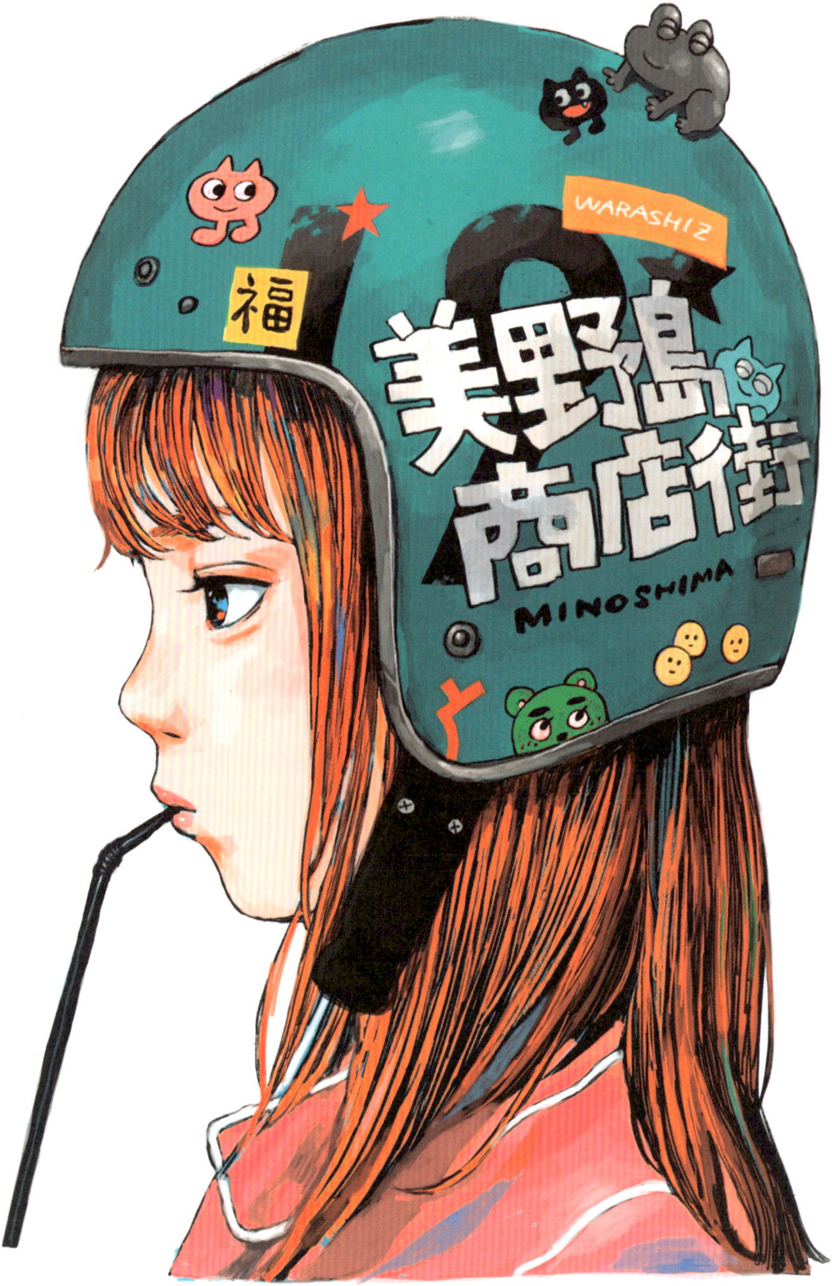

WARASHIZ
福
美野島
商店街
MINOSHIMA

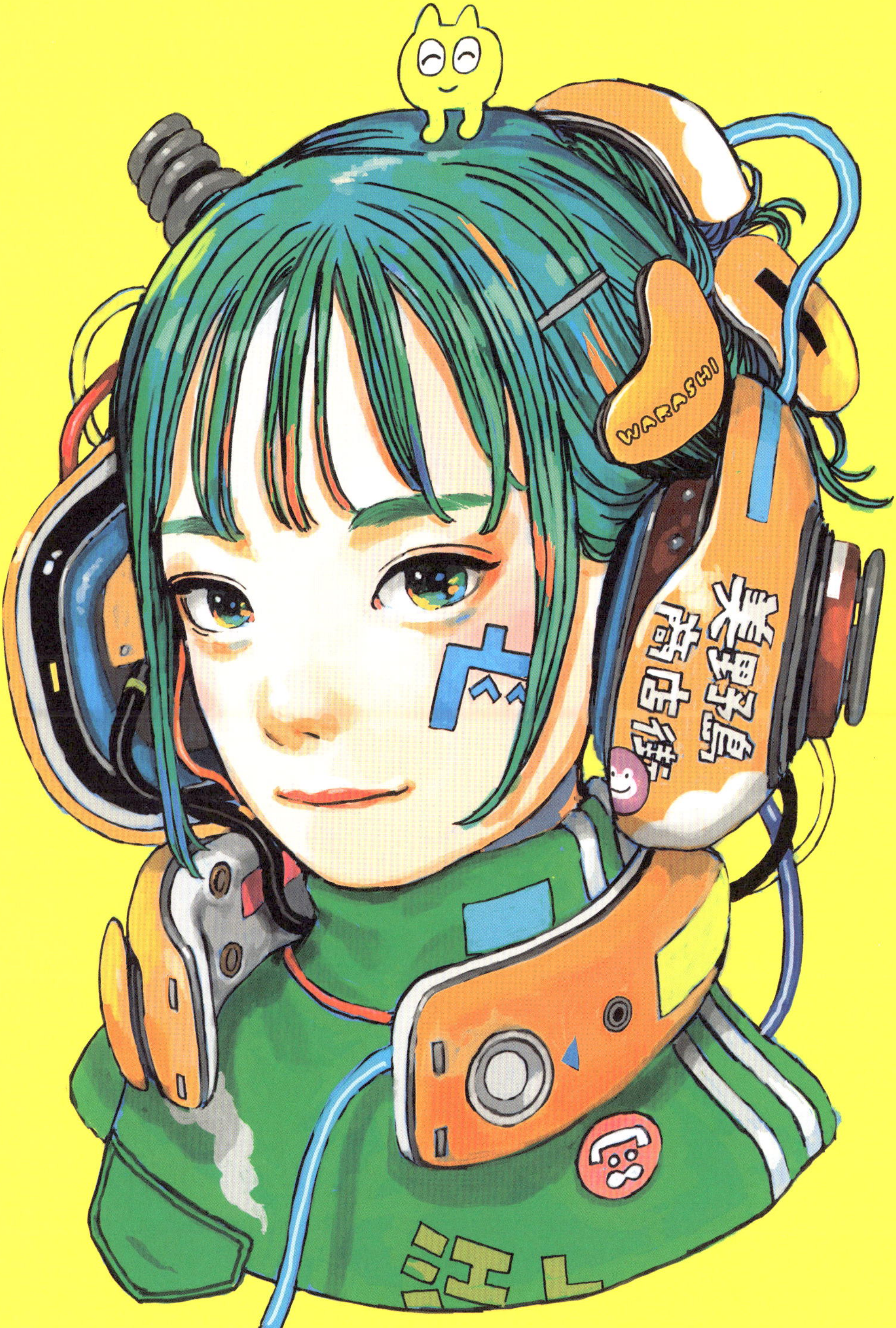
WARASHI
美野島商店街

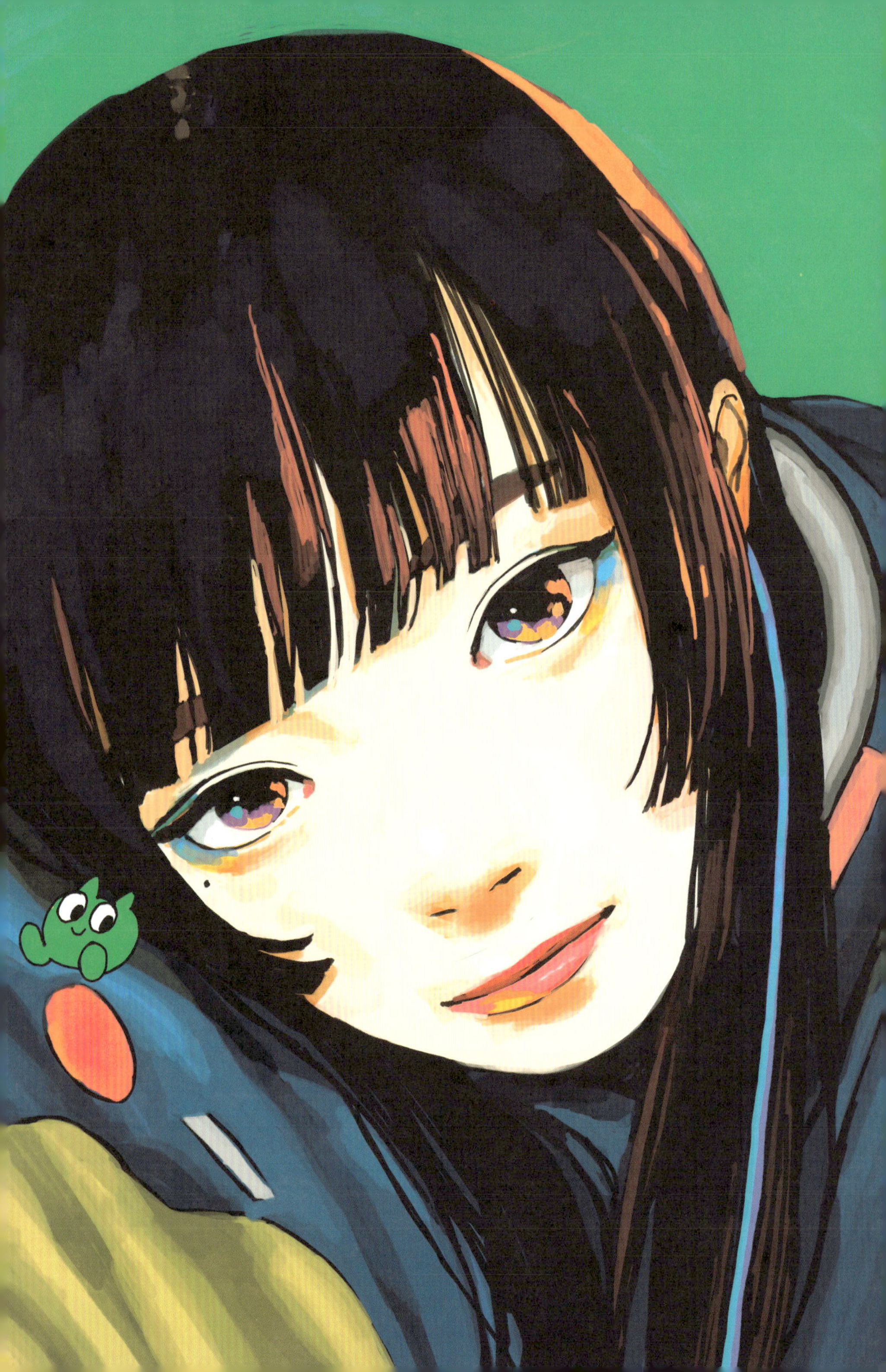

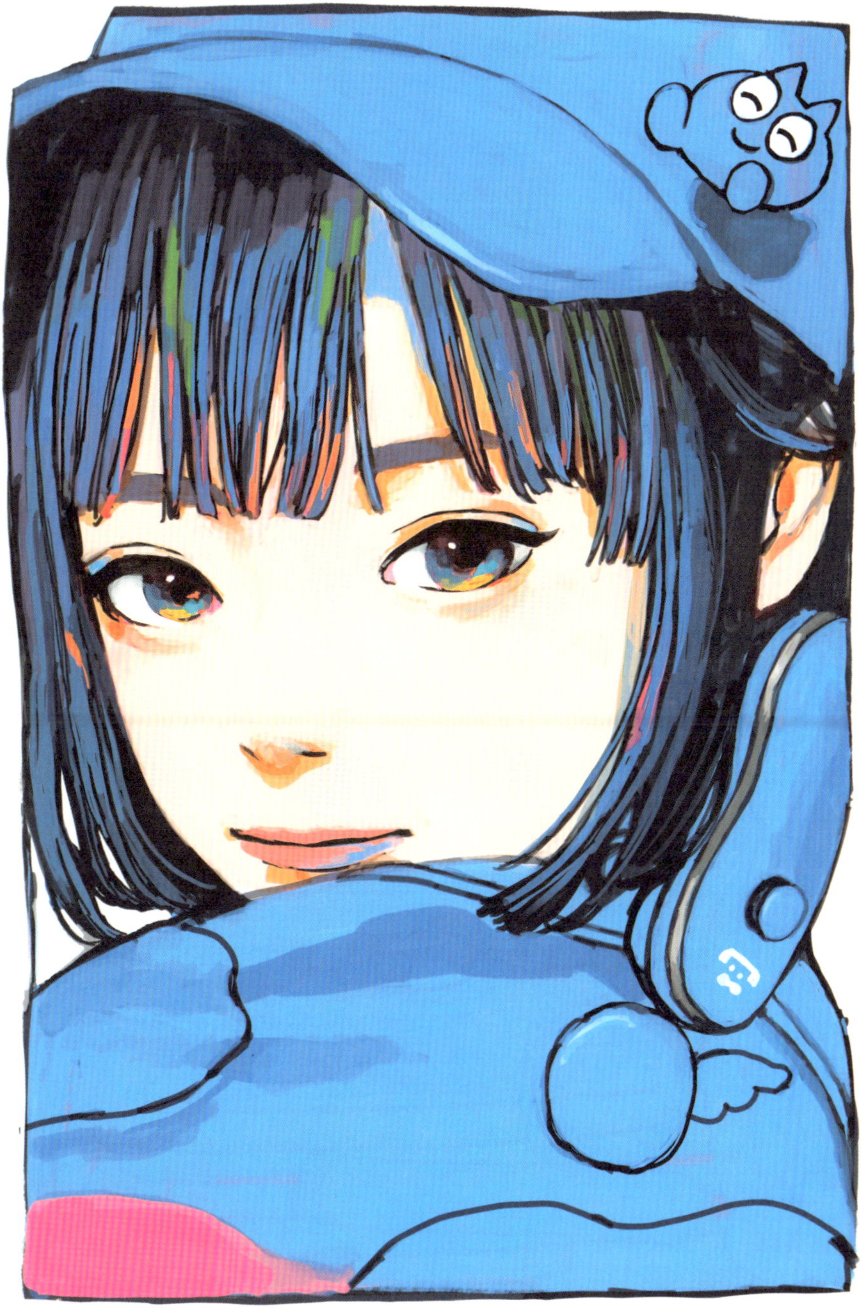

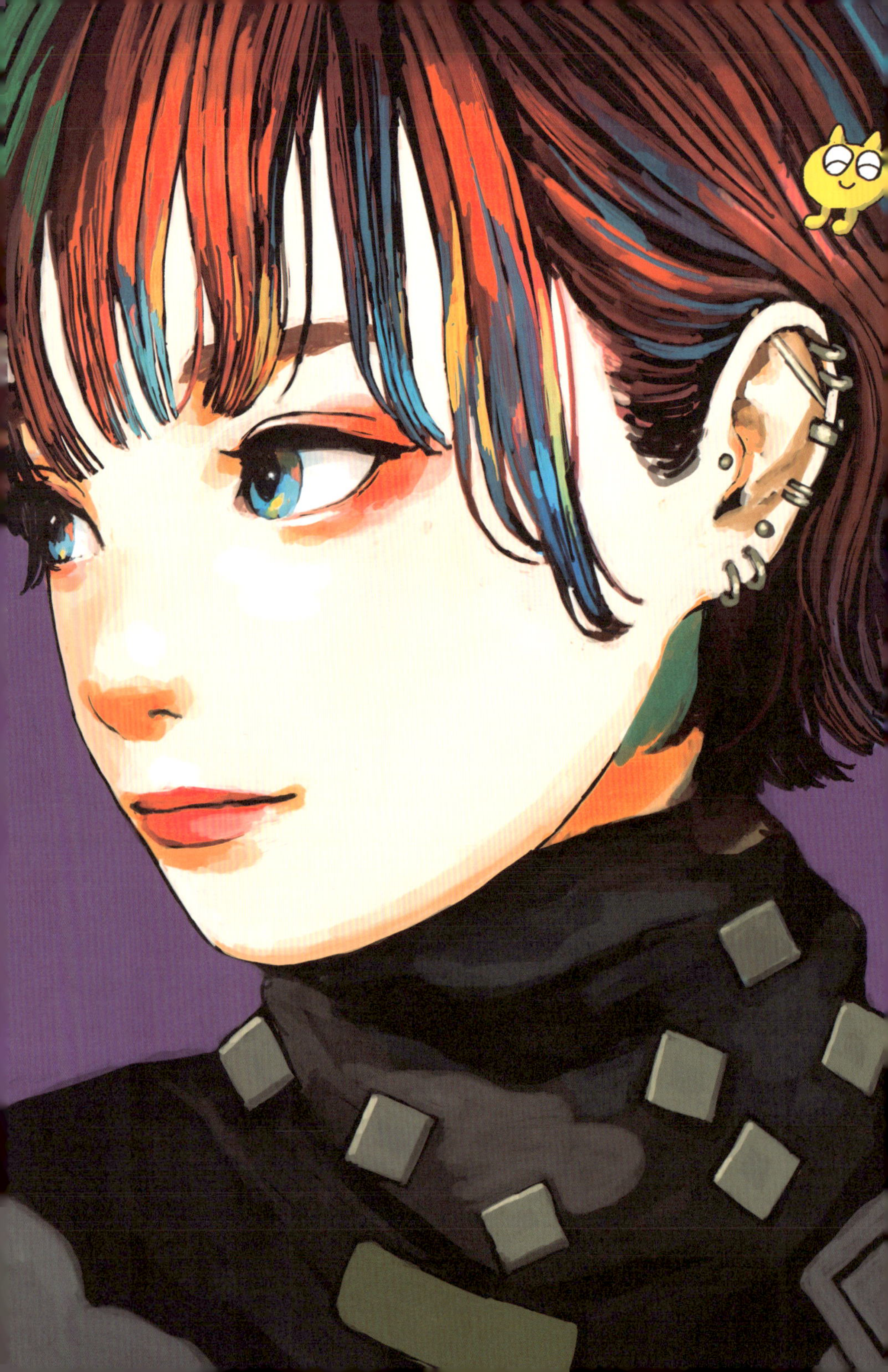

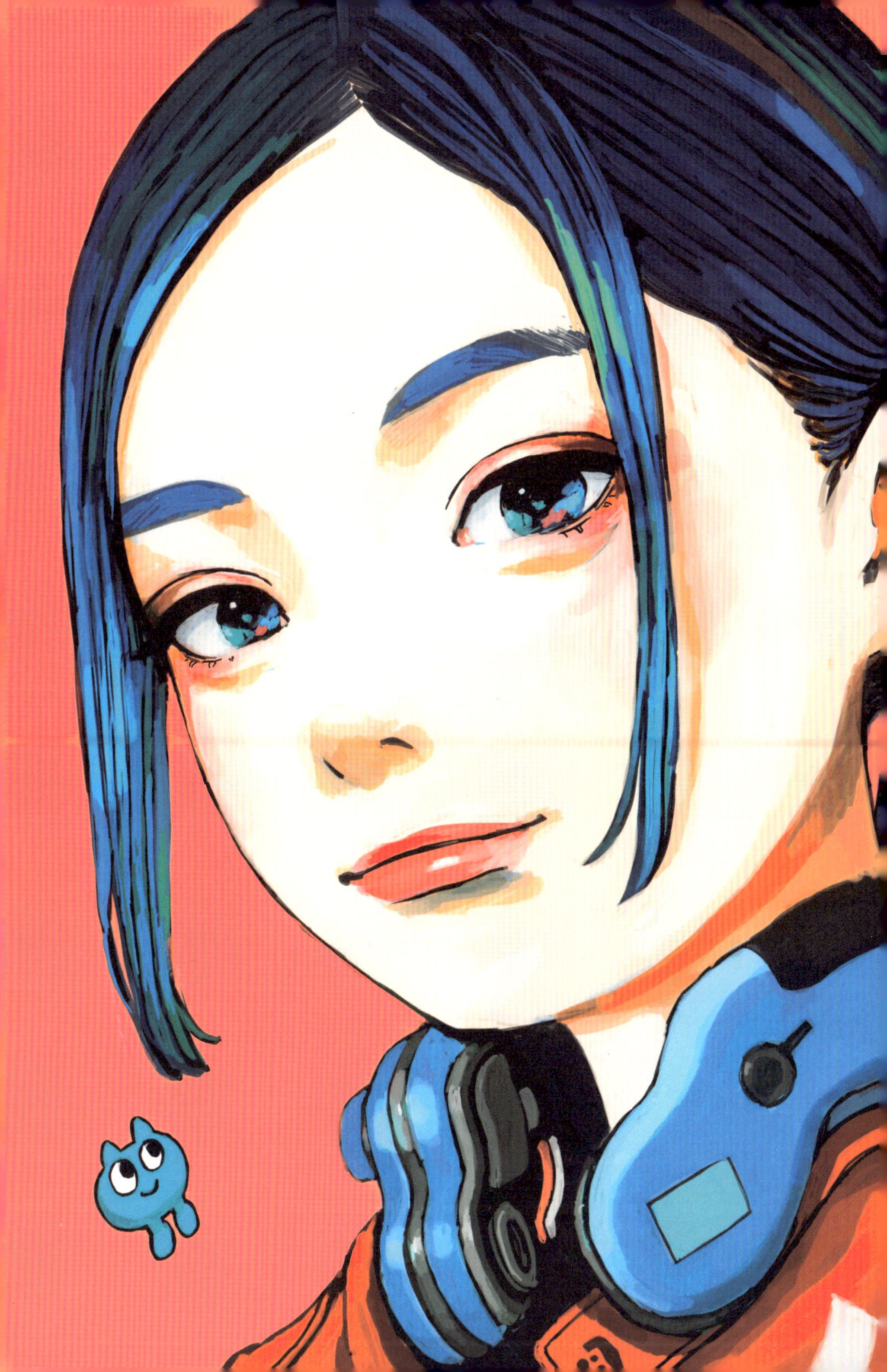

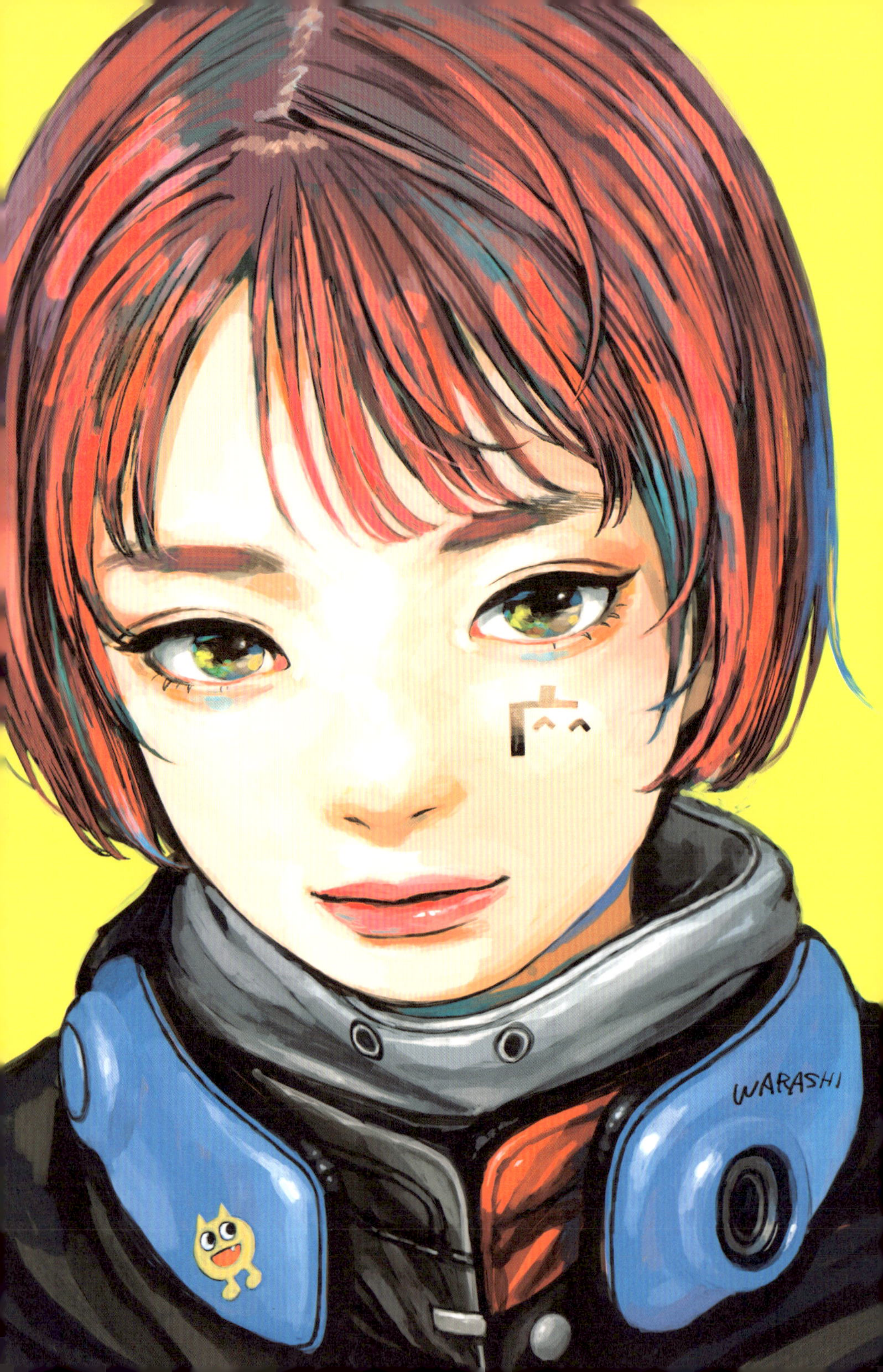
WARASHI

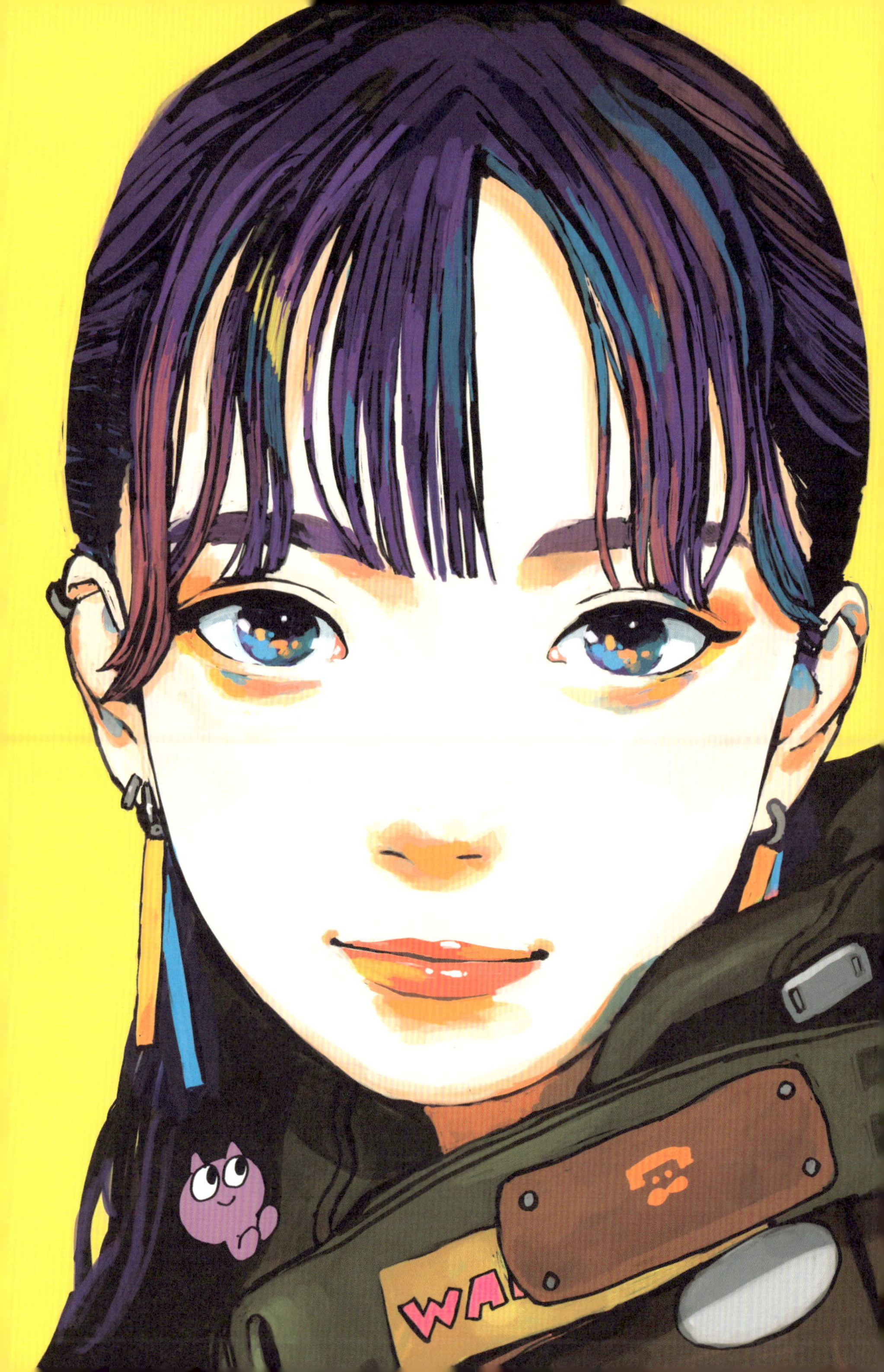

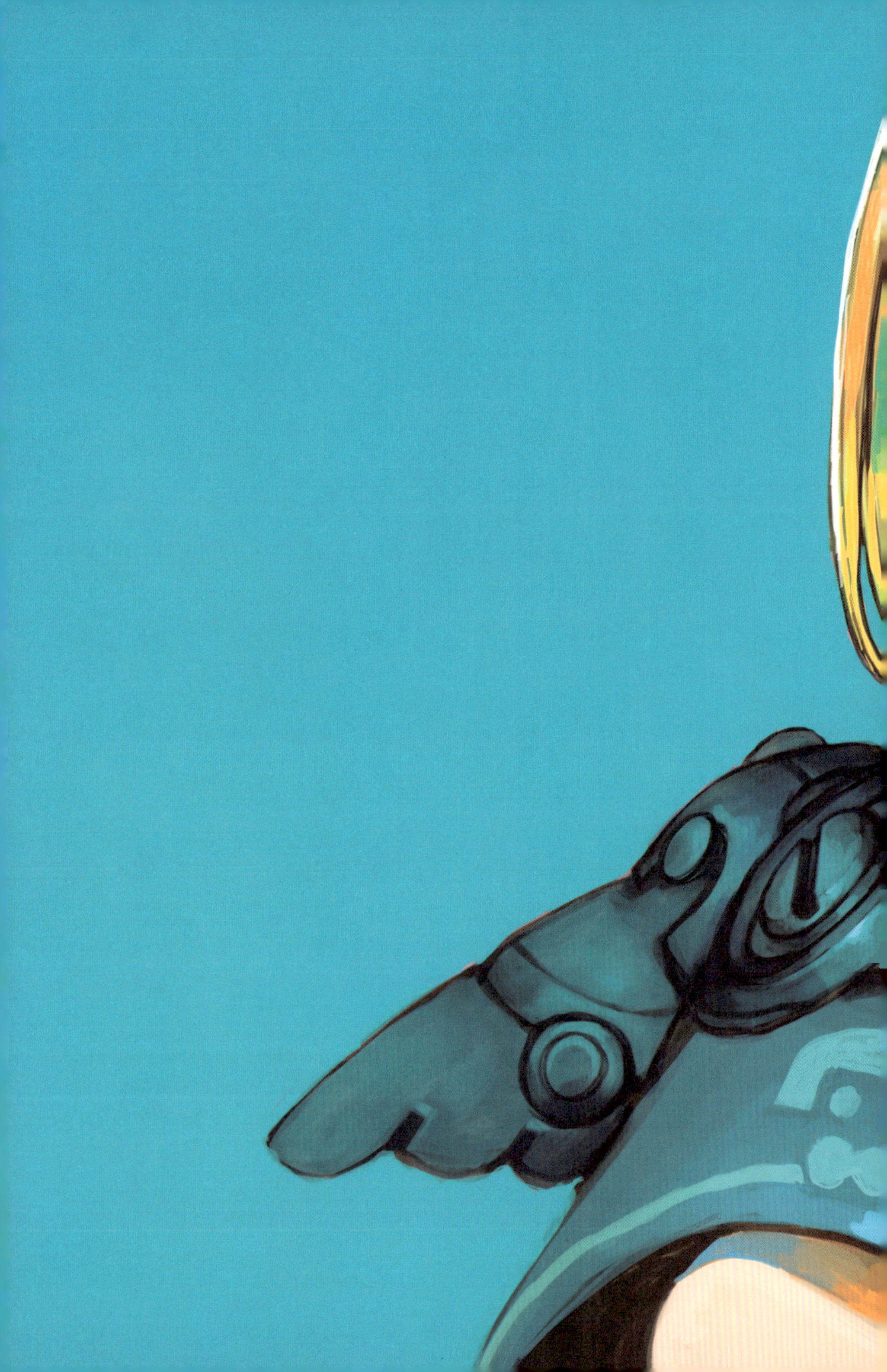

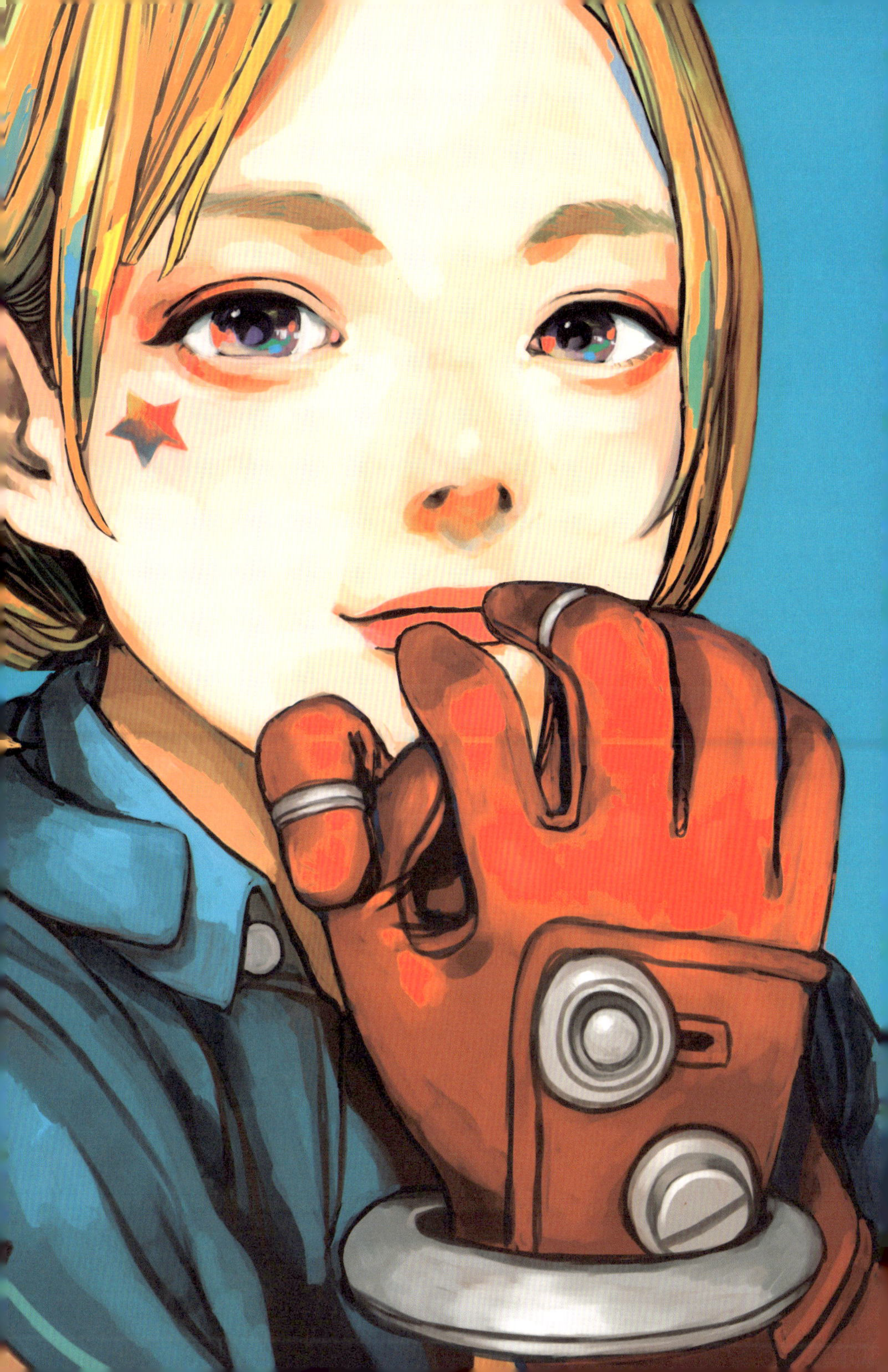

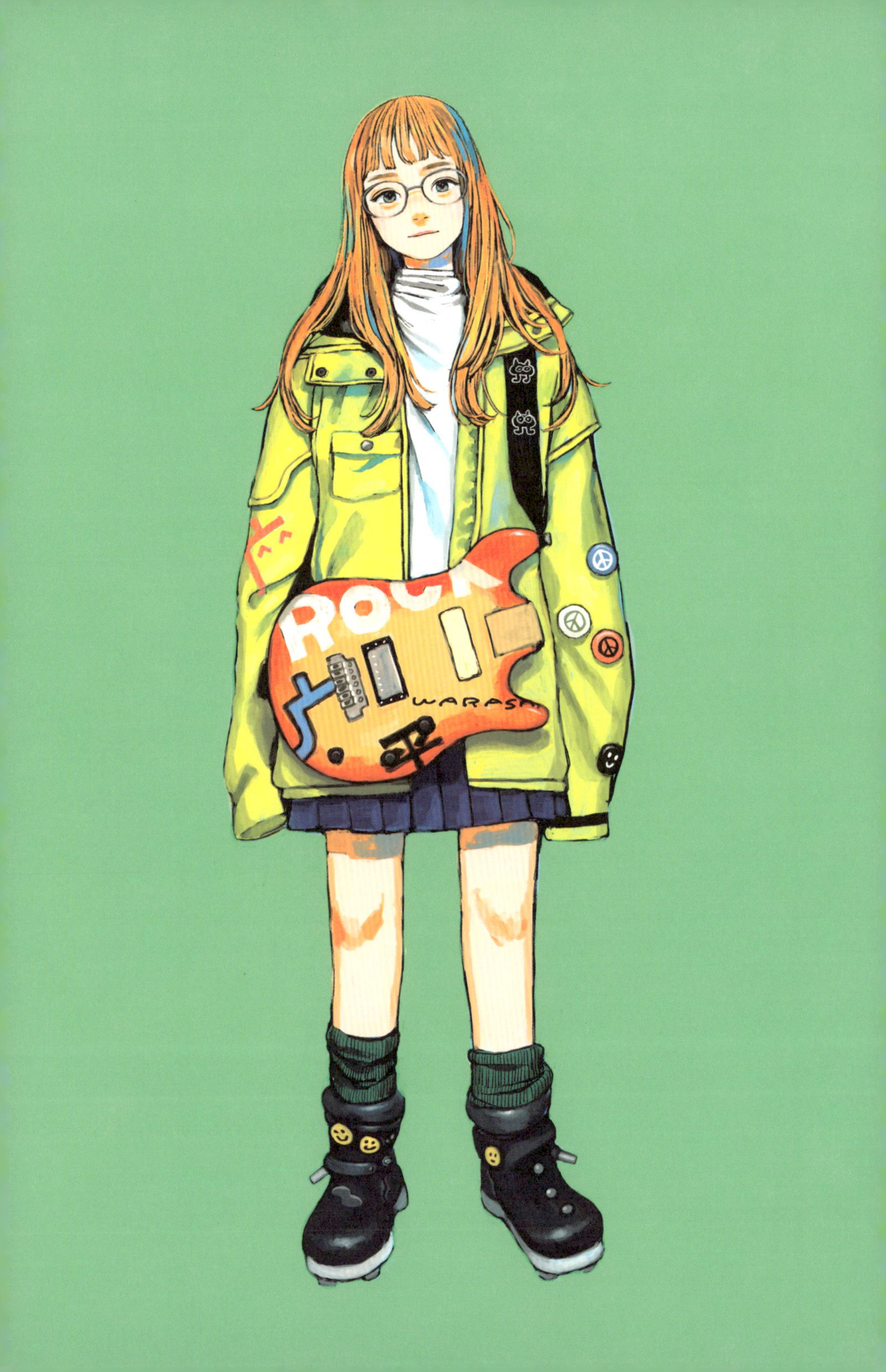
ROCK
WARASH
平

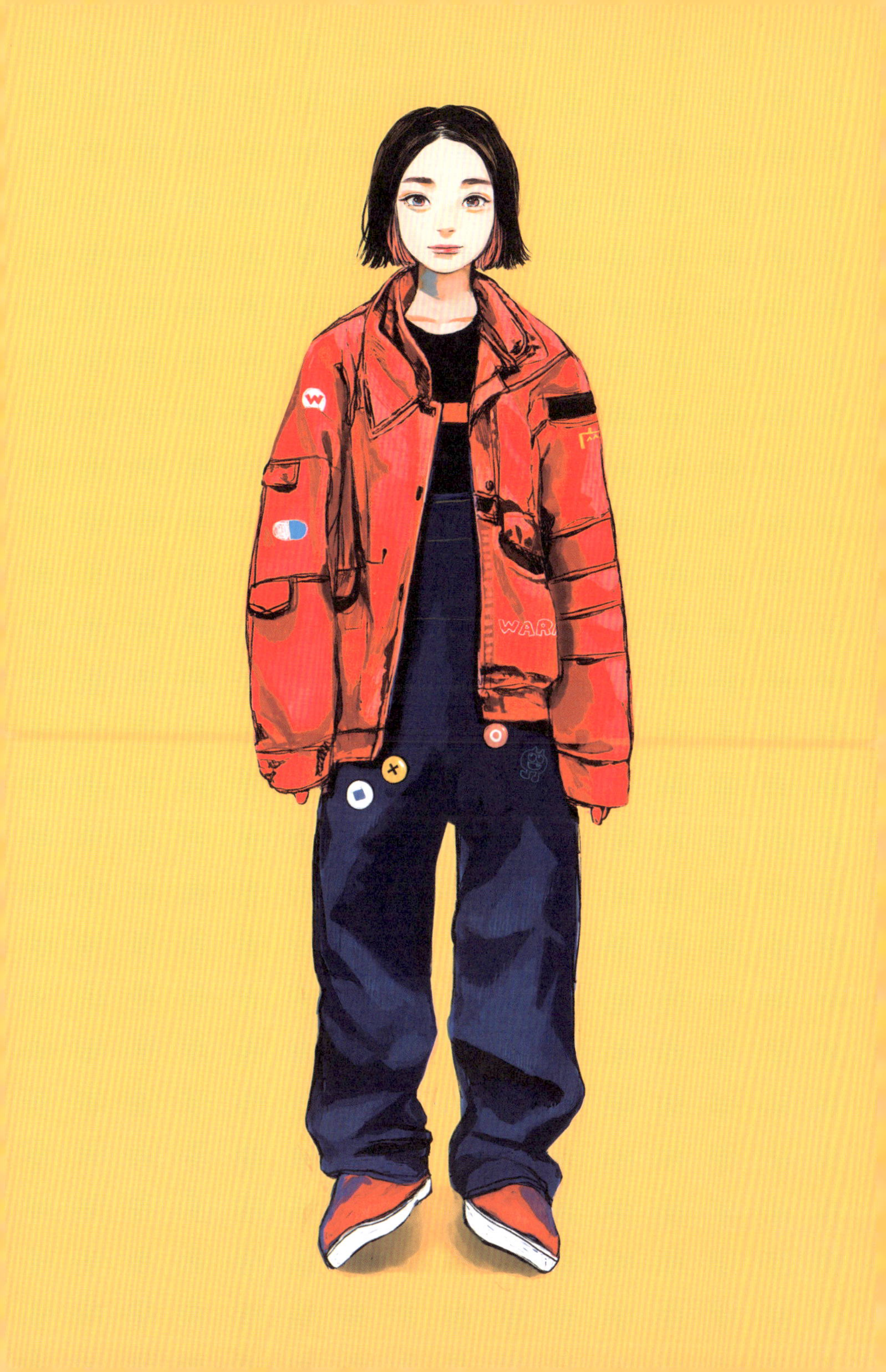

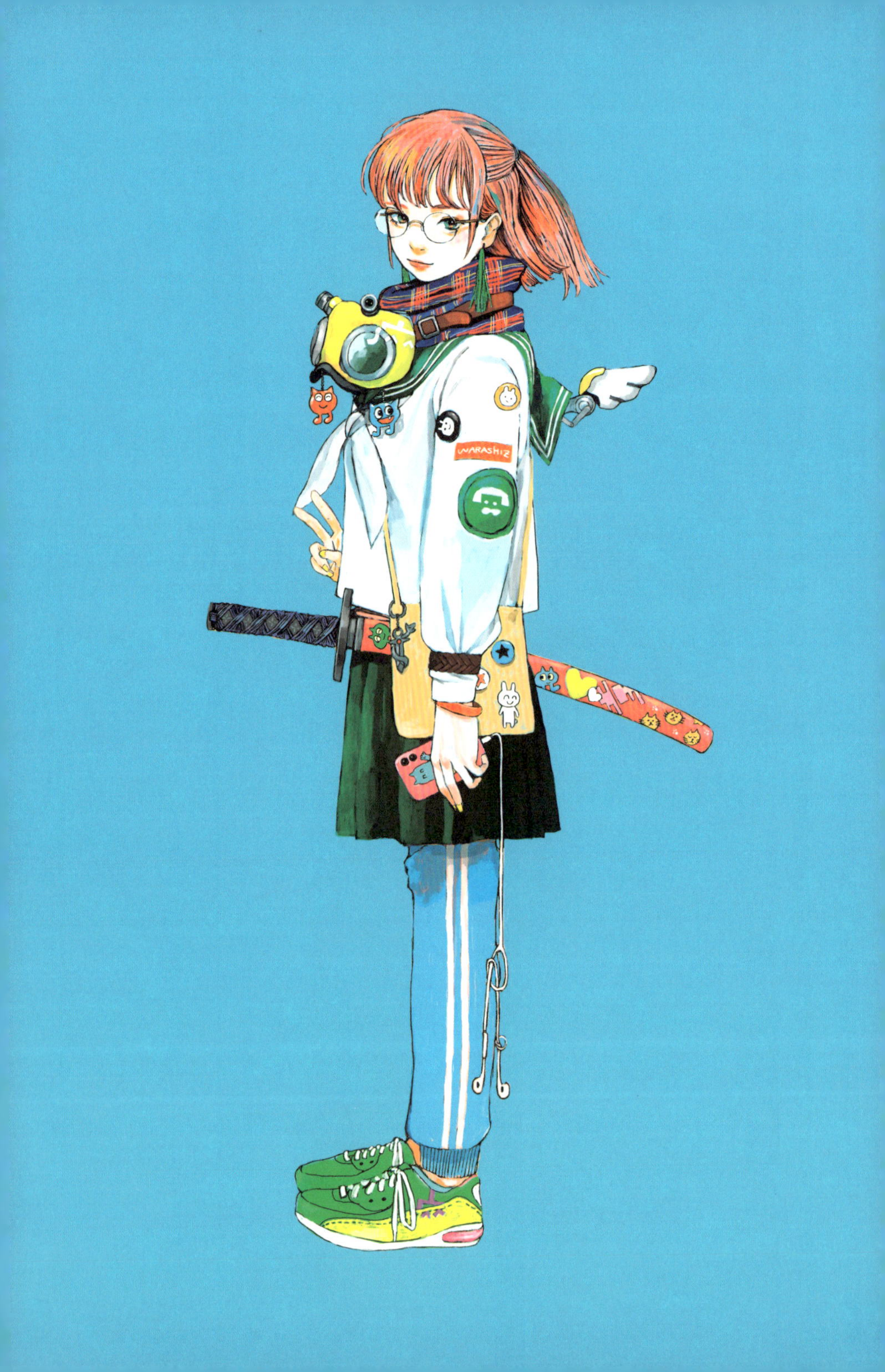
WARASHIZ

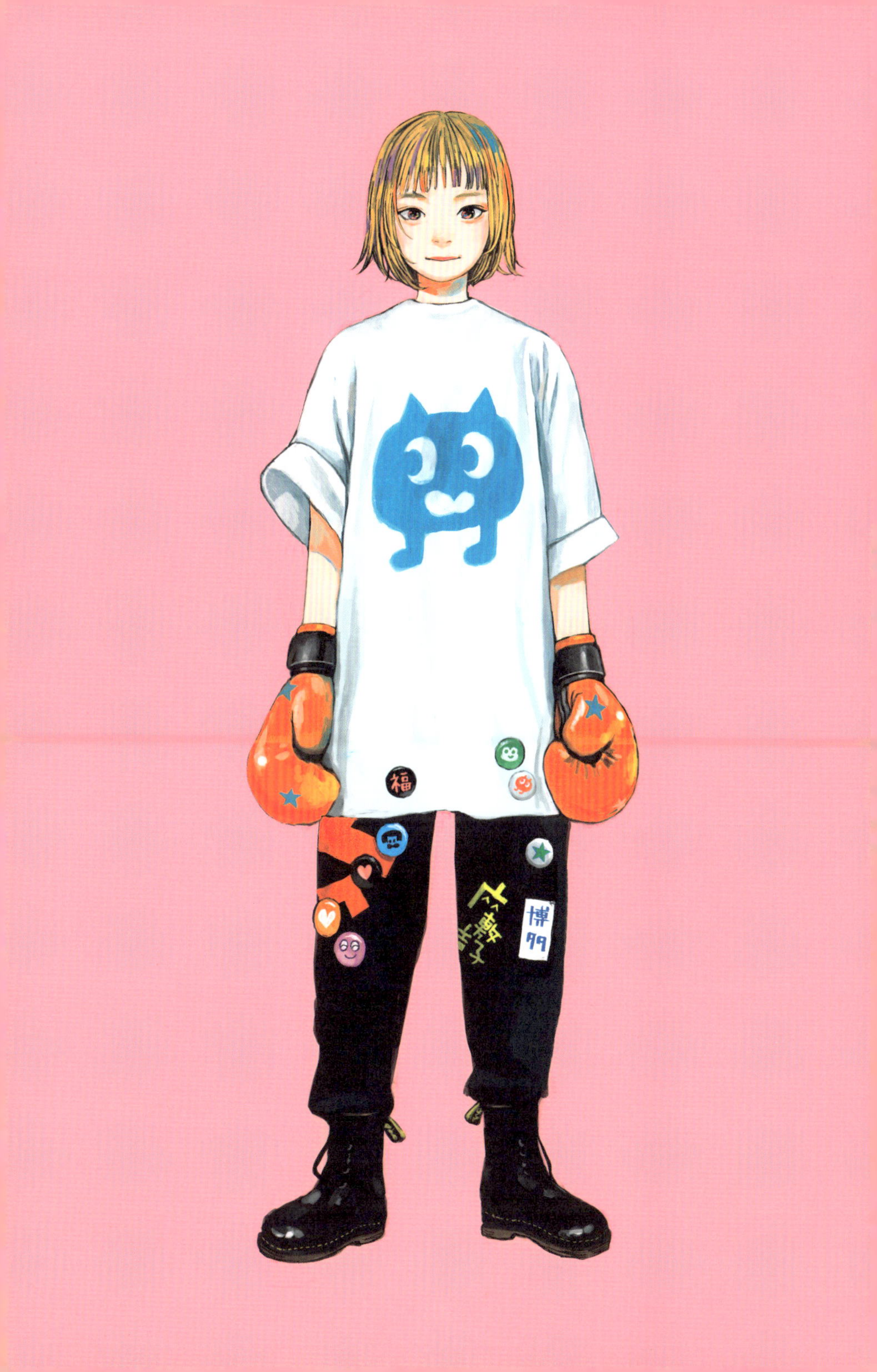
福
博
99

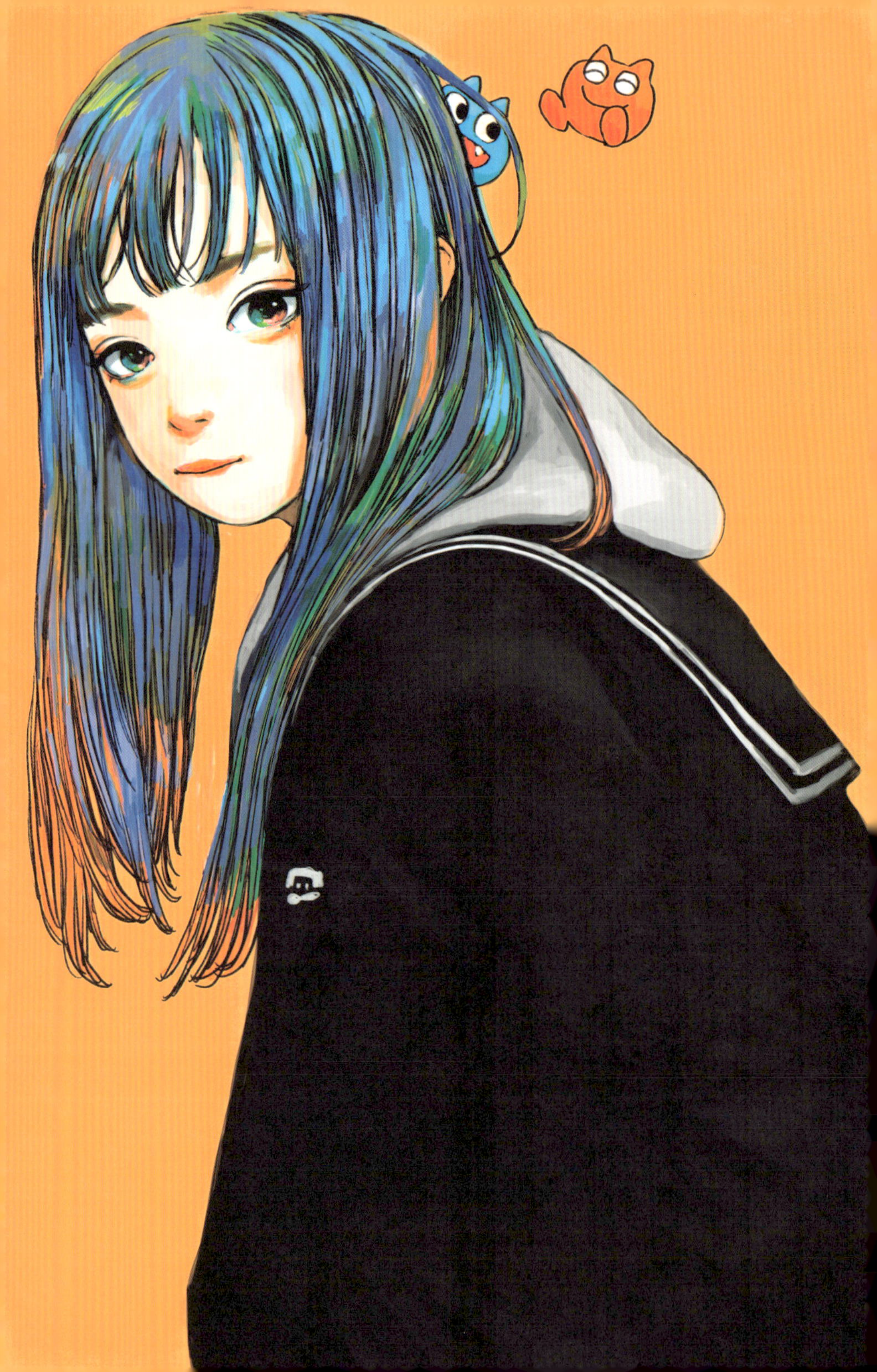

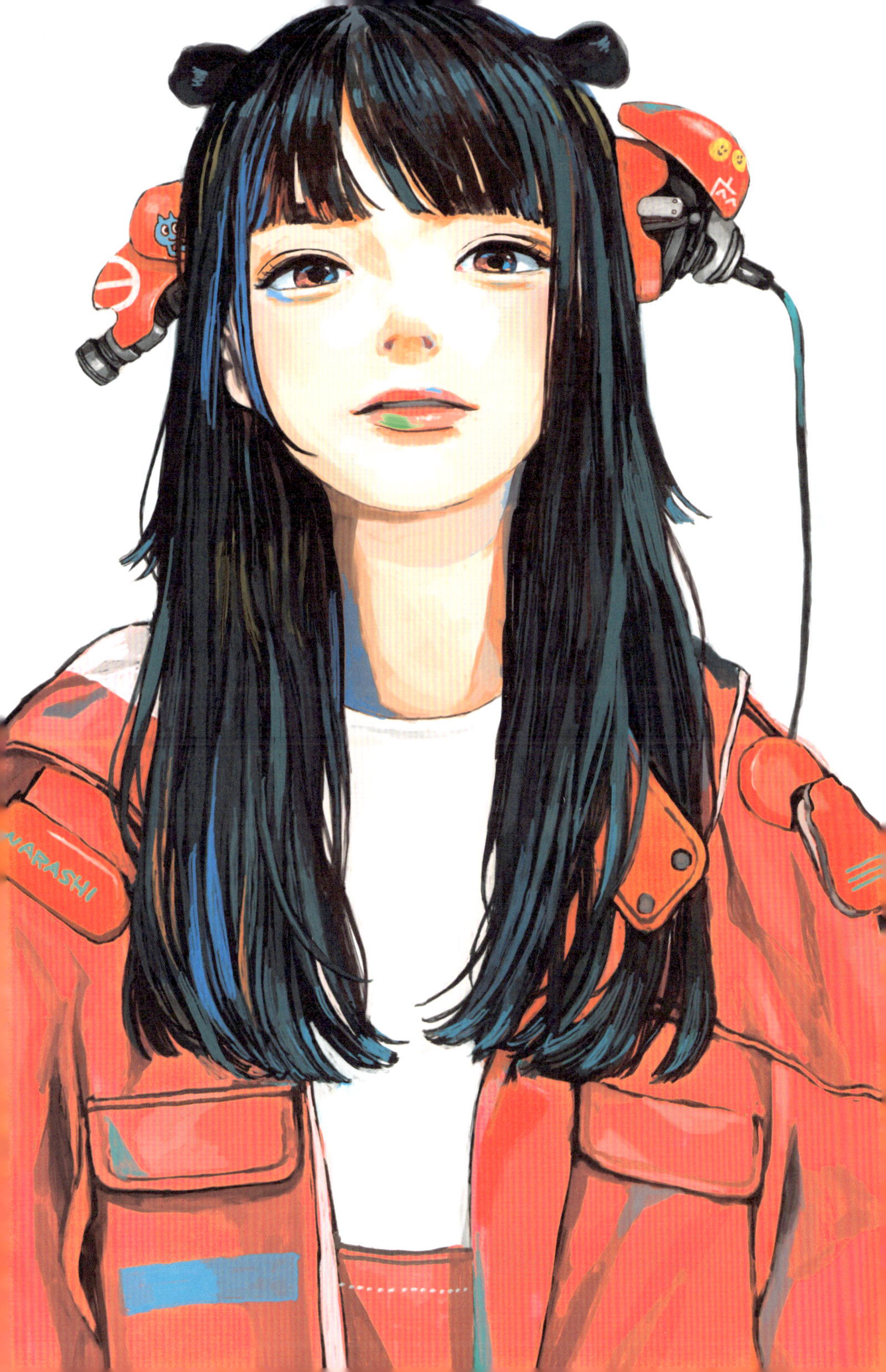
NARASHI

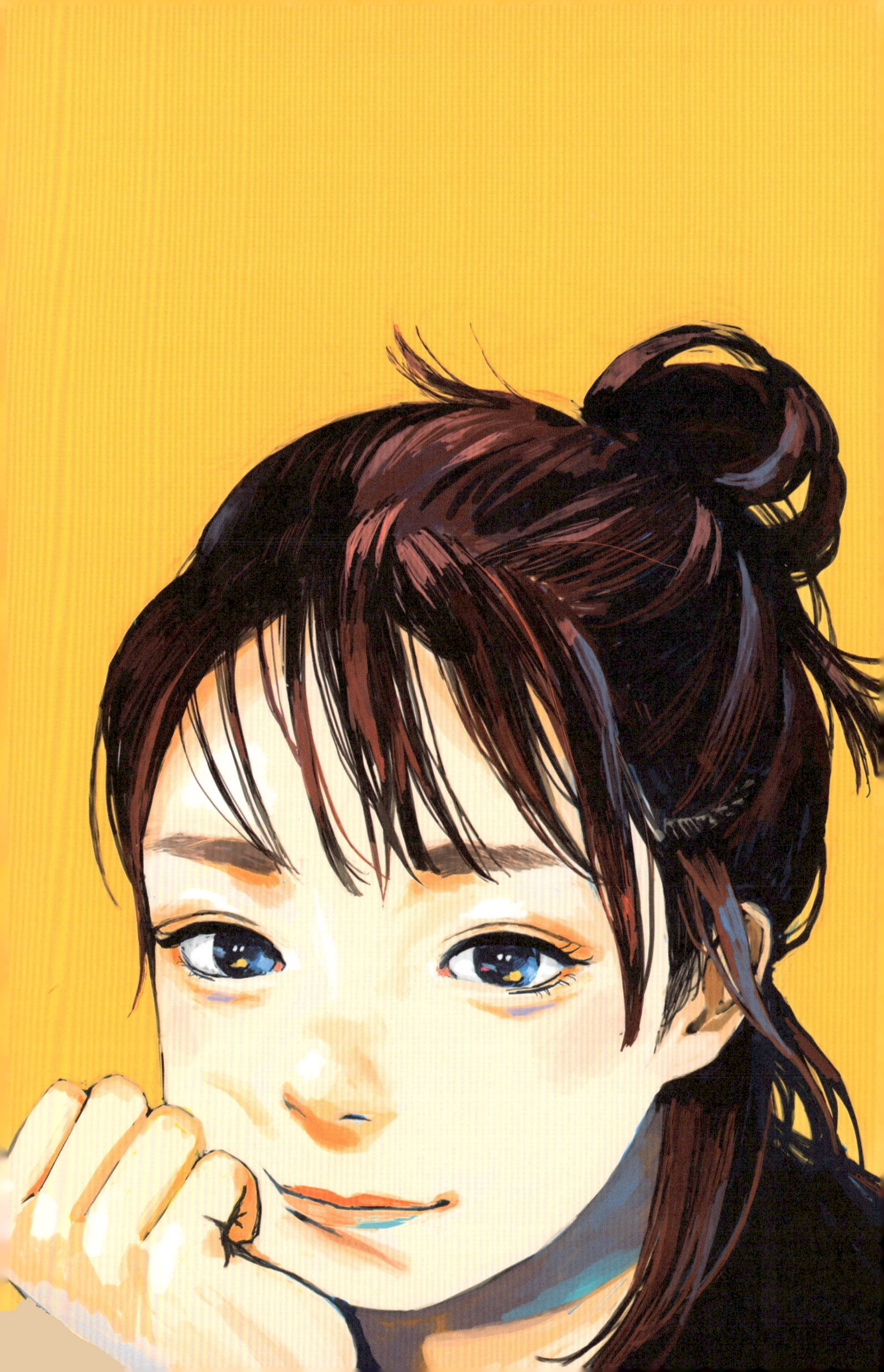

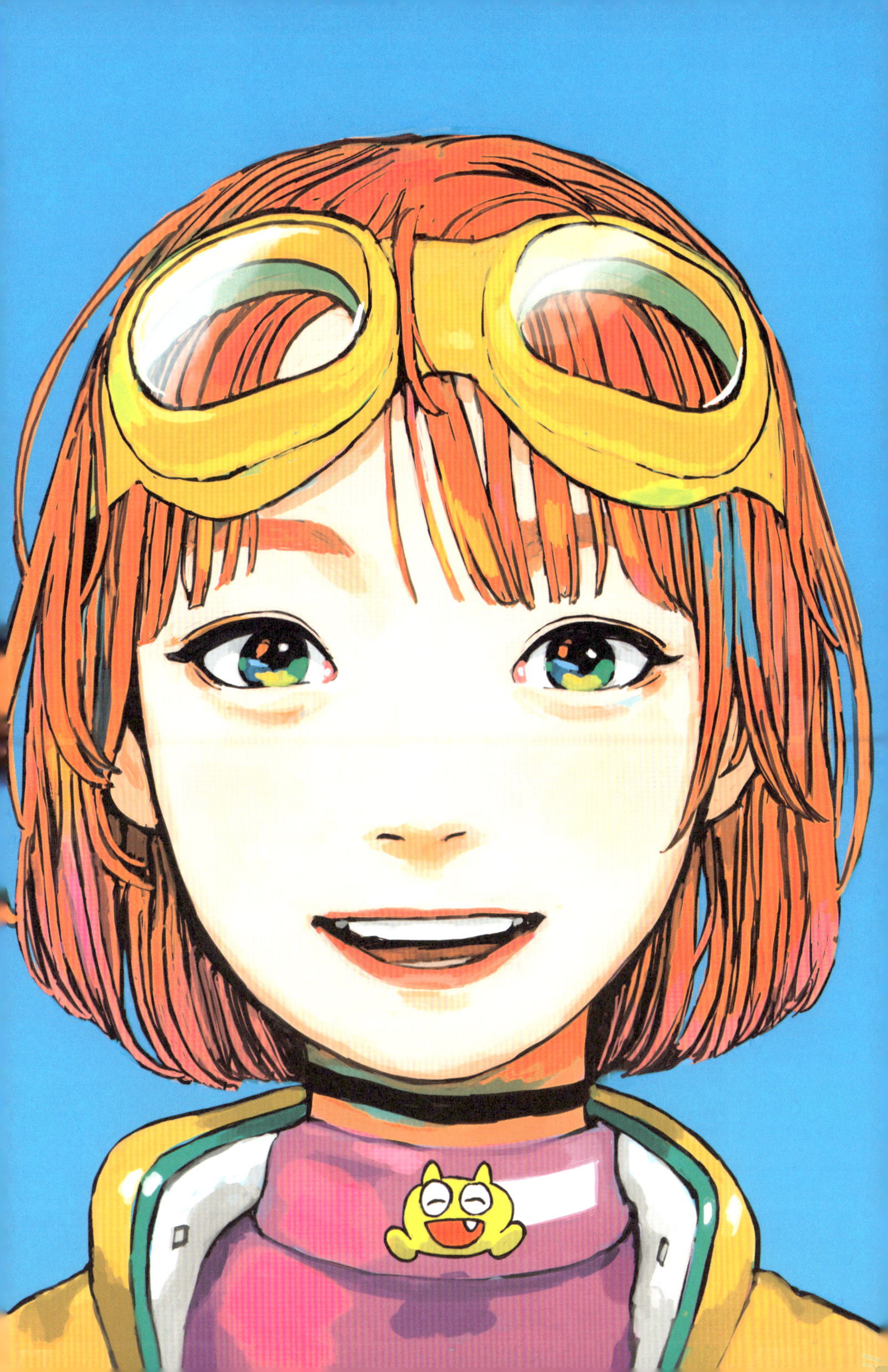

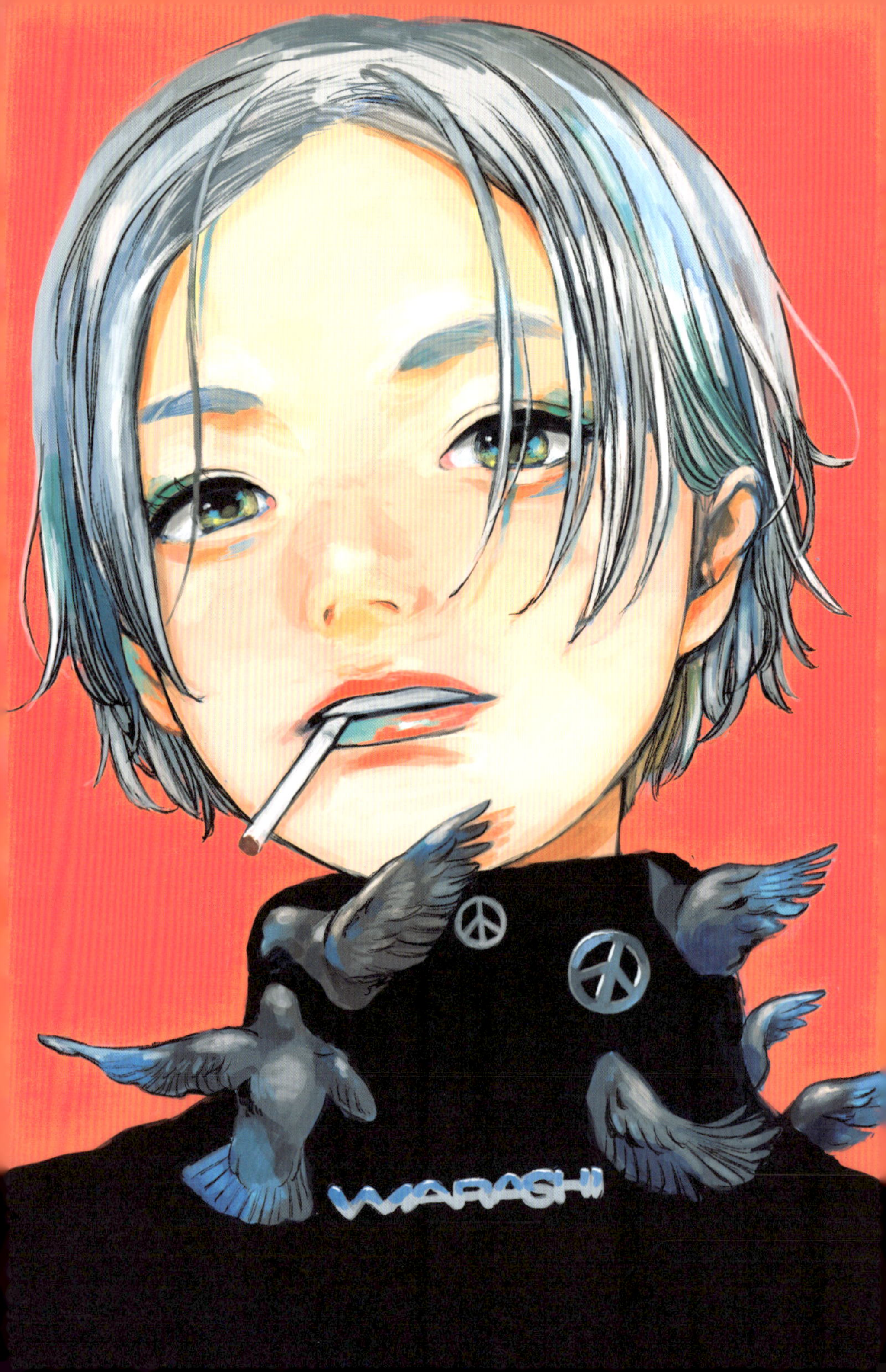
WARASHI

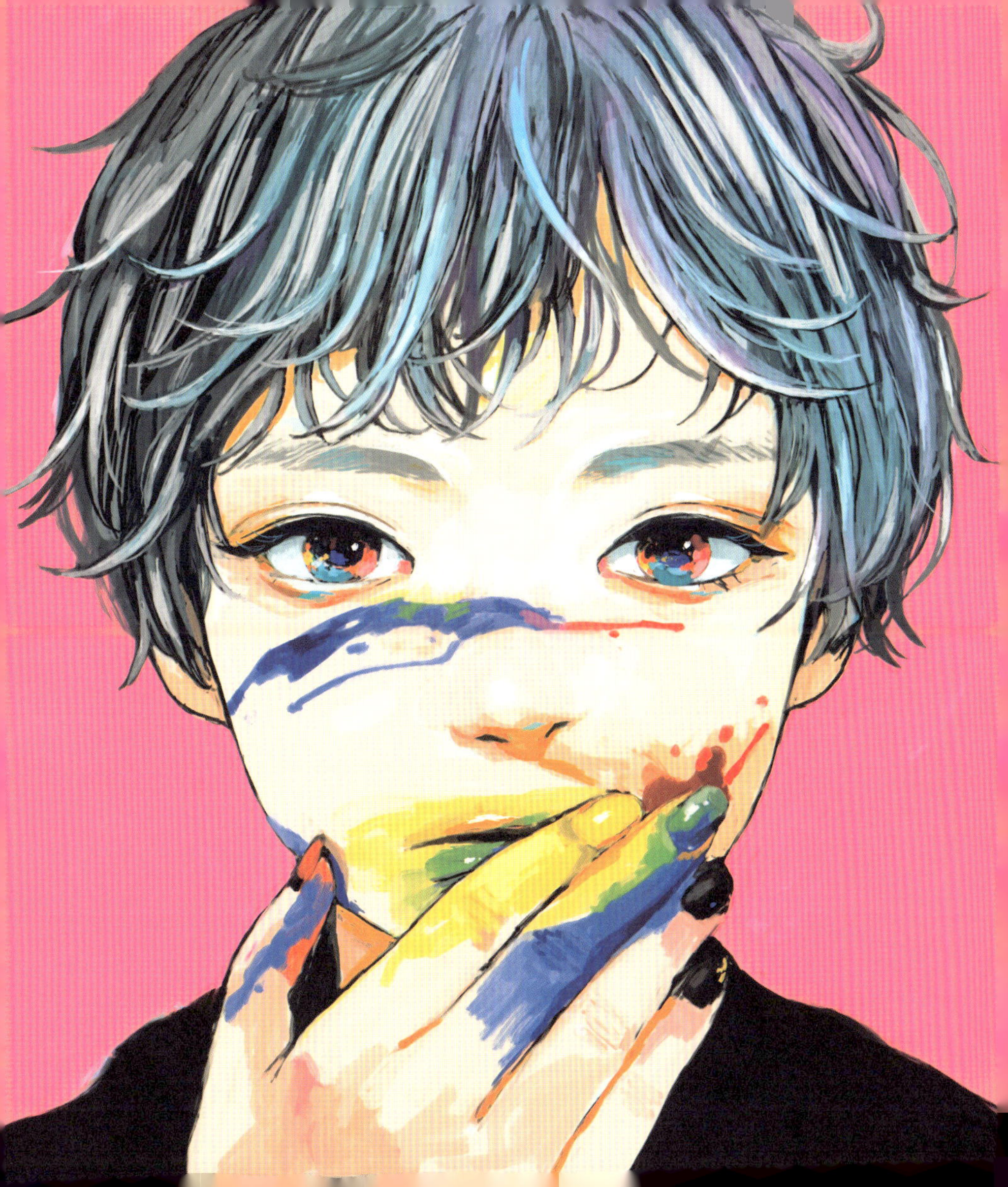

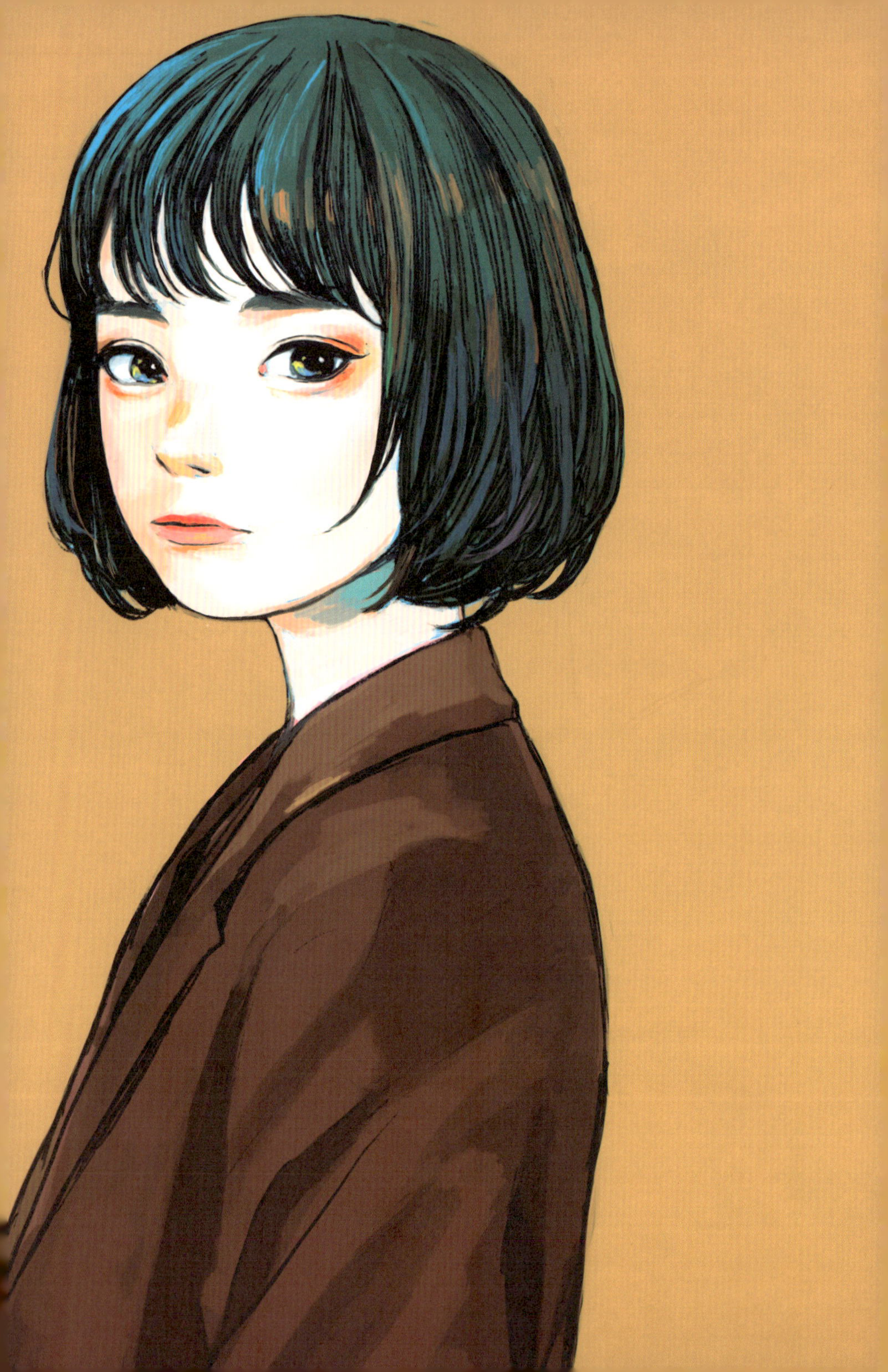

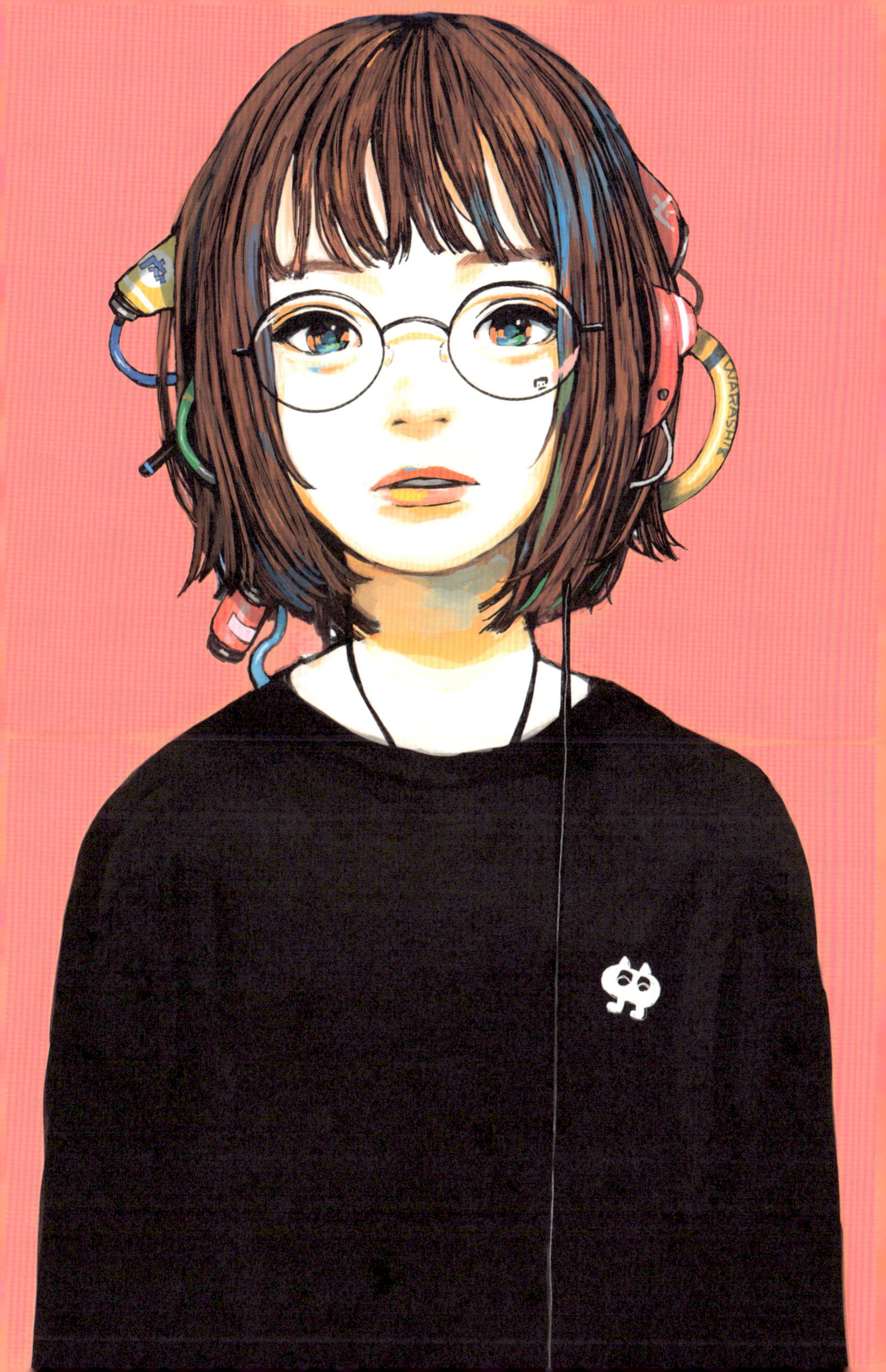

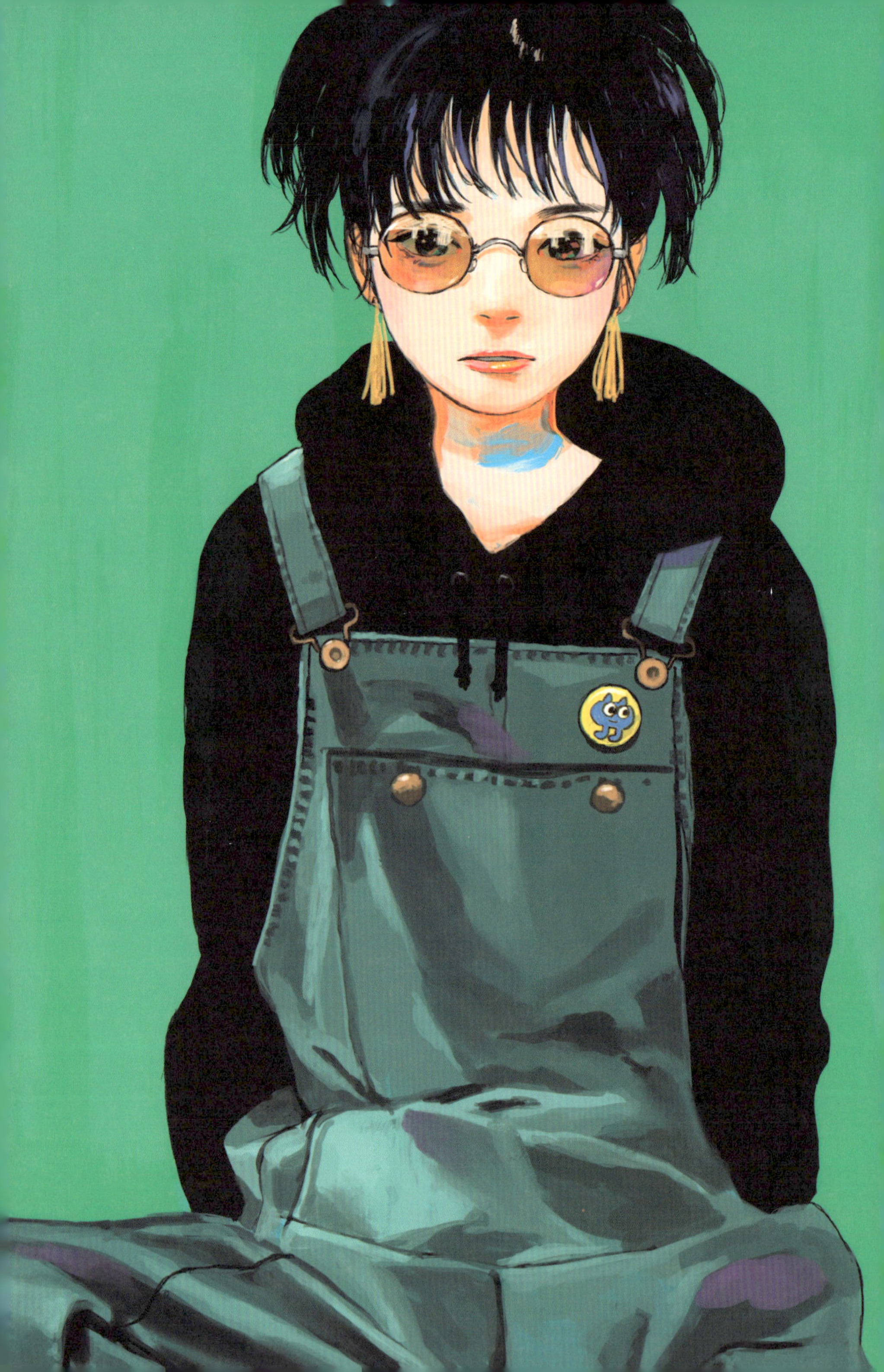

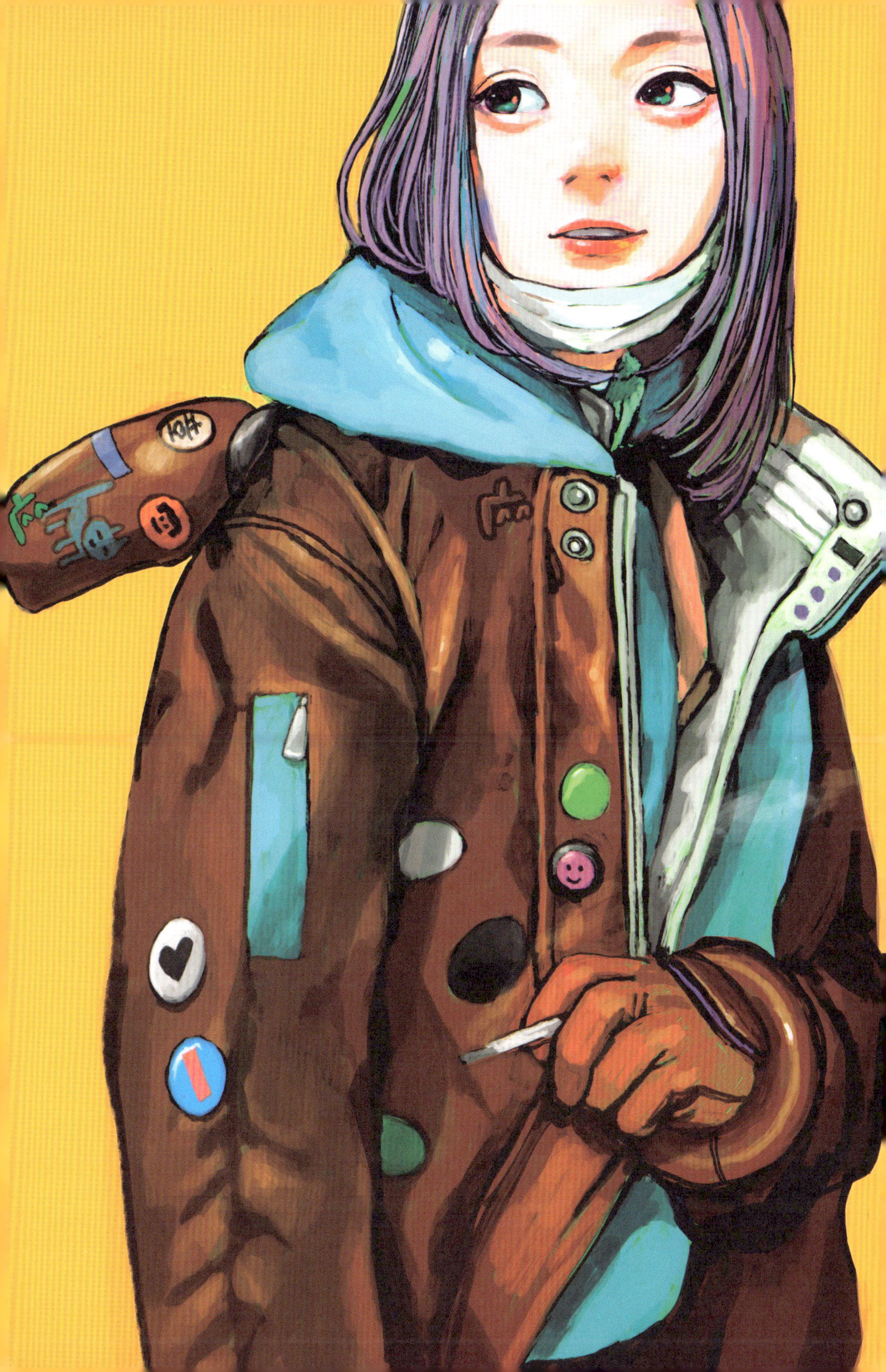

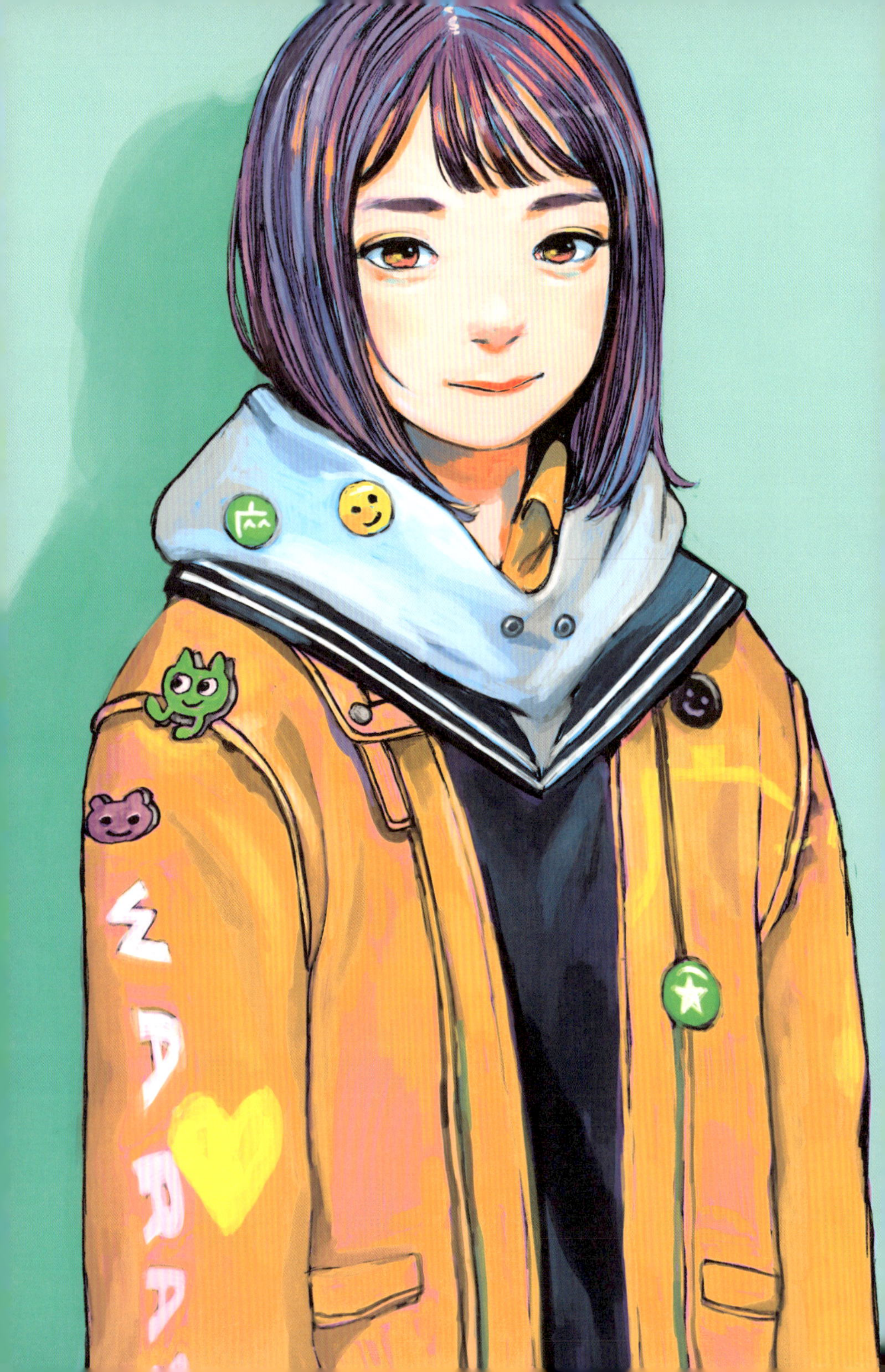

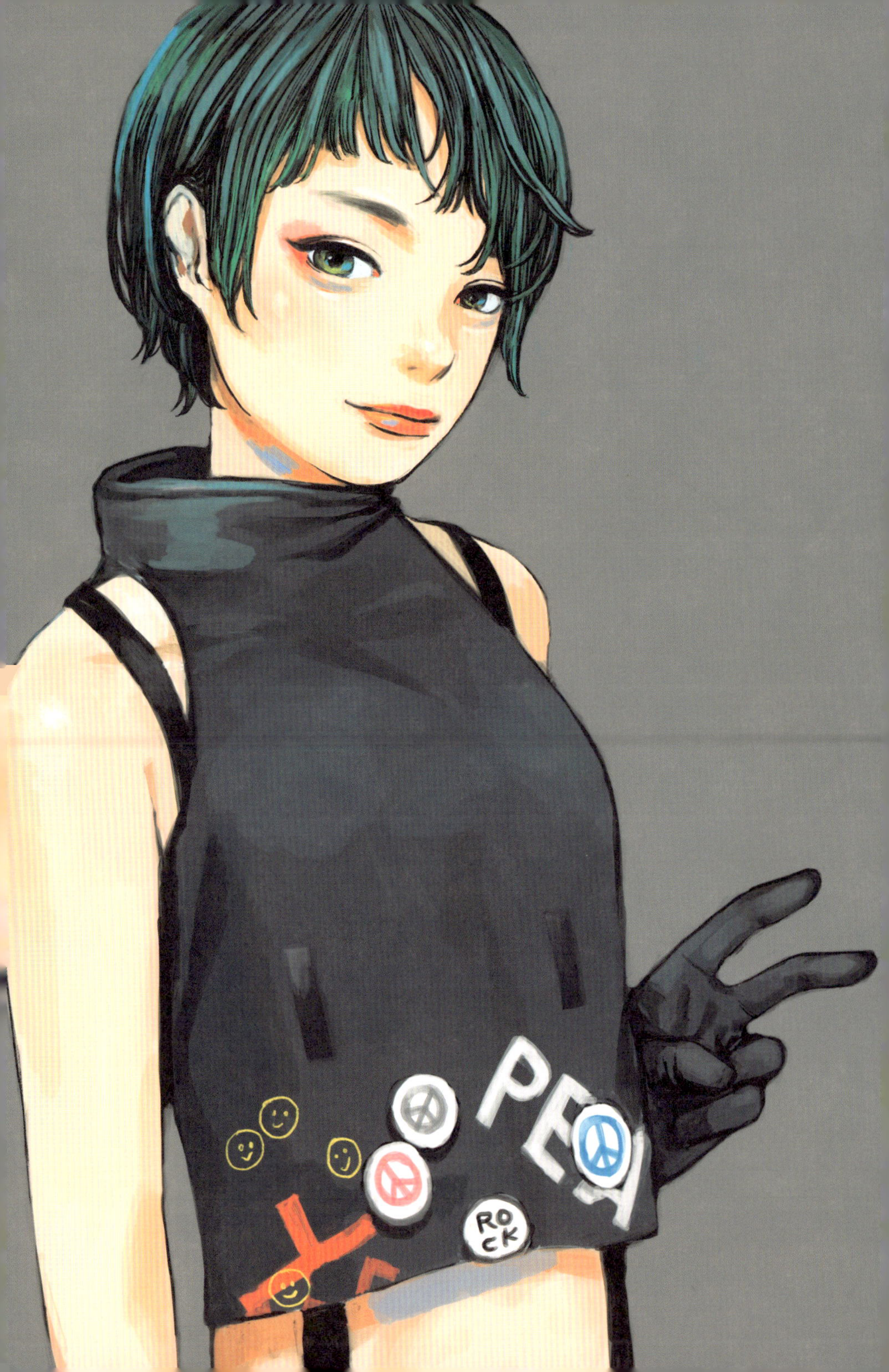
PEA
ROCK

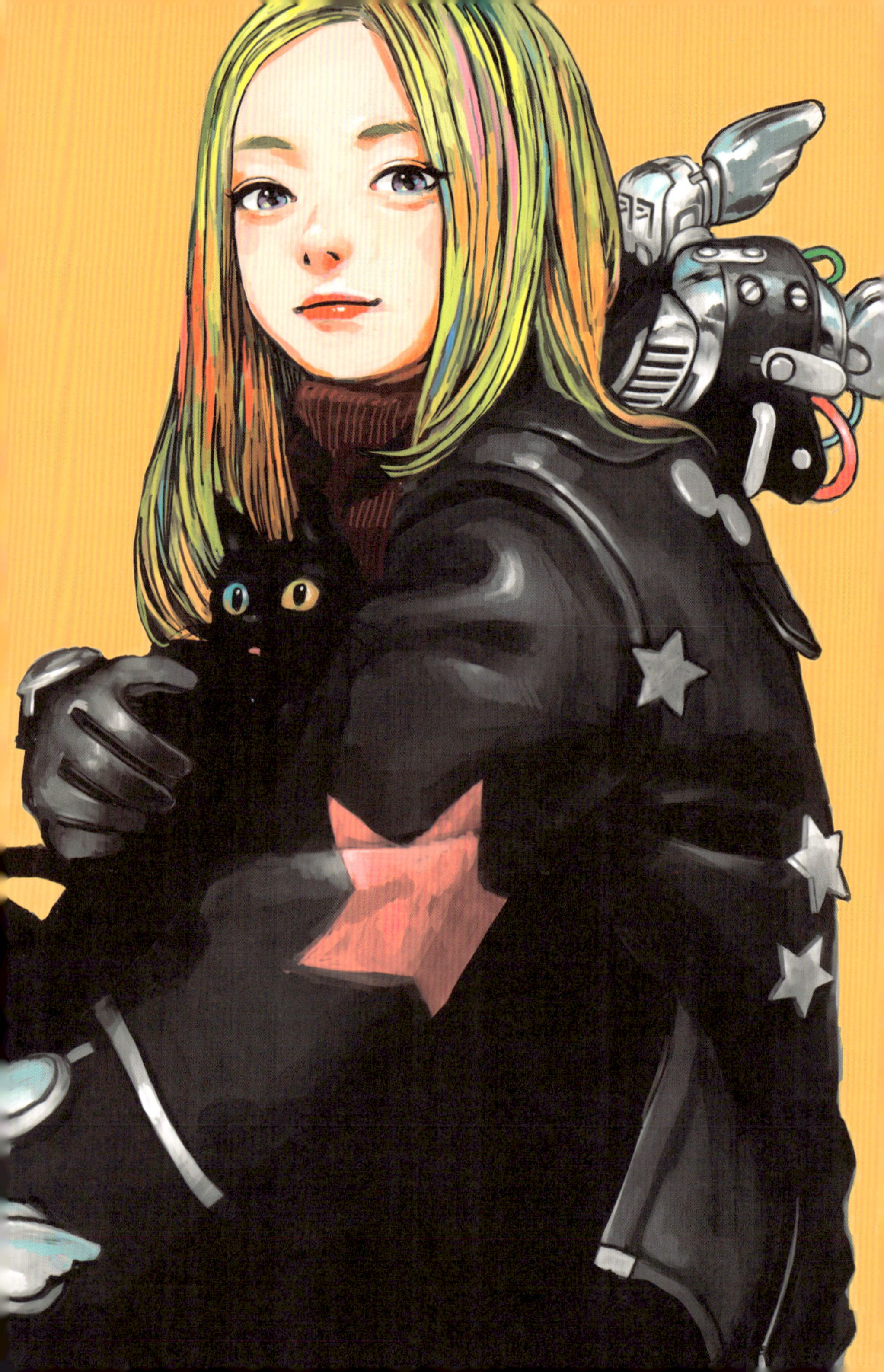

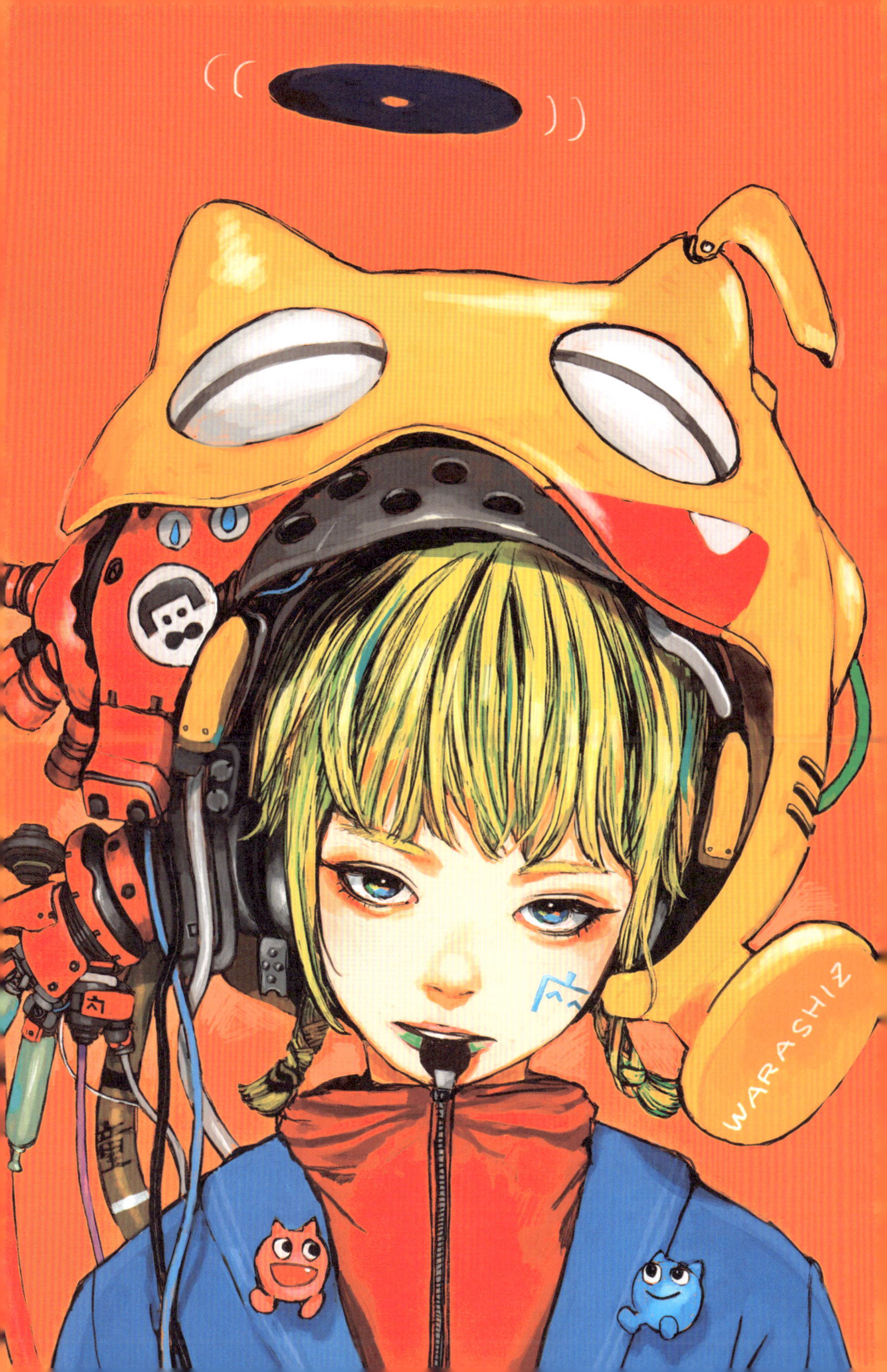
WARASHIZ

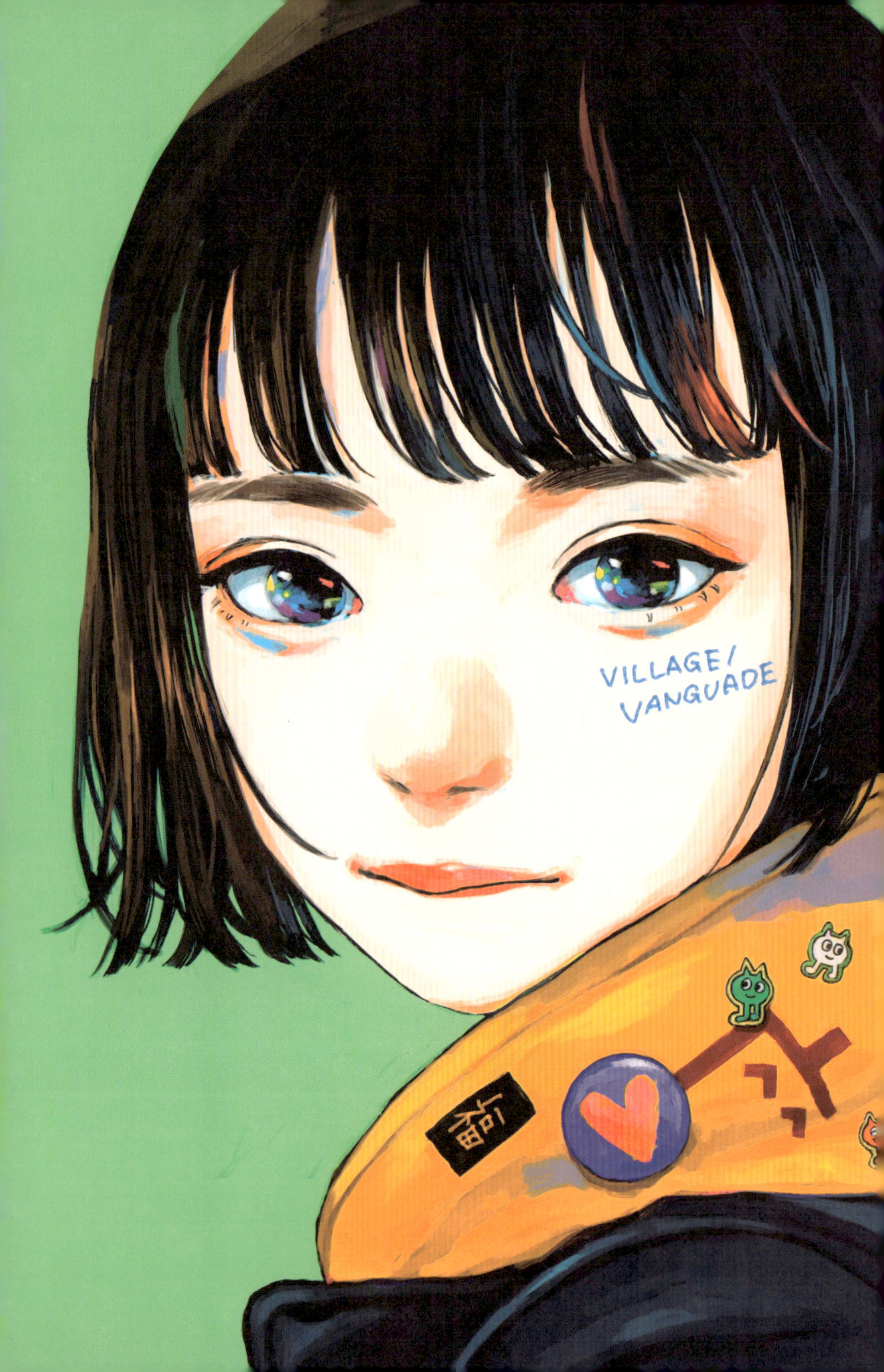
VILLAGE/
VANGUADE

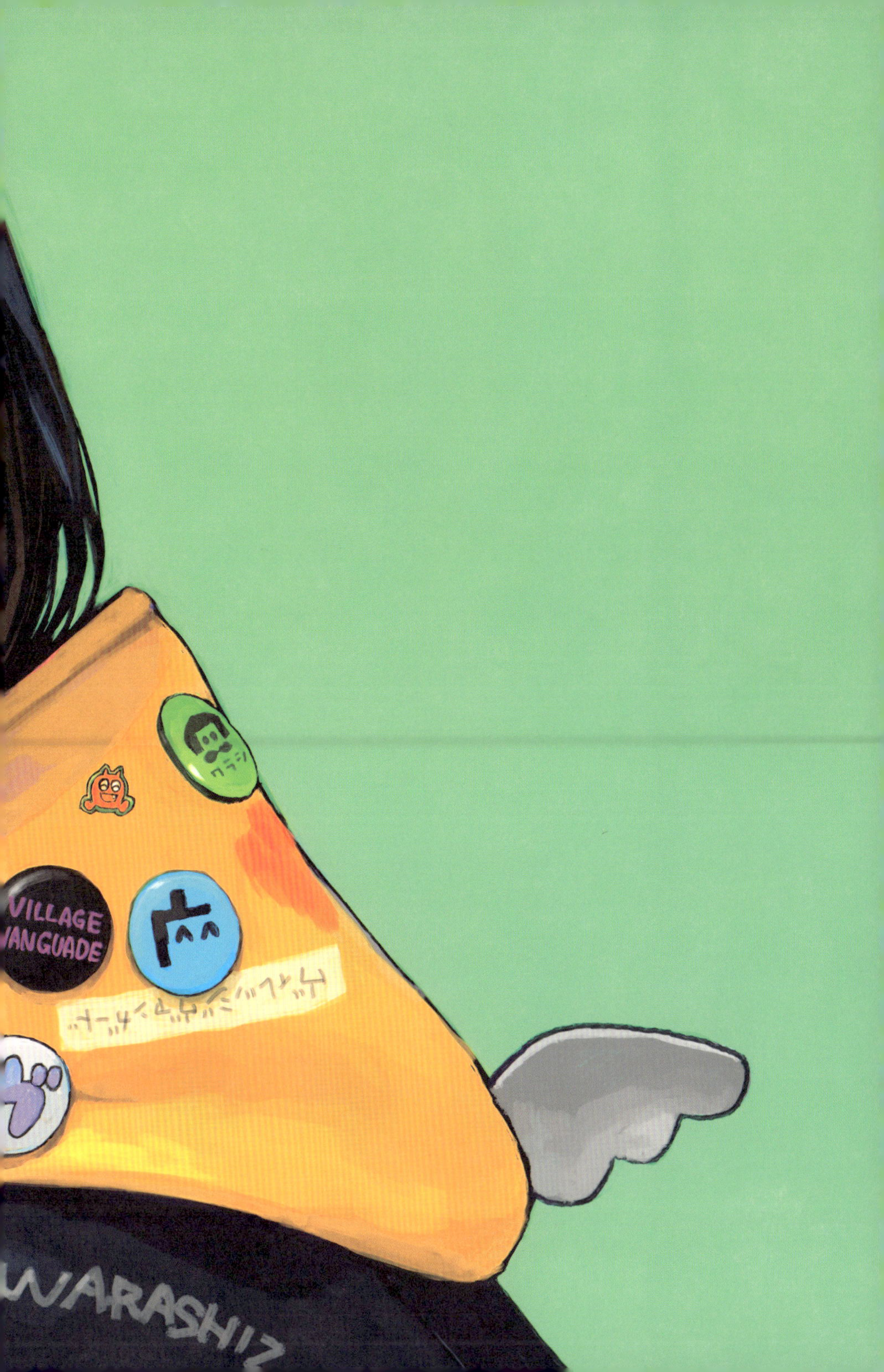

ワラシ
VILLAGE
VANGUADE
WARASHIZ

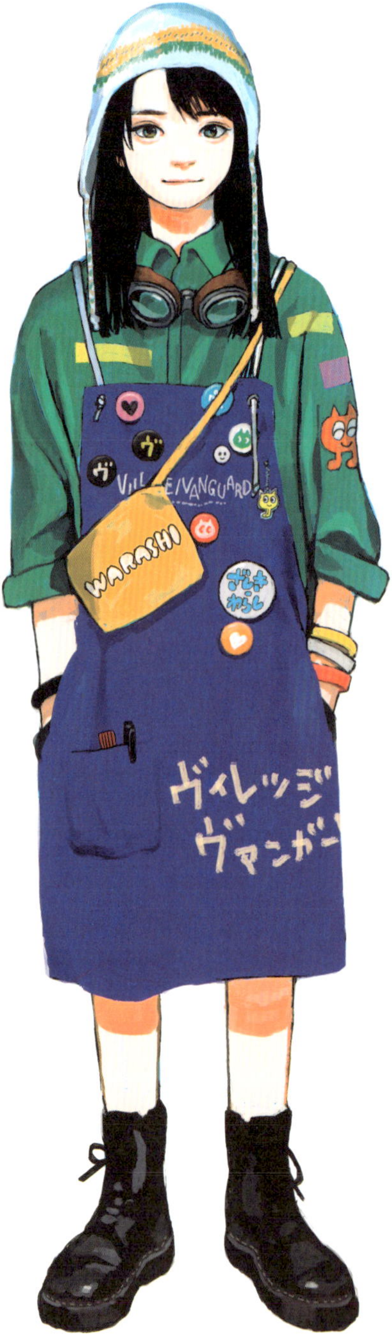

ヴ
ヴ
VANGUARD
WARASHI
ざしき
わらし
ヴィレッジ
ヴァンガー

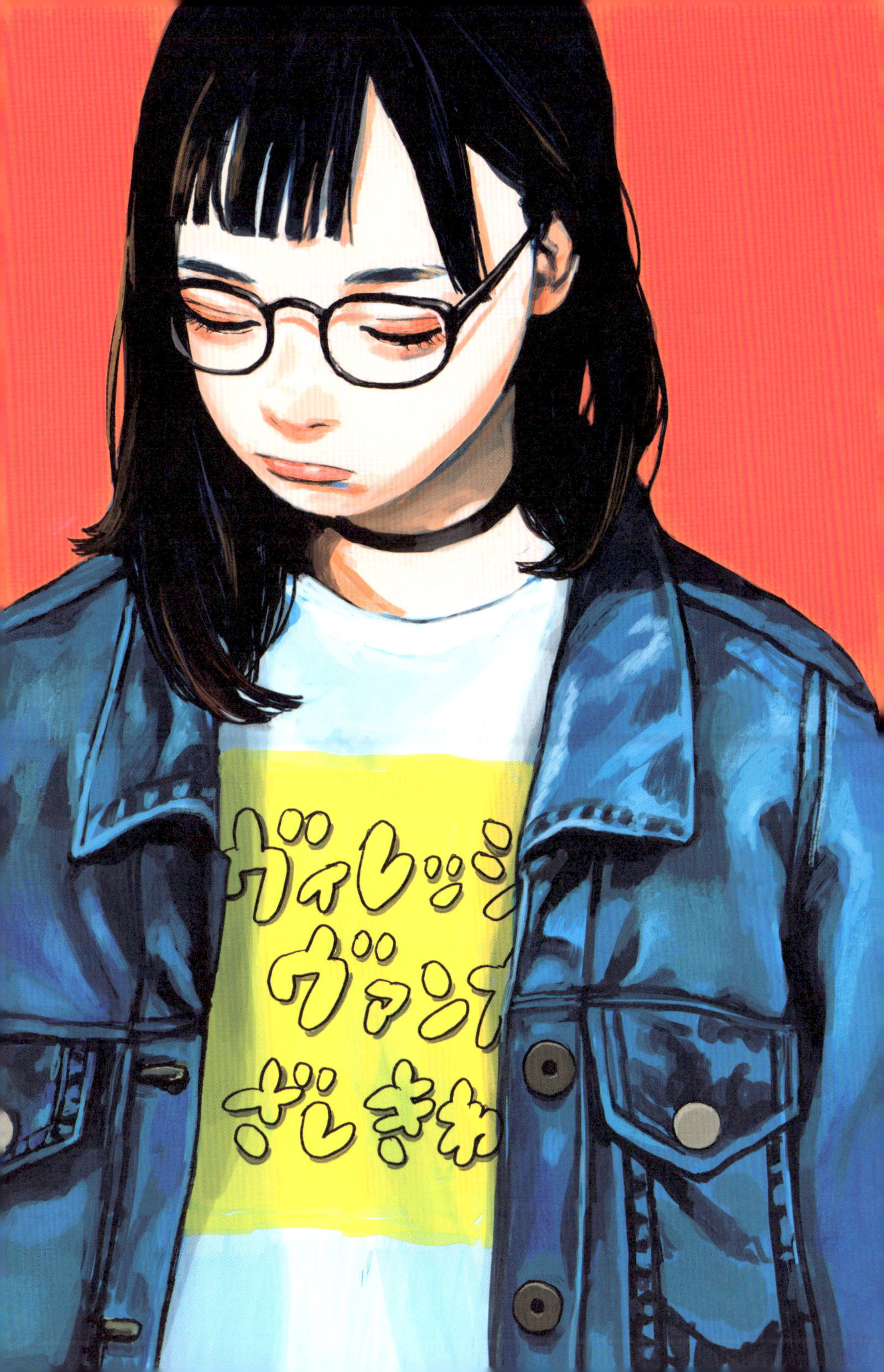

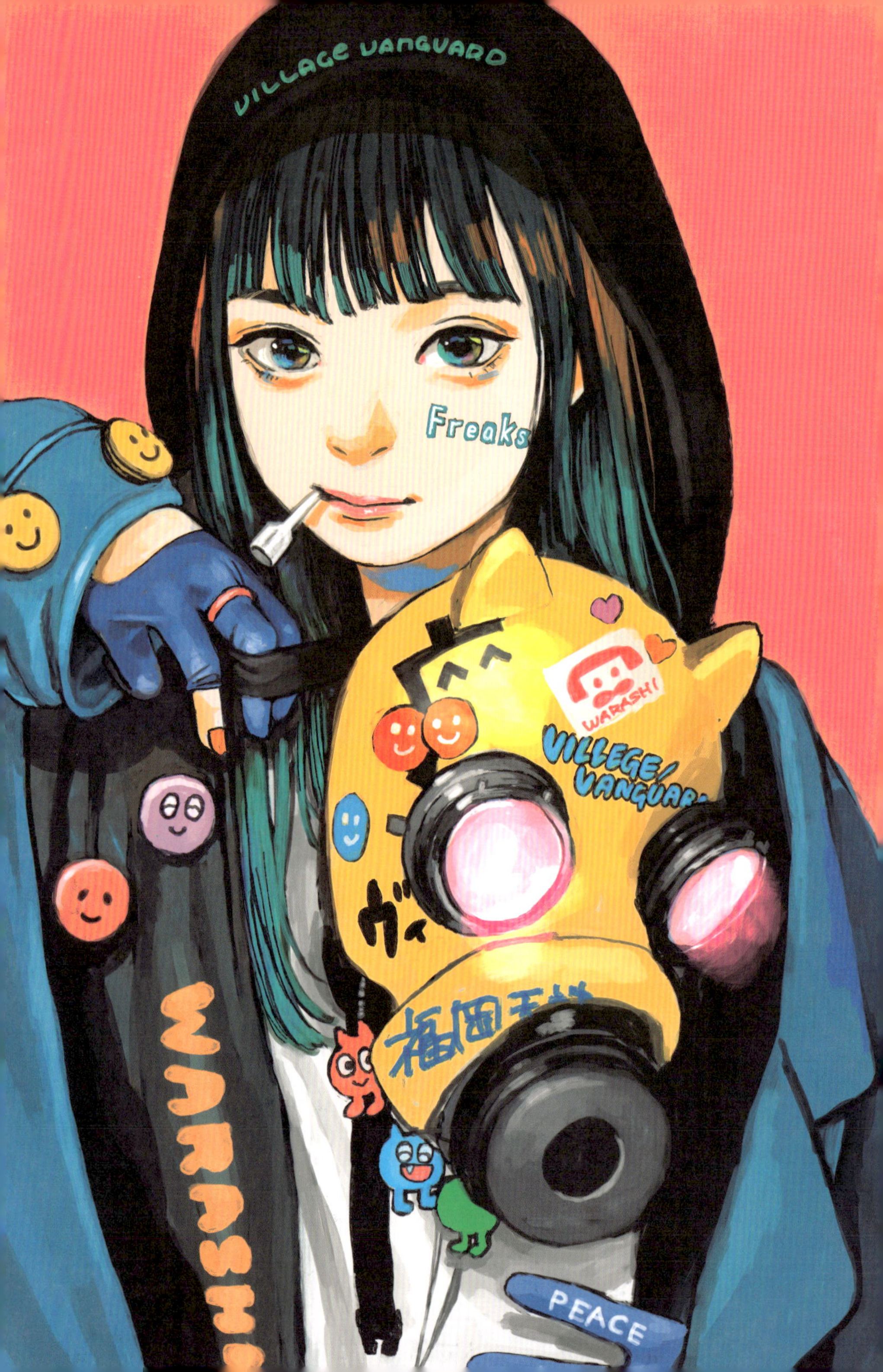
VILLAGE VANGUARD
Freaks
WARASHI
VILLEGE/
VANGUAR
ヴィ
福岡天
WARASH
PEACE

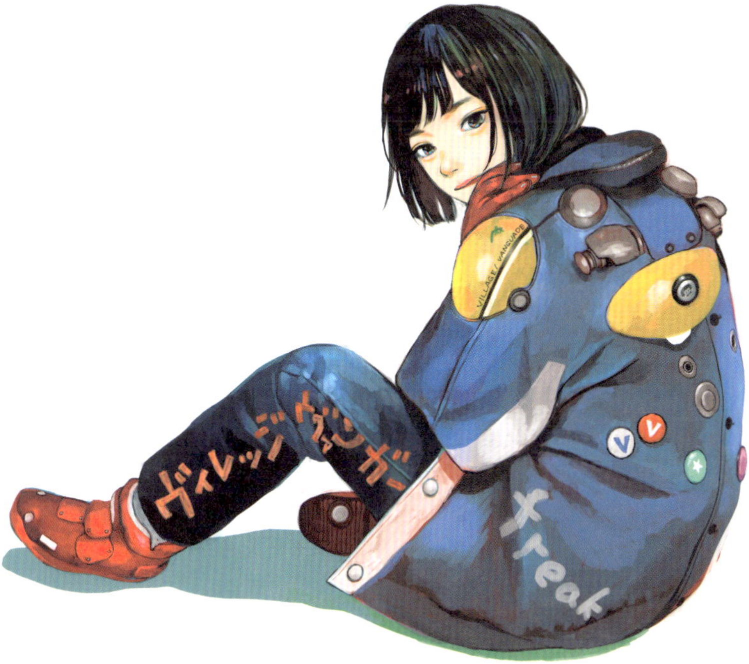
VILLAGE/ VANGUADE
ヴィレッジヴァンガー
freak

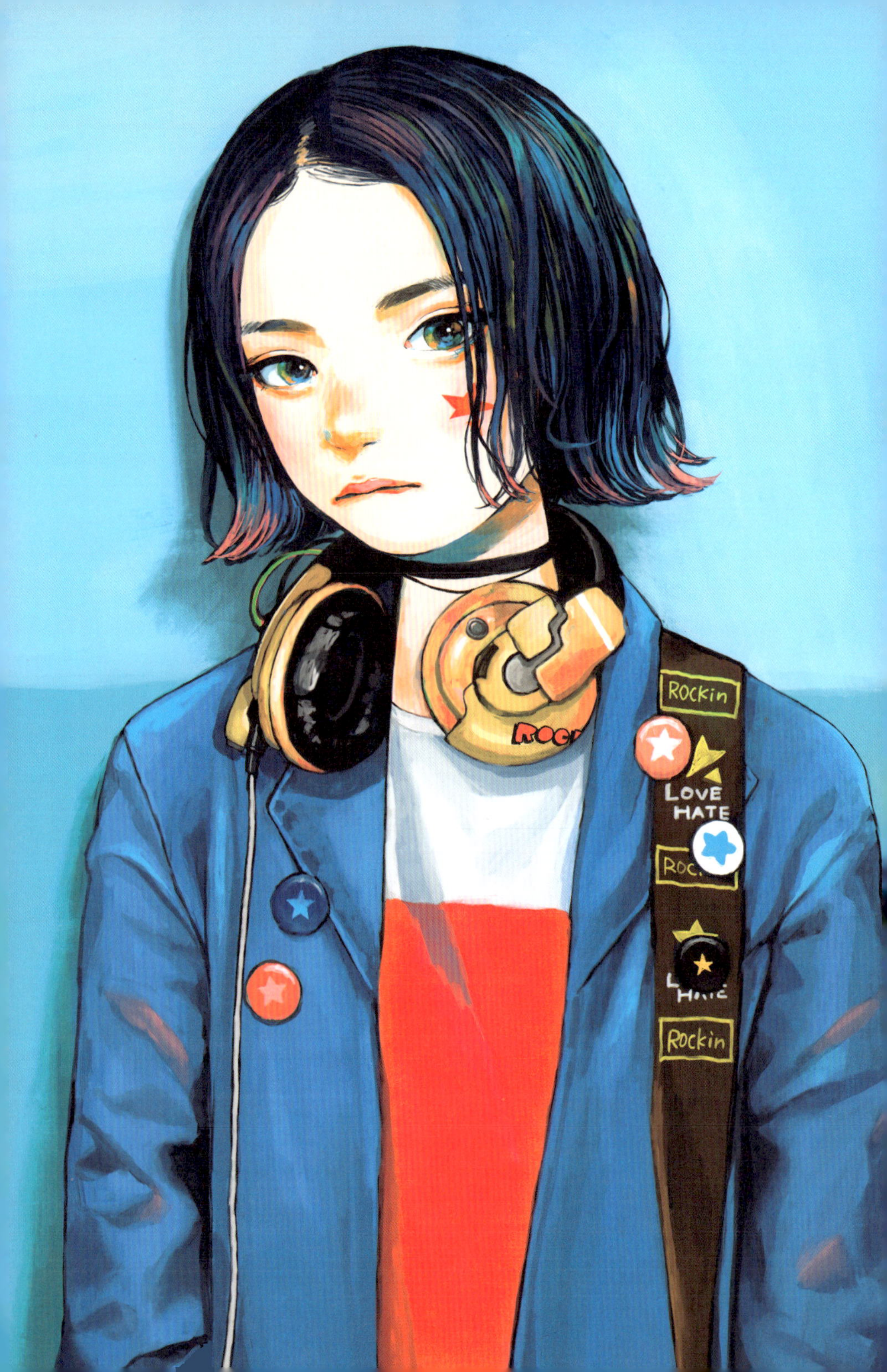
Rockin
LOVE
HATE
Rockin

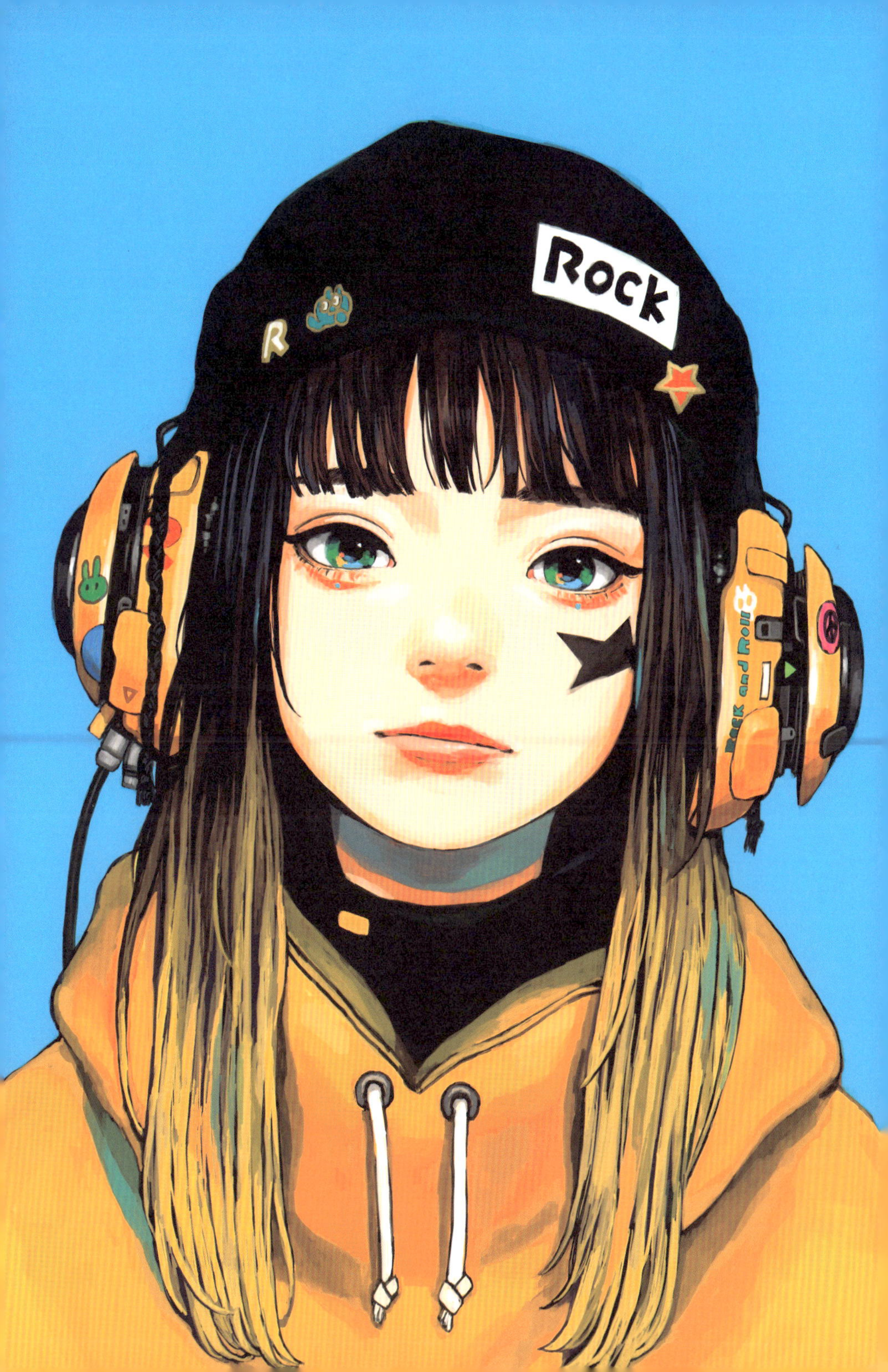
Rock

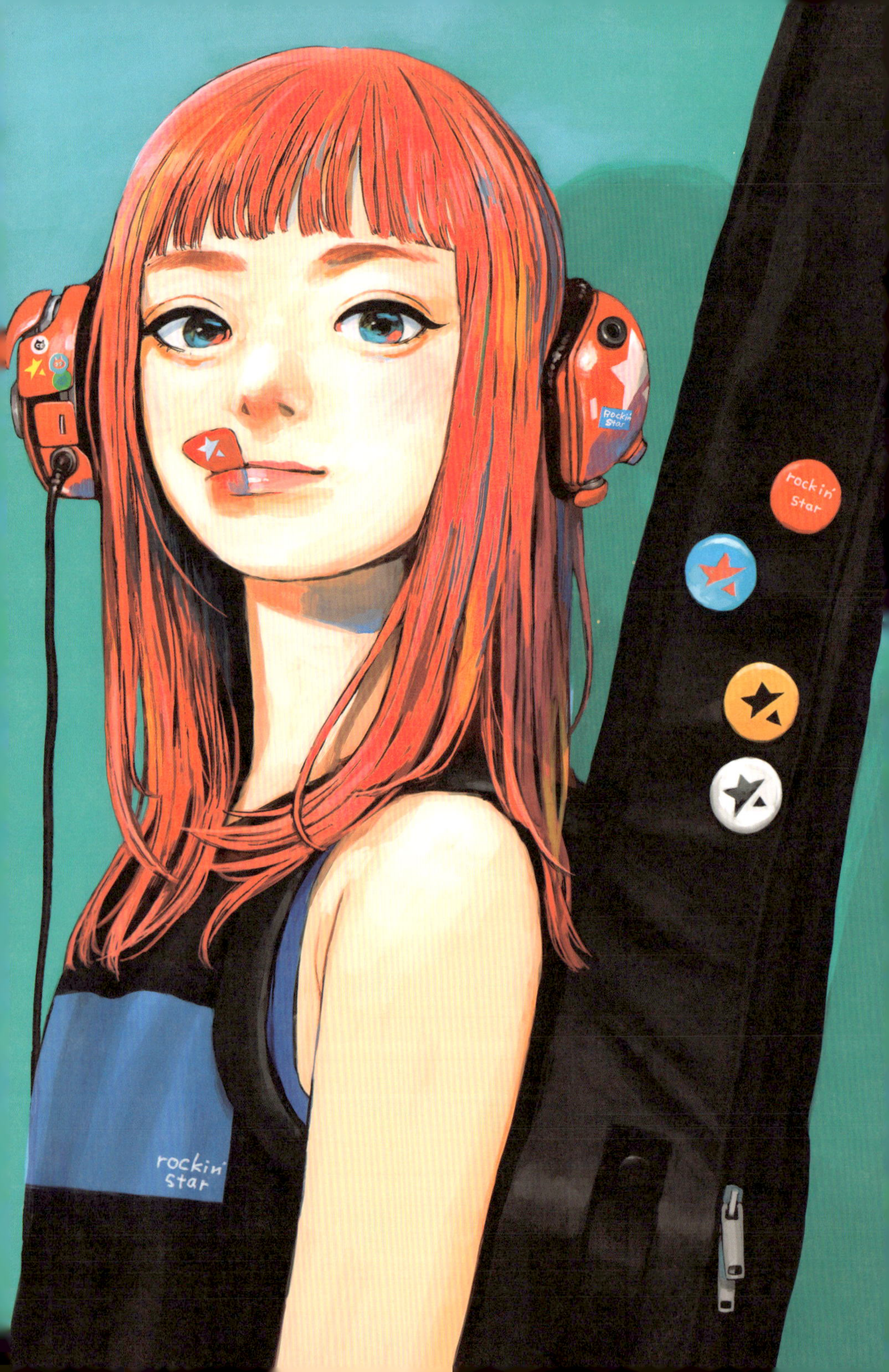
rockin' star
rockin' star
rockin' star

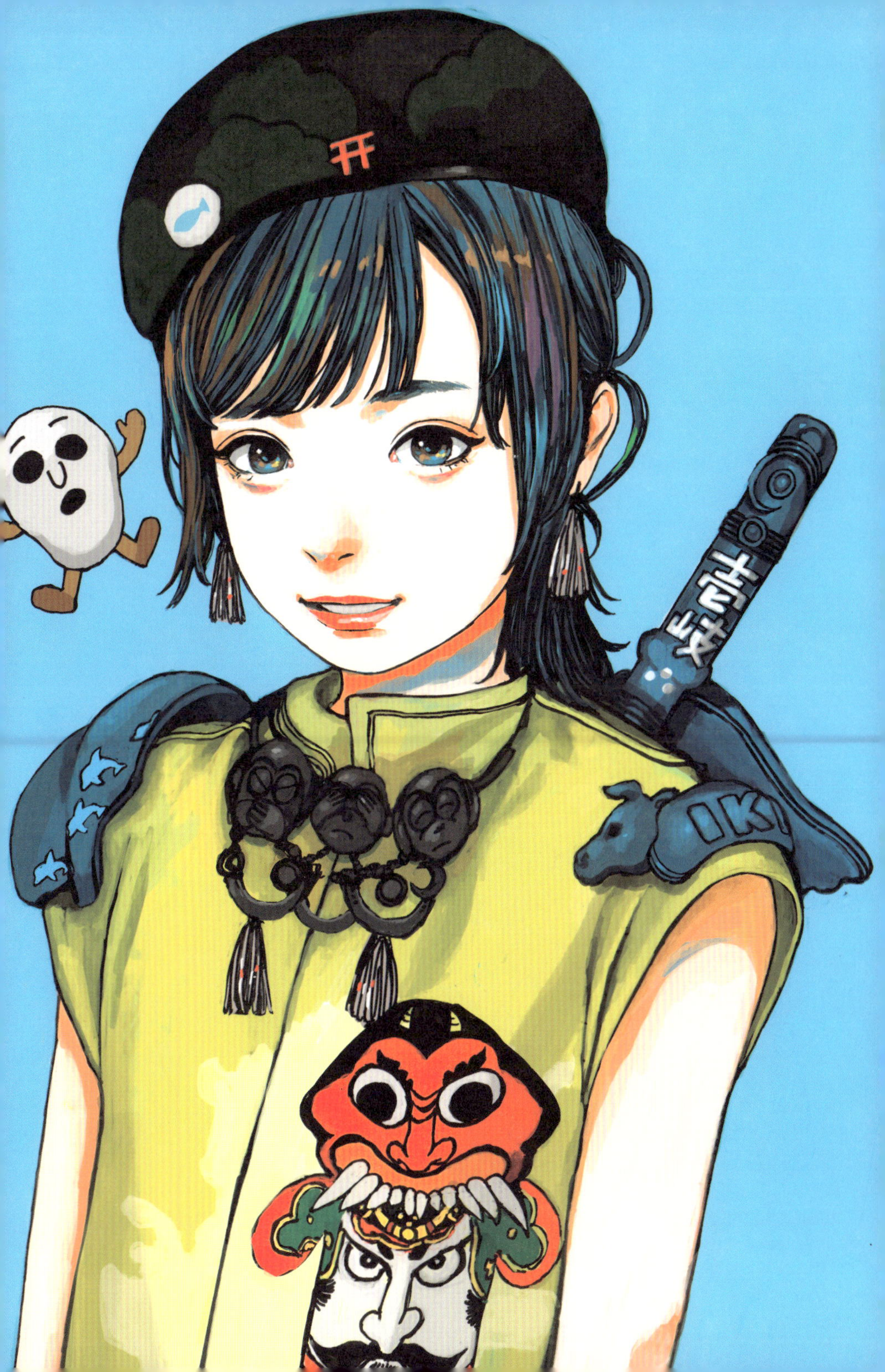
壱岐
IKI

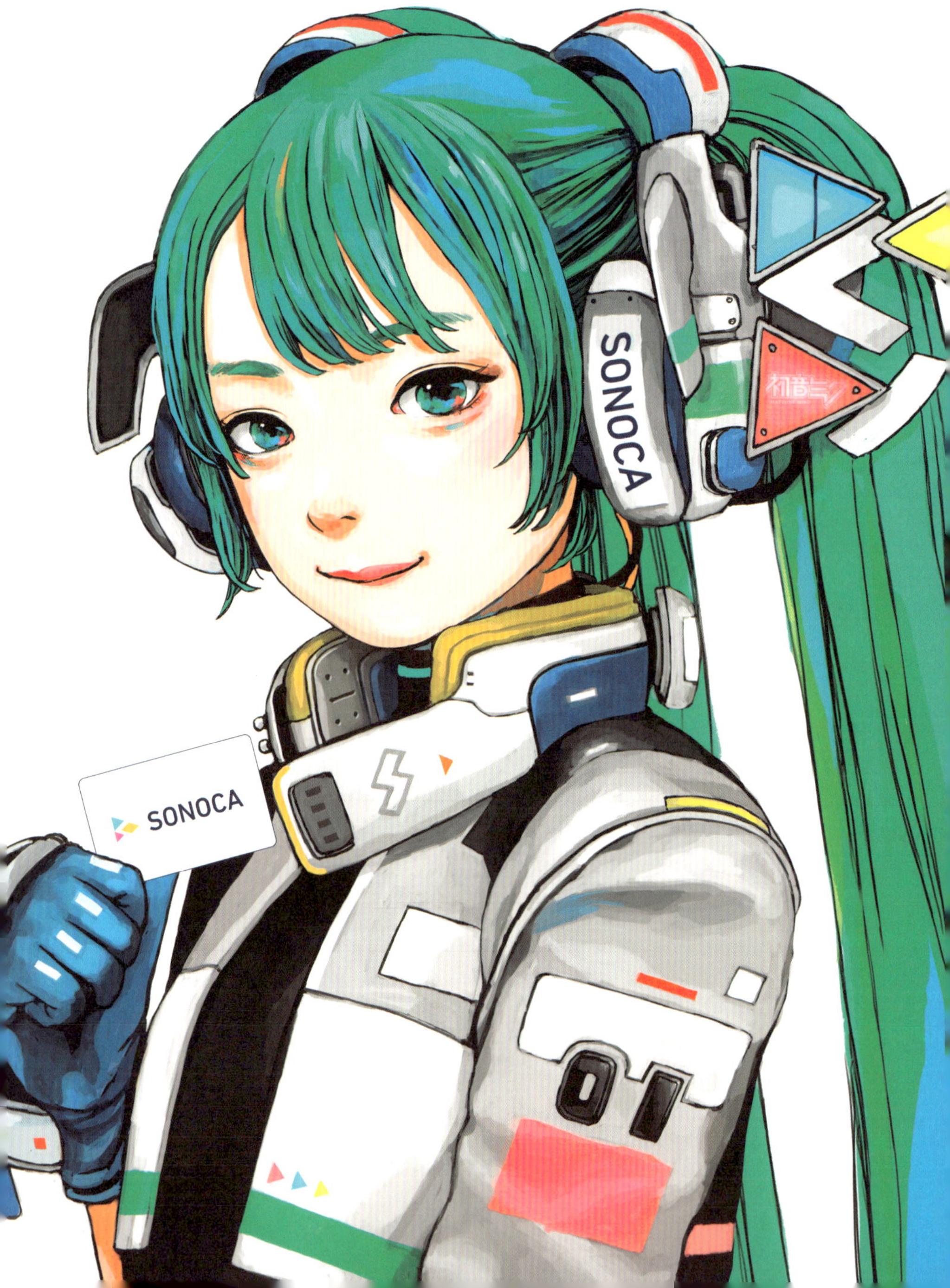
SONOCA
SONOCA
01

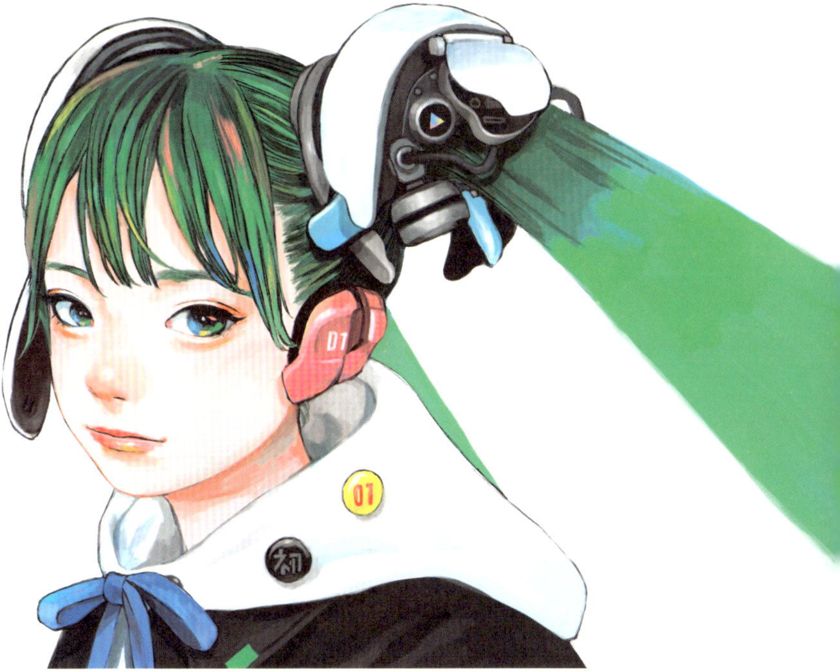
01

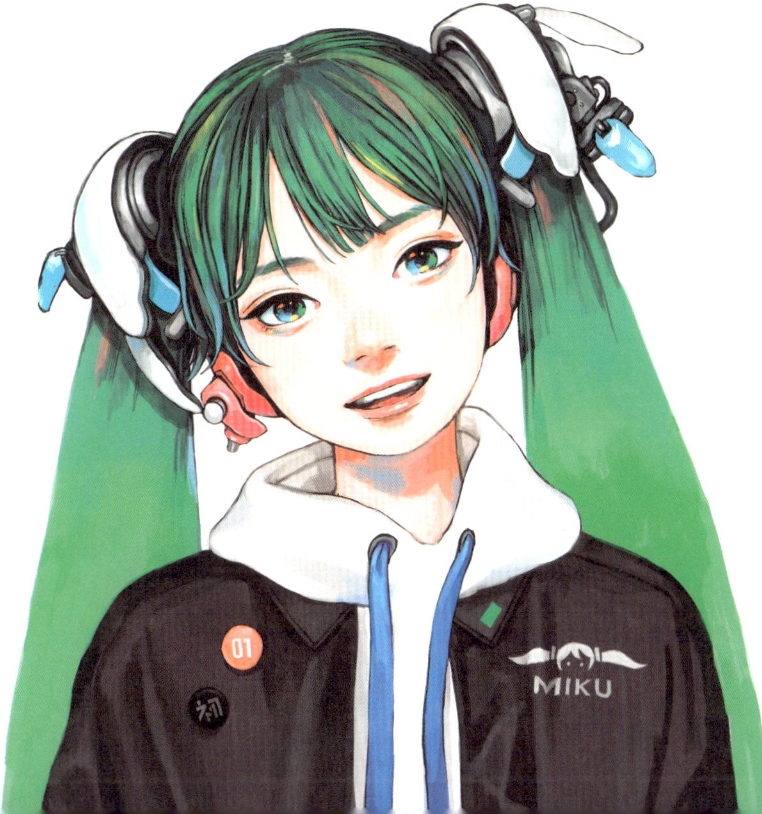
01
MIKU

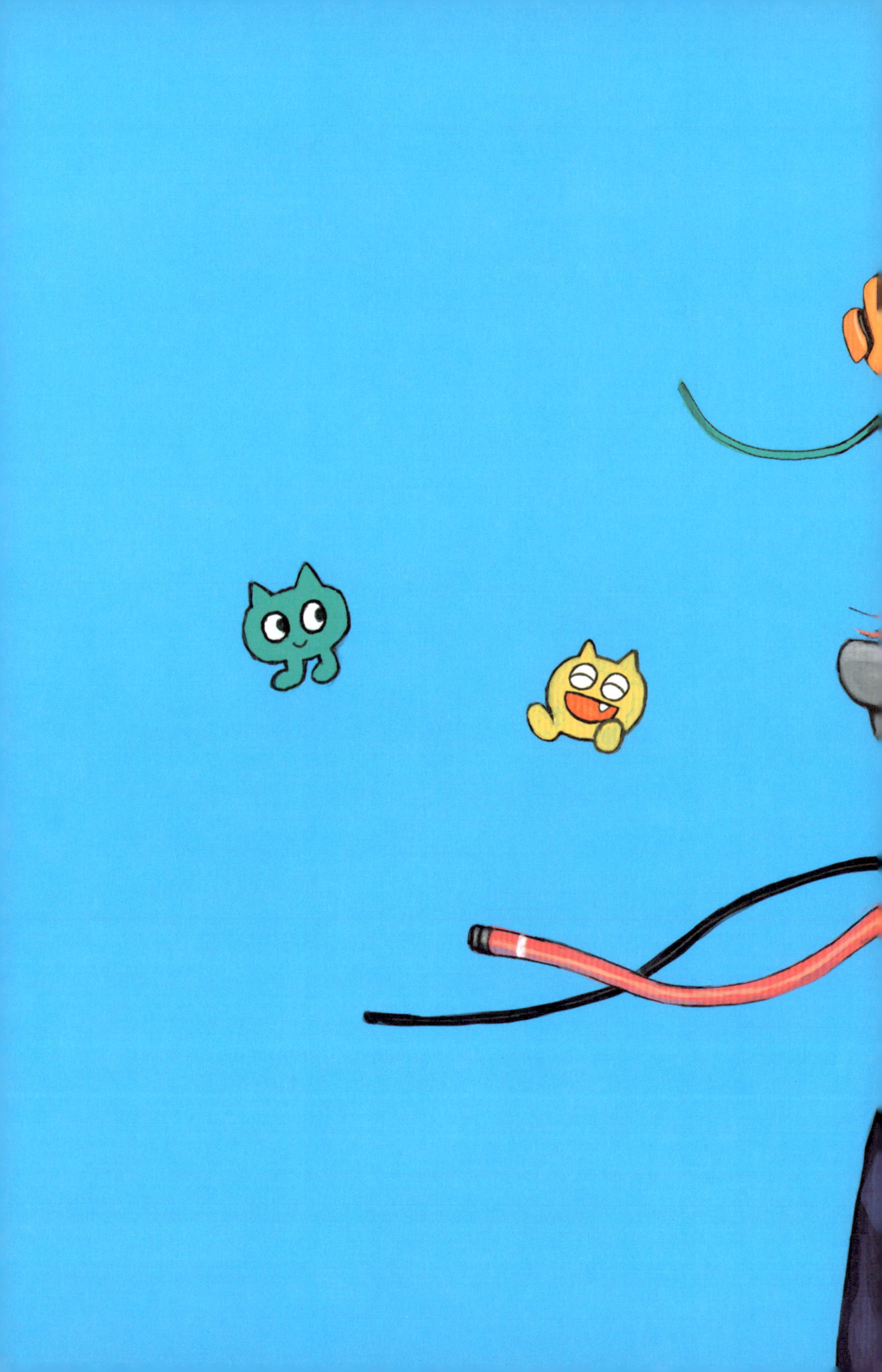

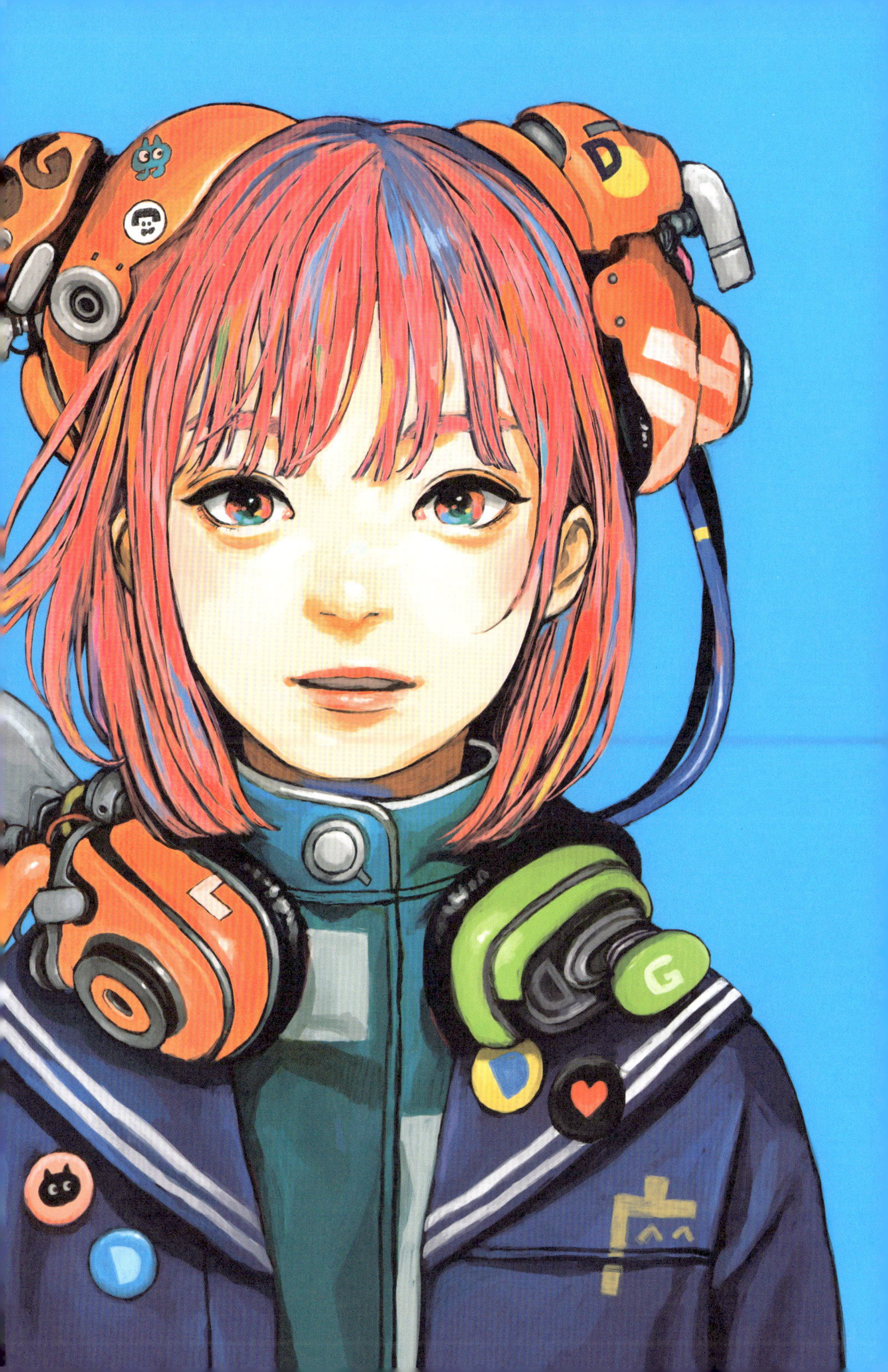

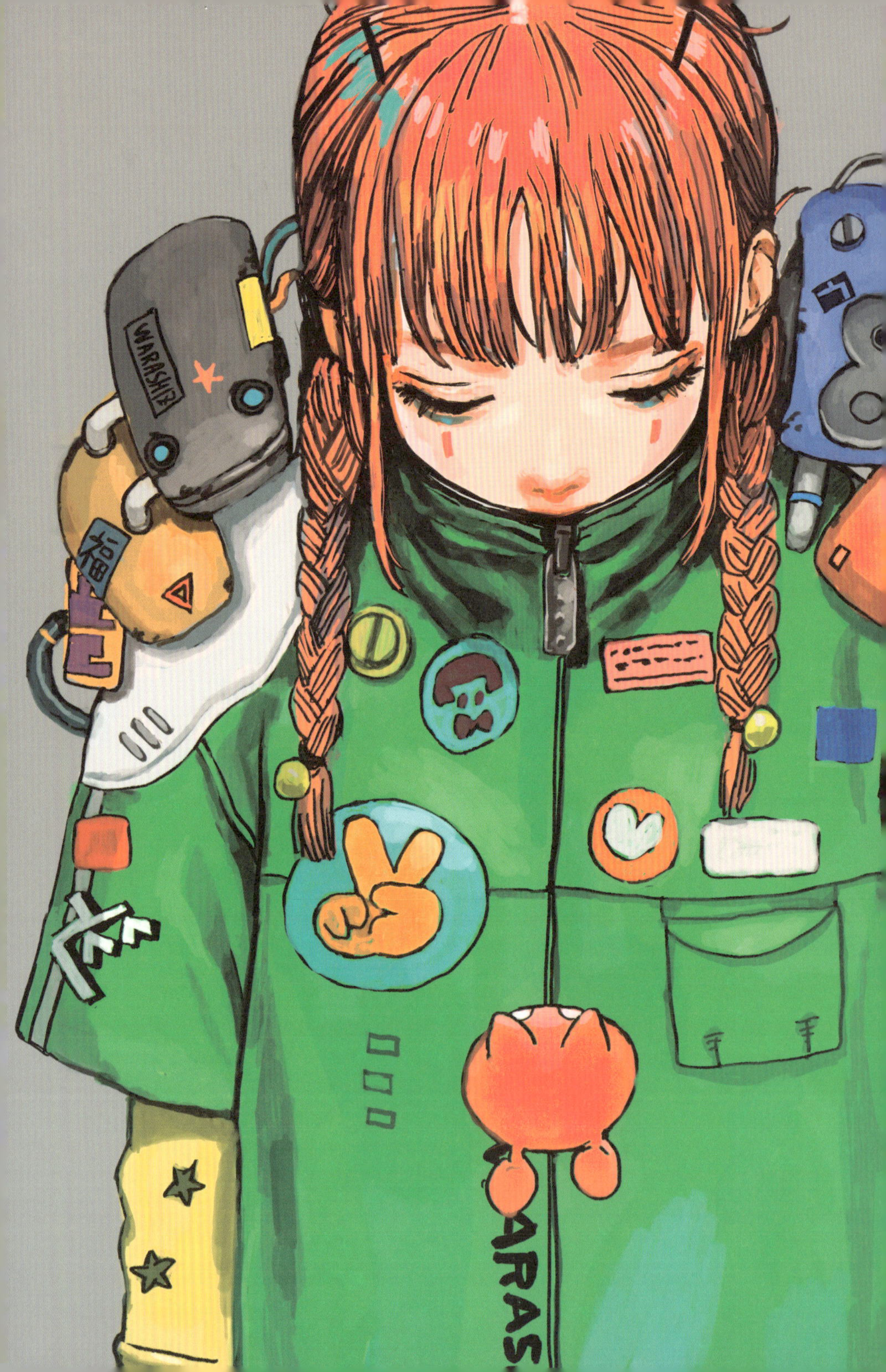
WARASHI3
福
ARAS

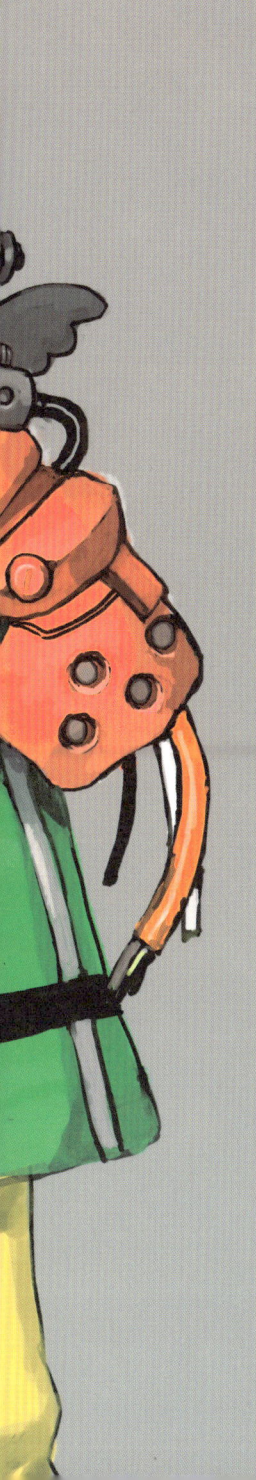

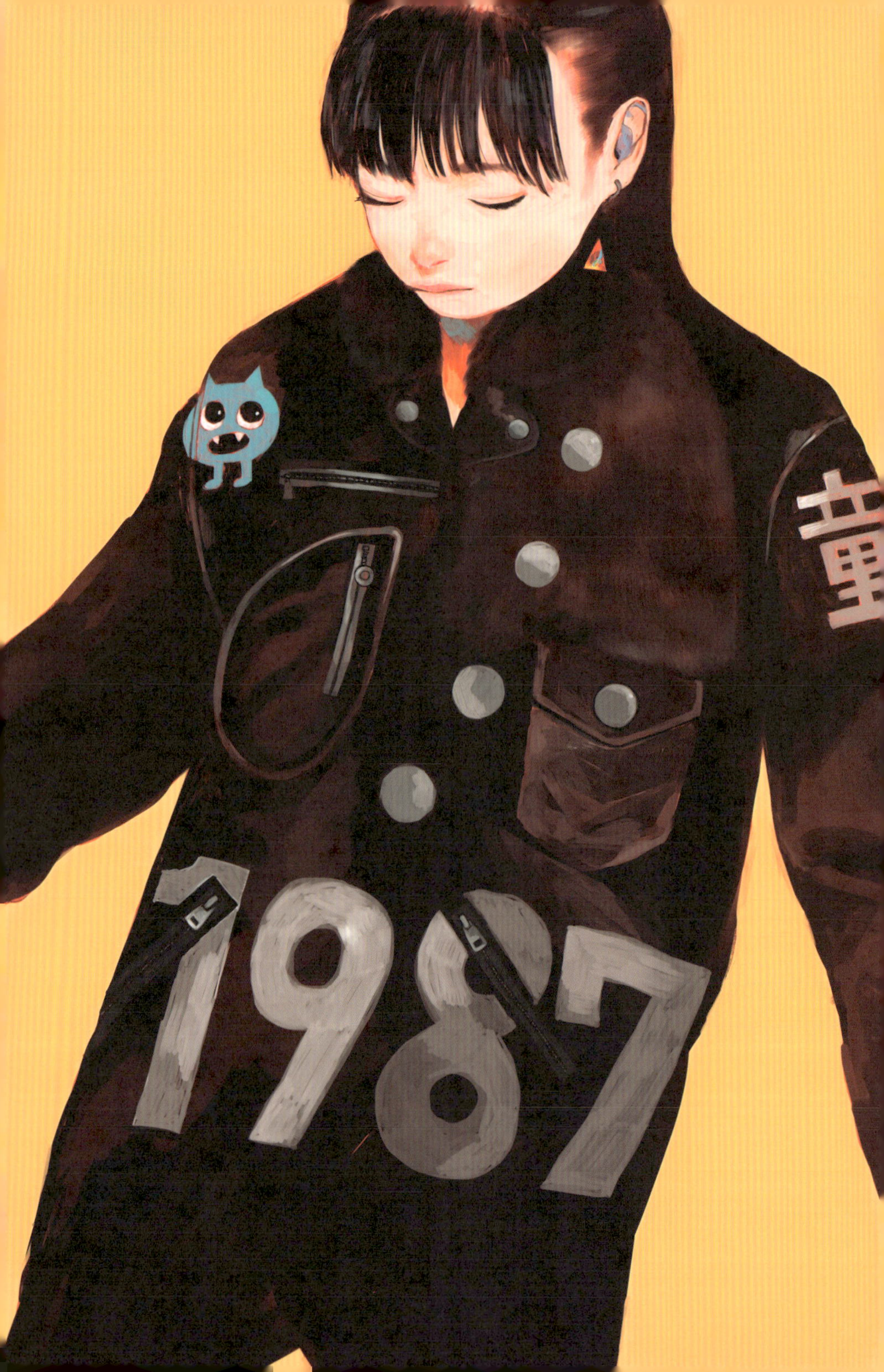
1987

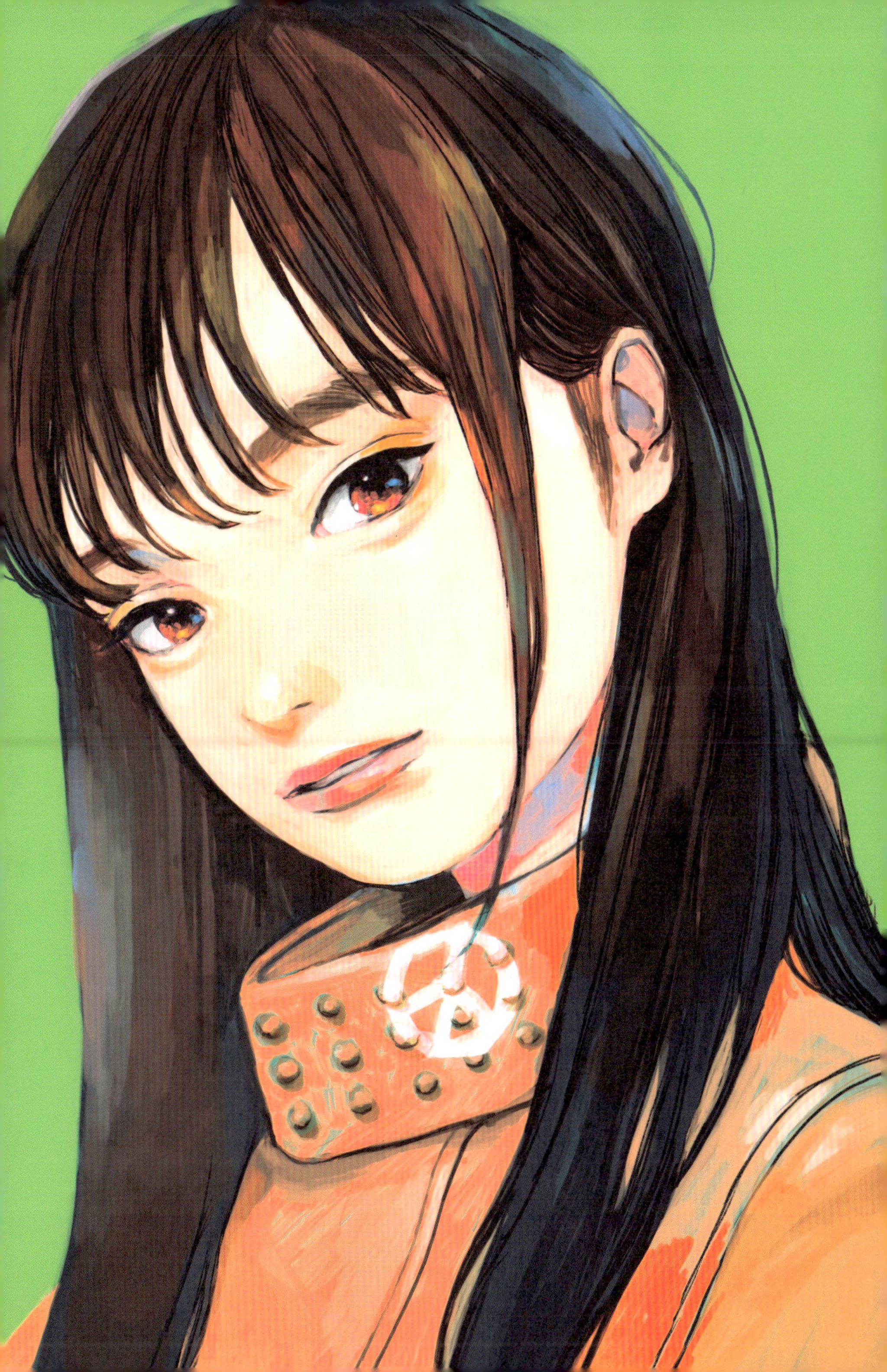

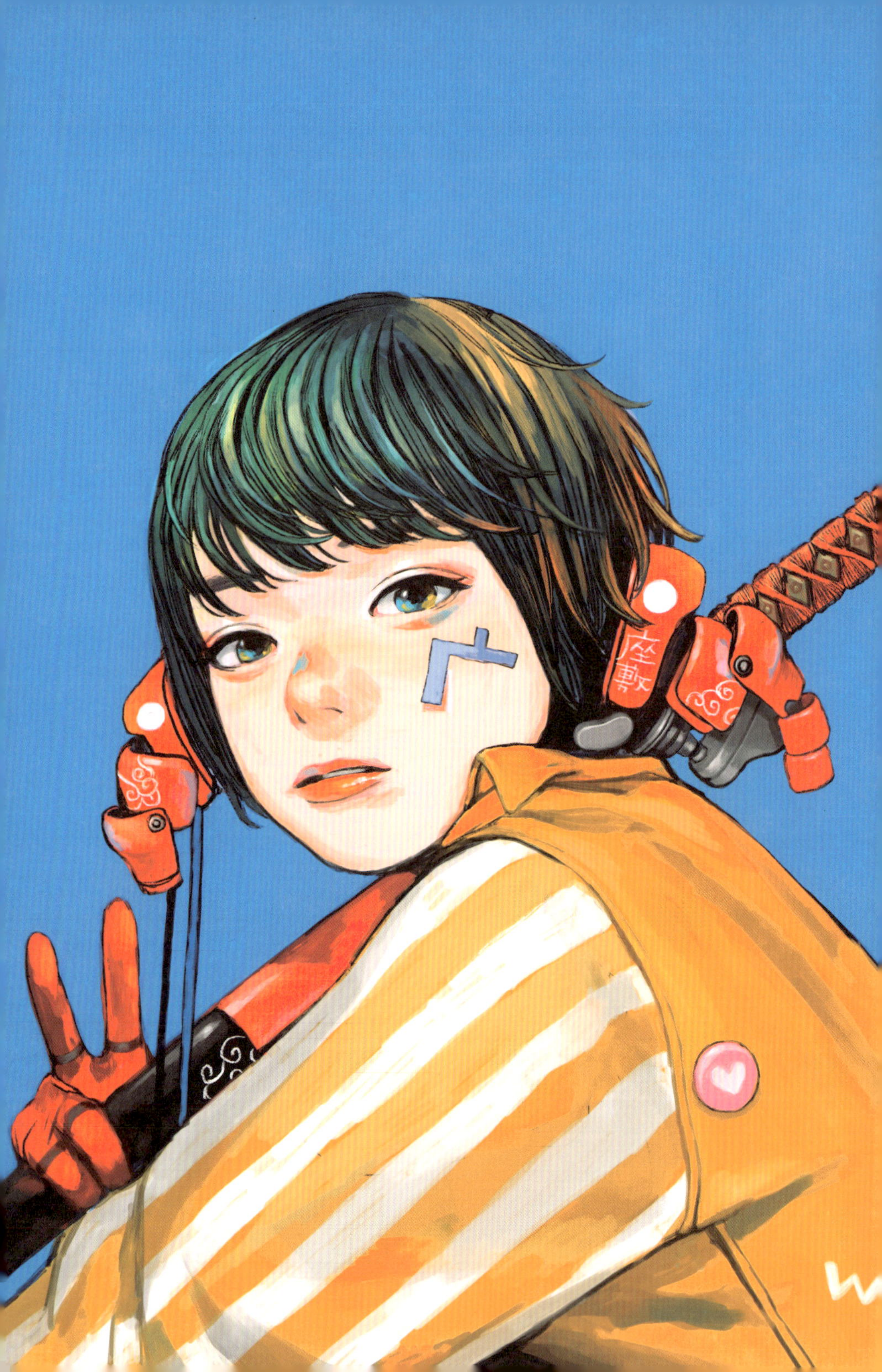
座敷

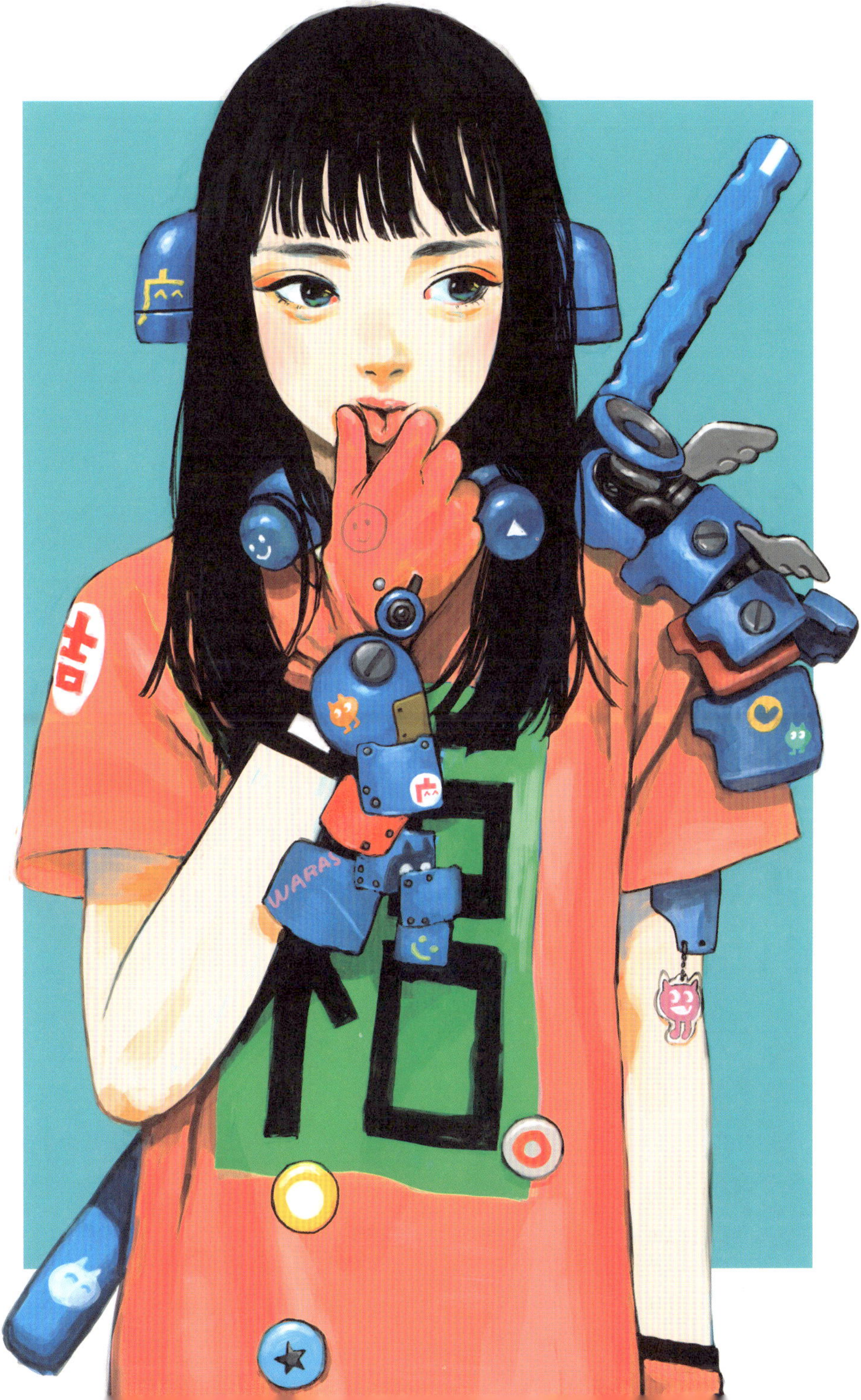
吉
WARAS

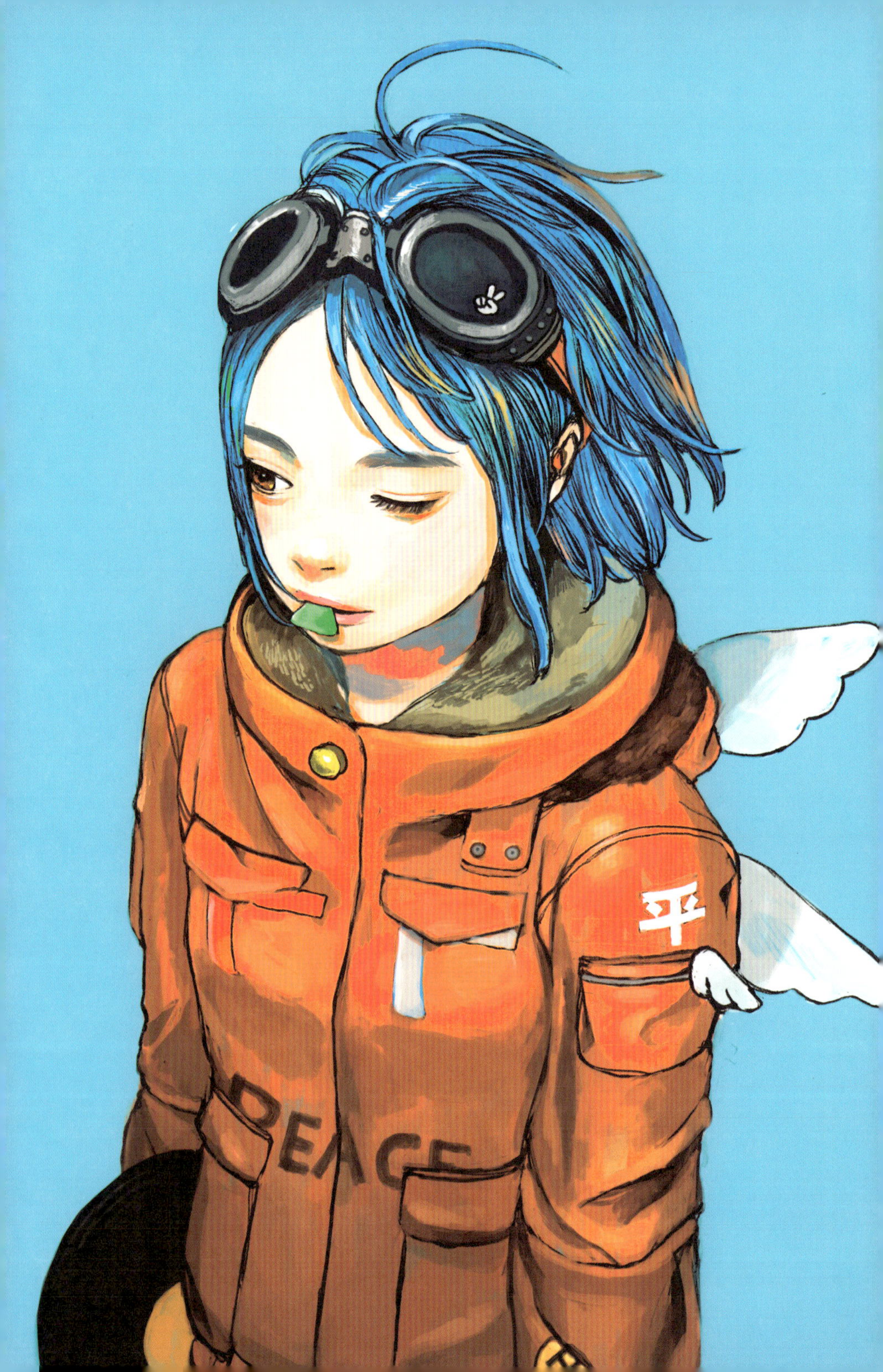
平
PEACE

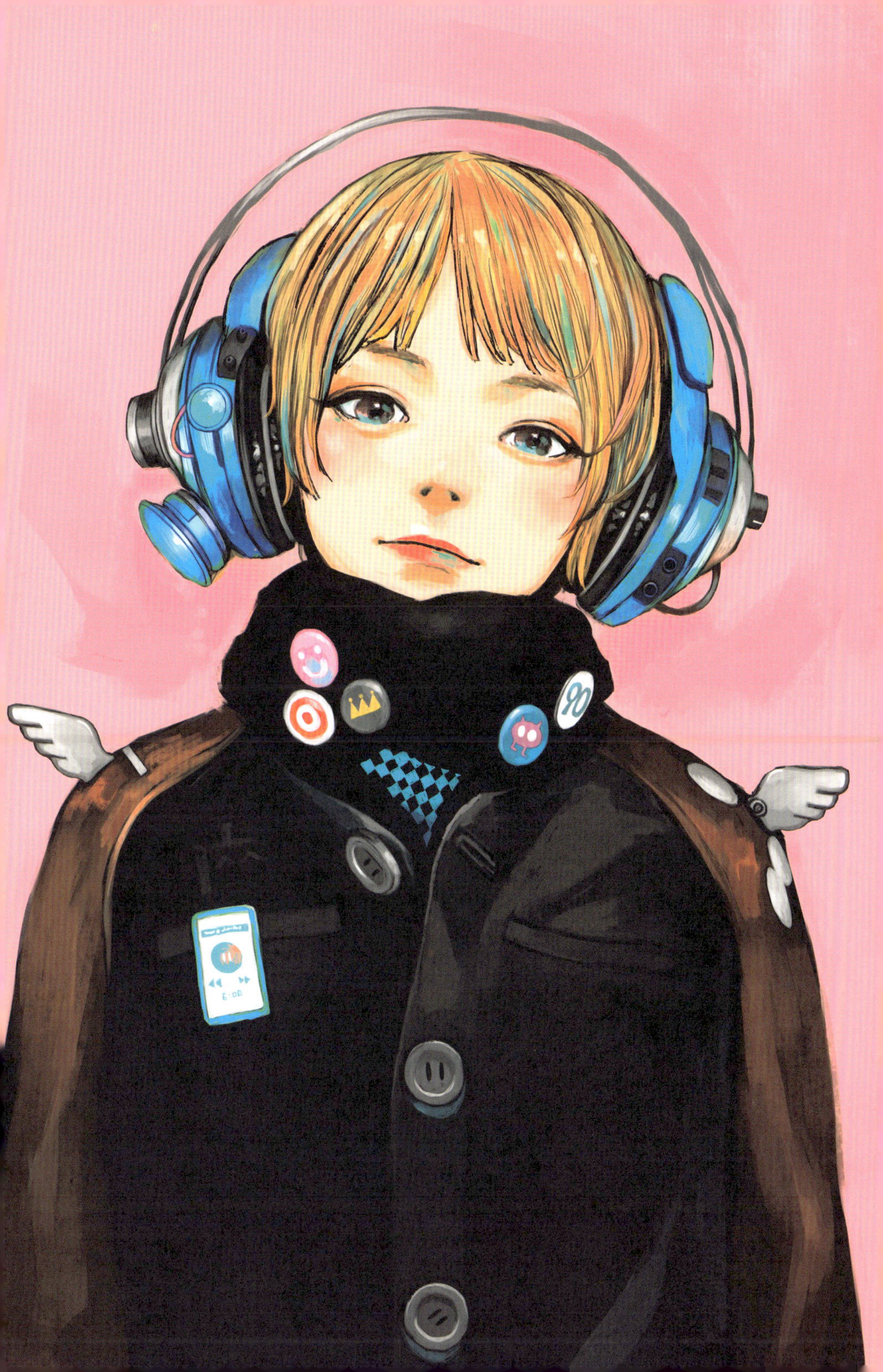

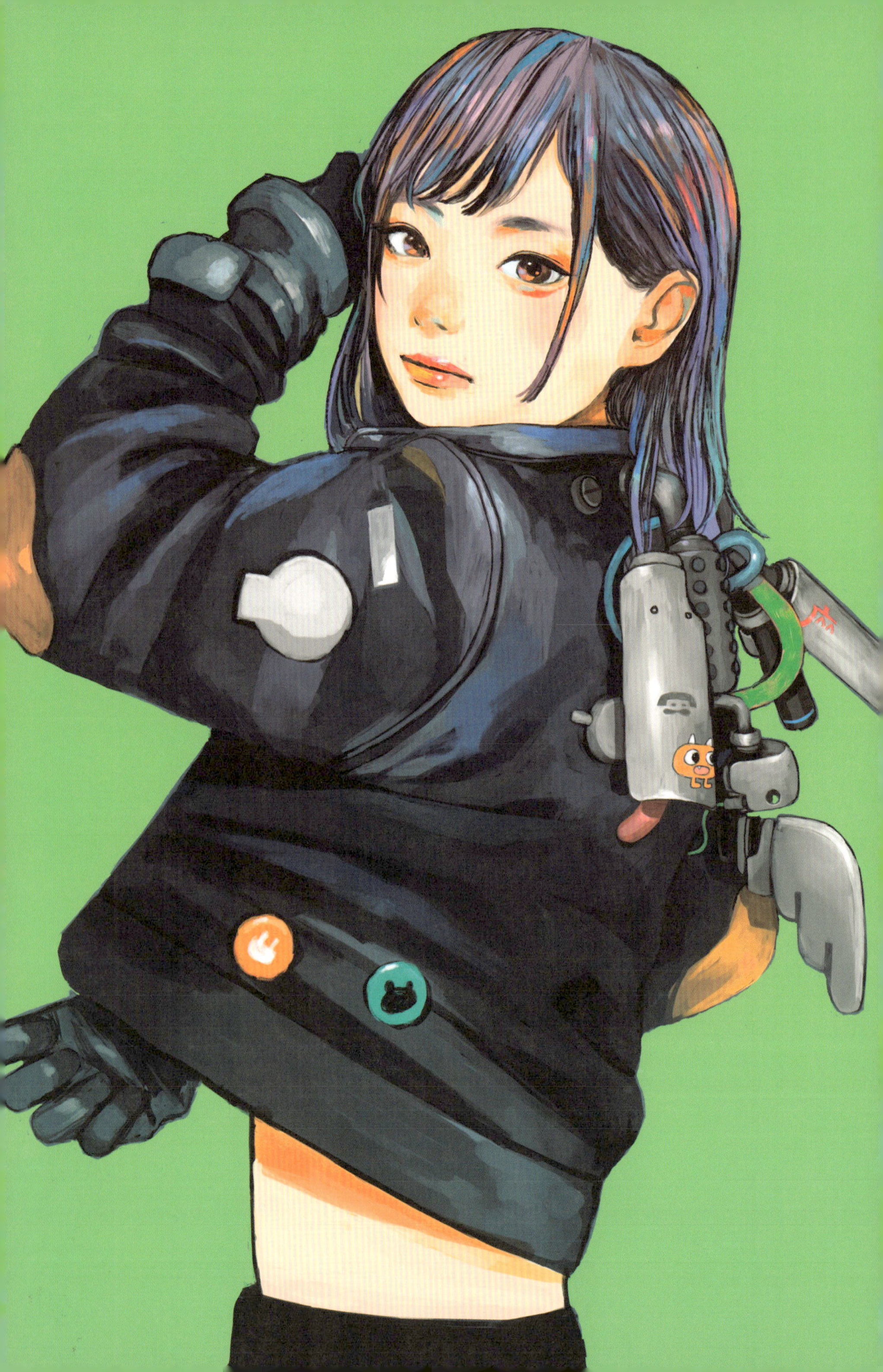

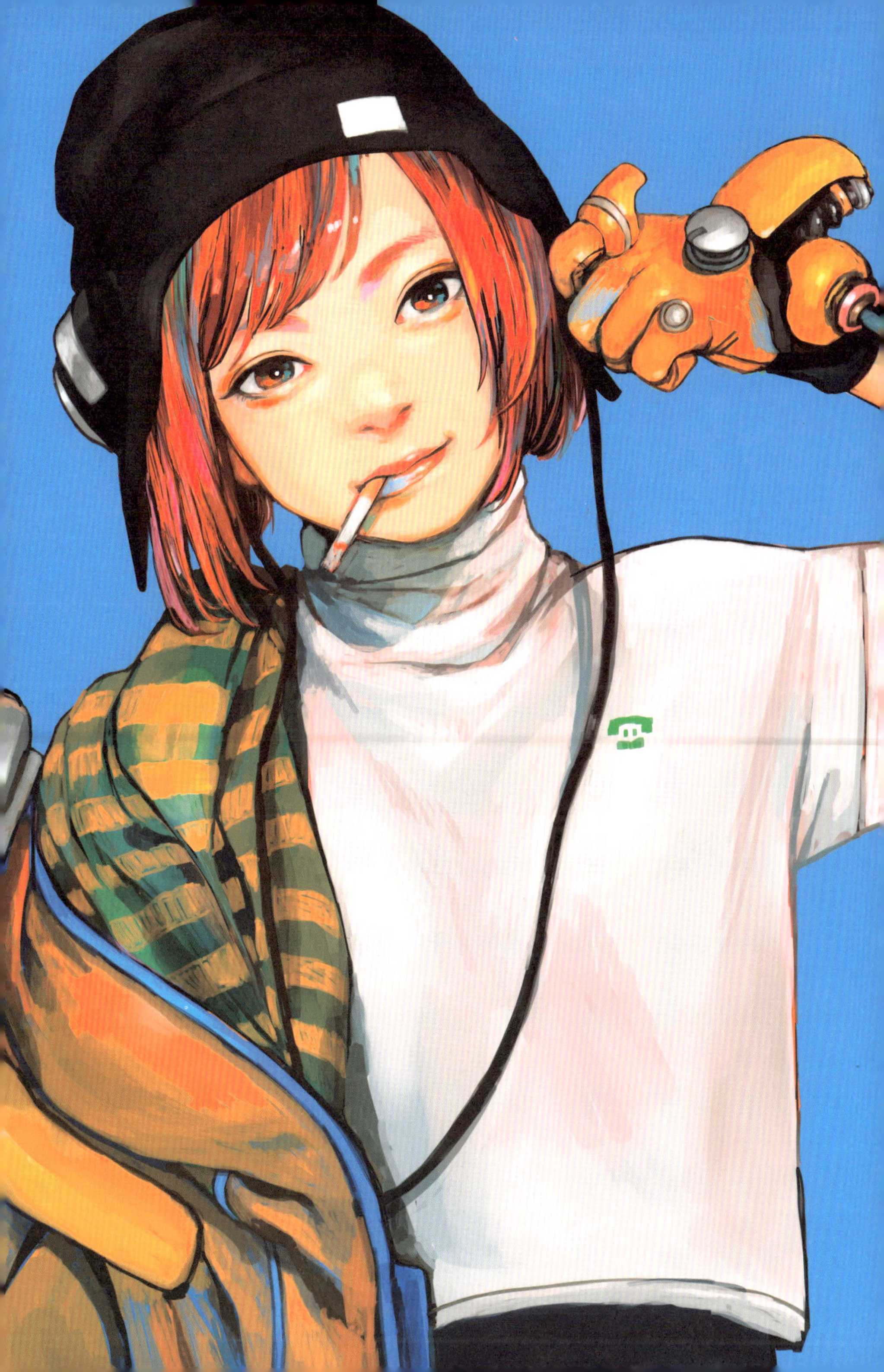

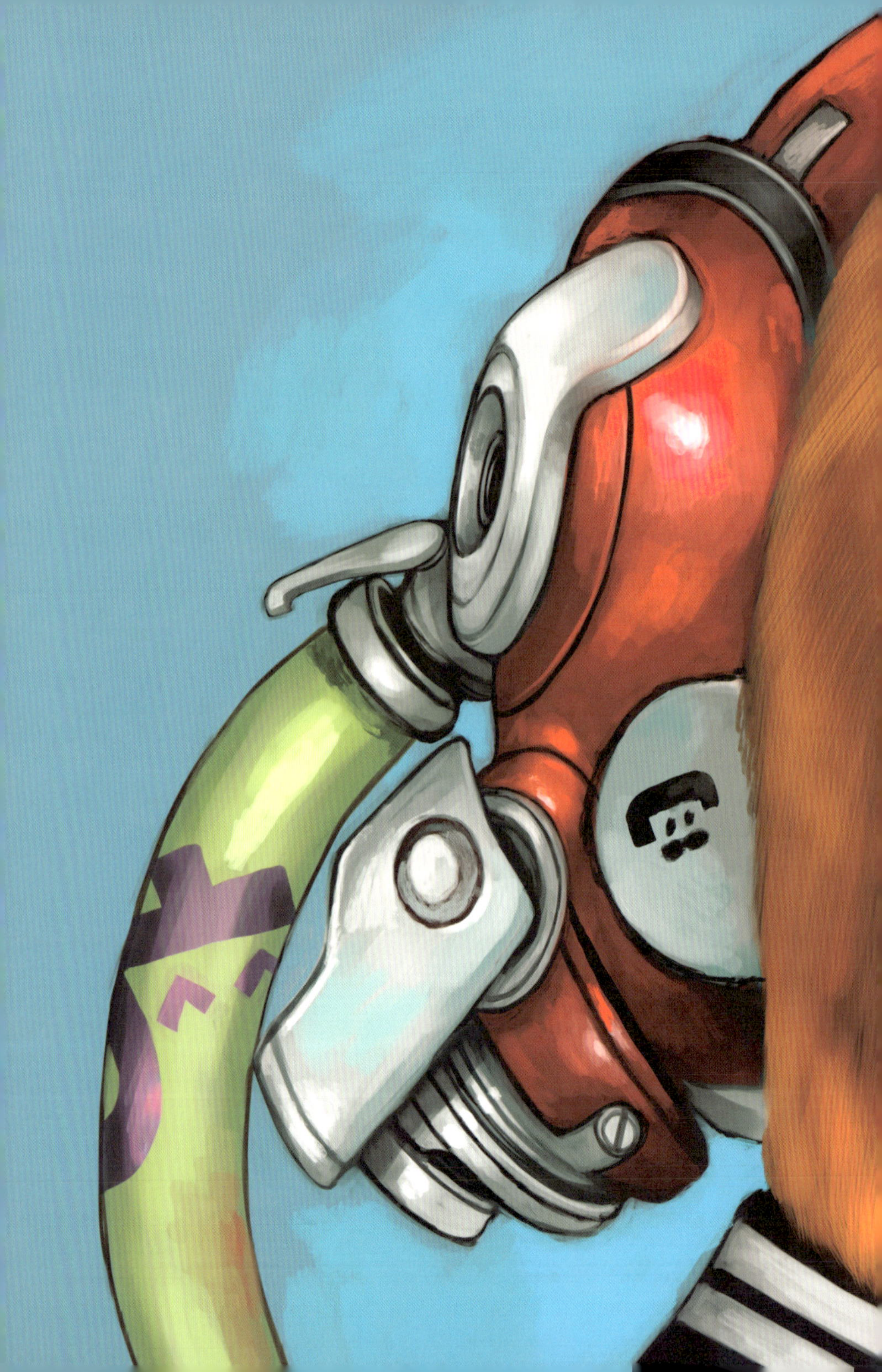

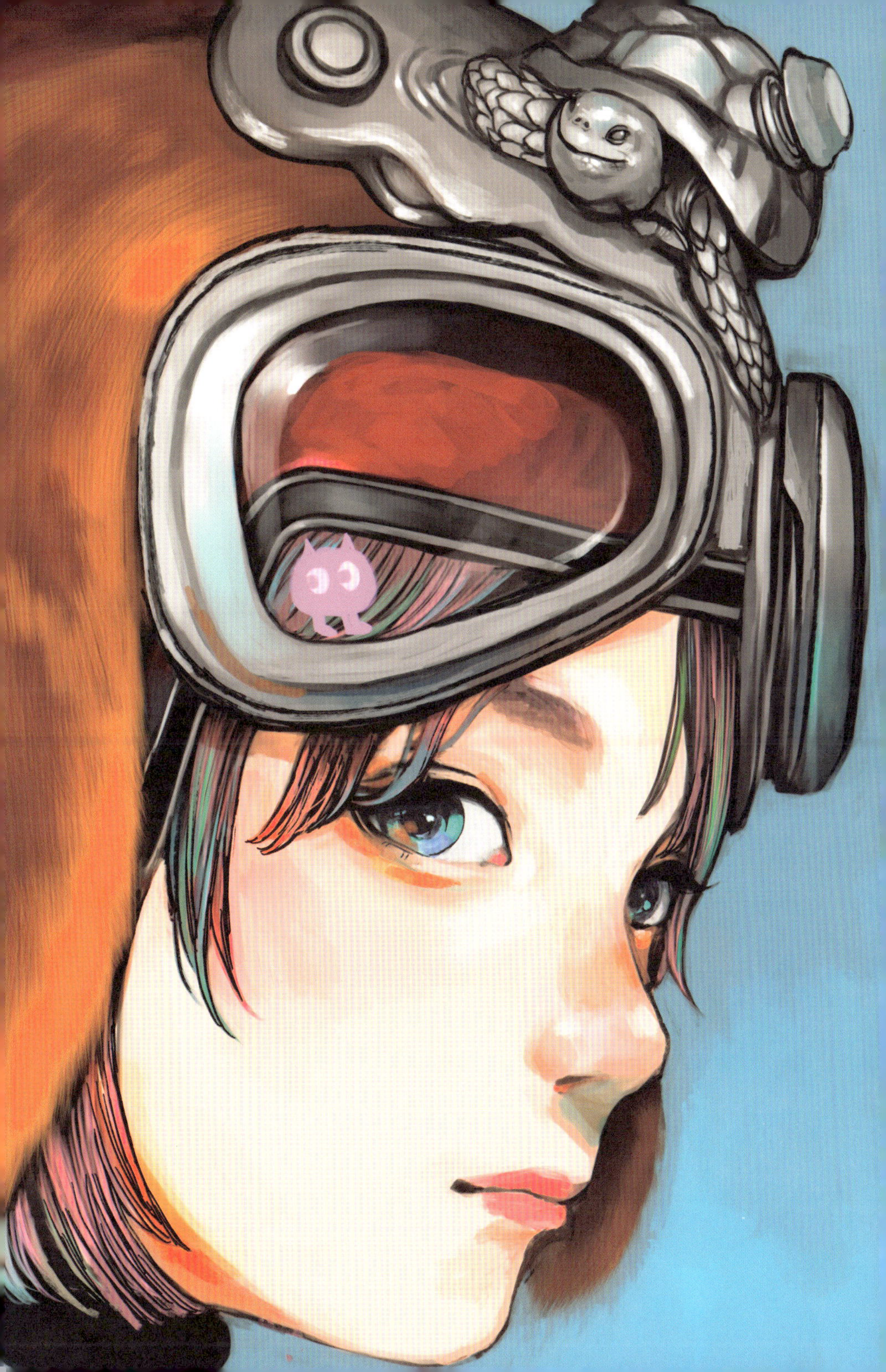

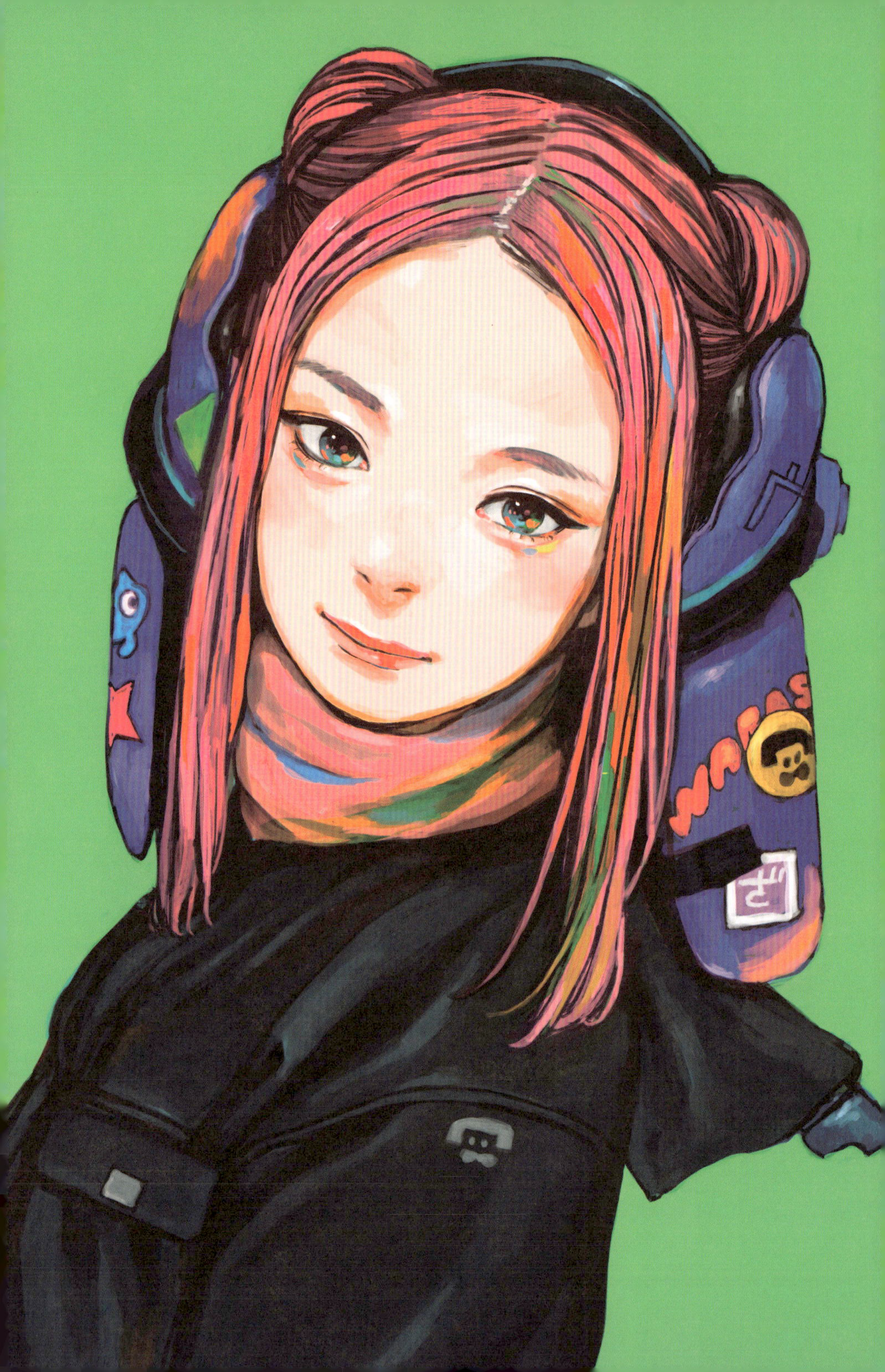

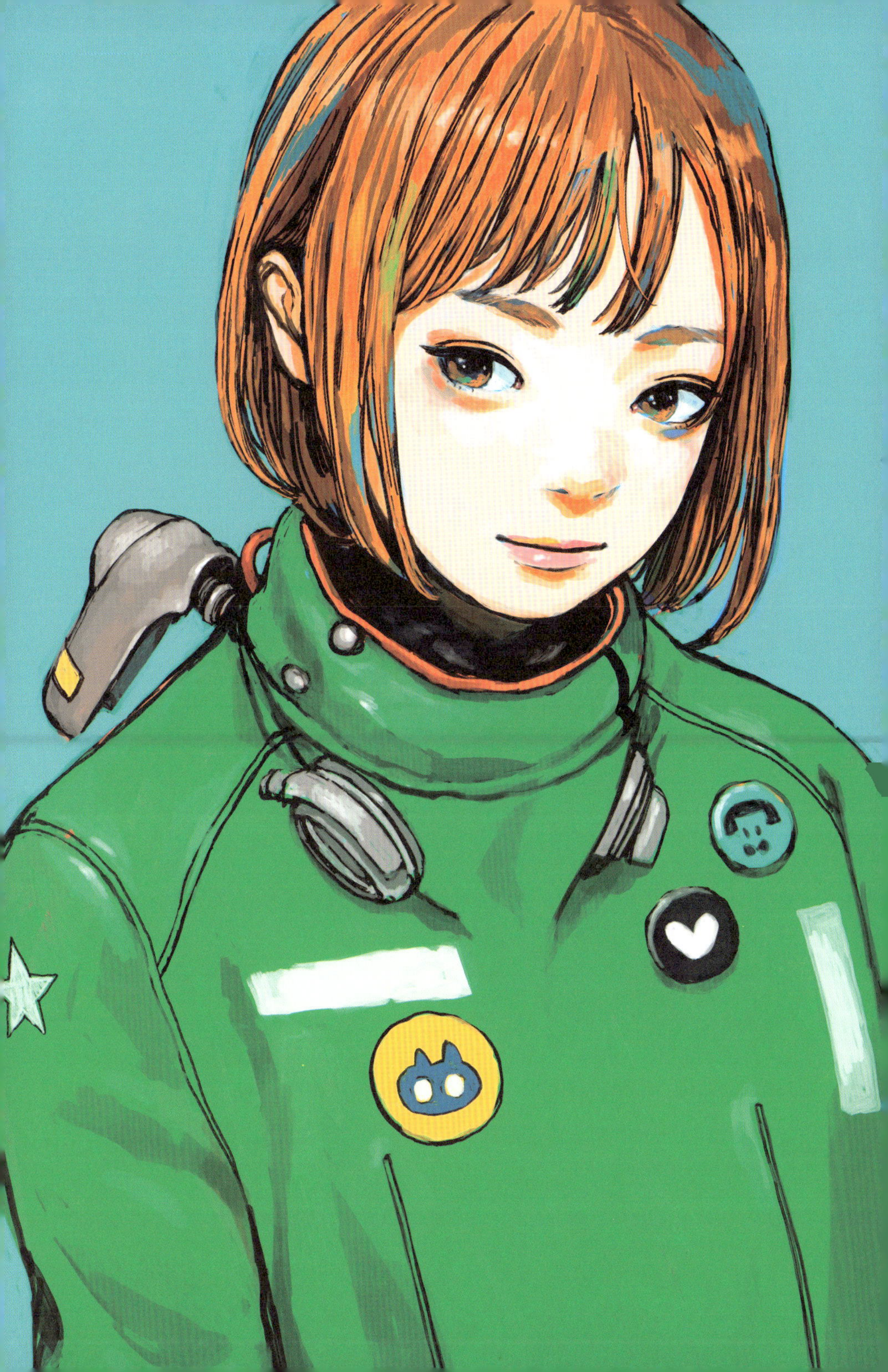

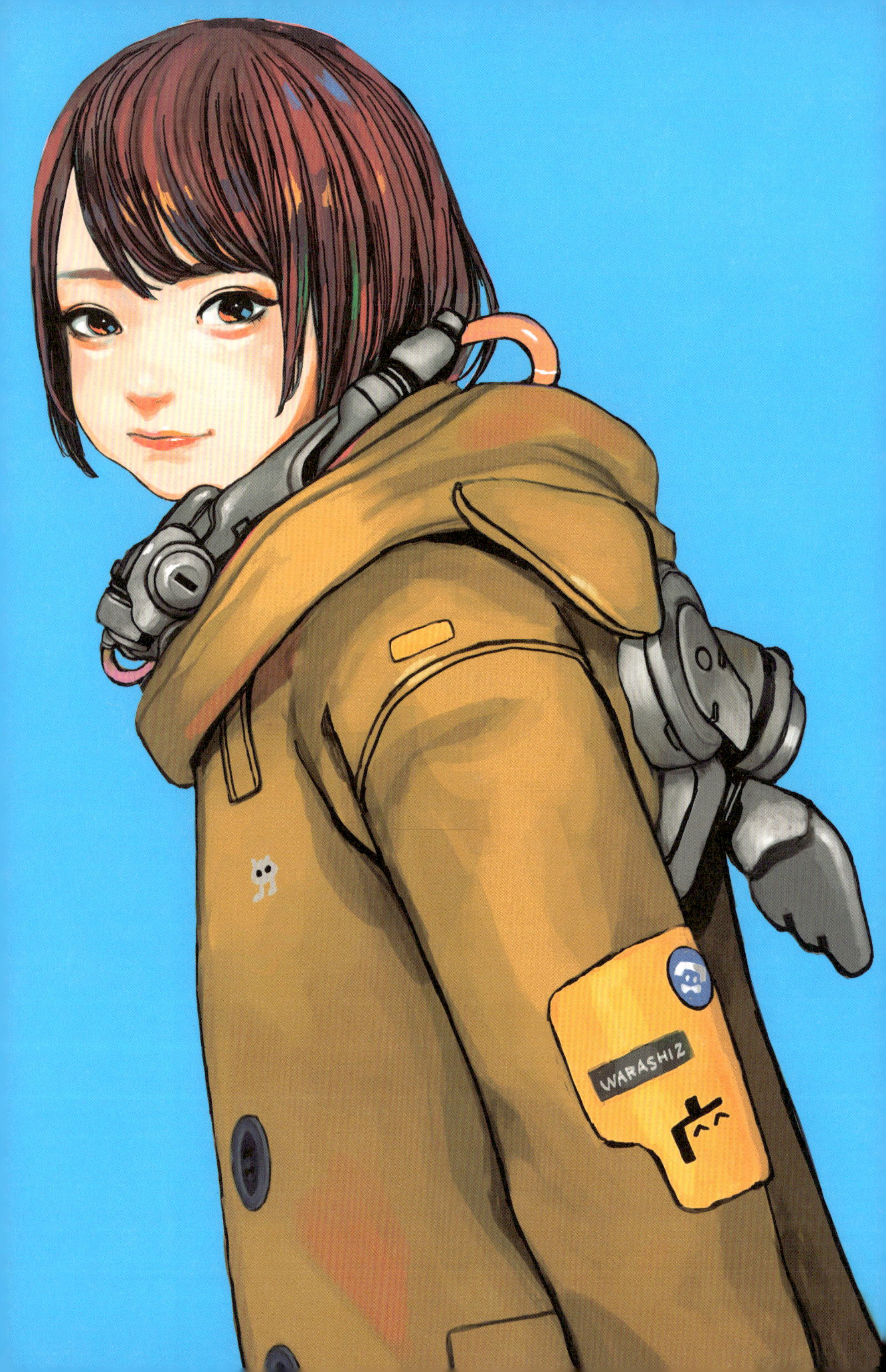
WARASHI2

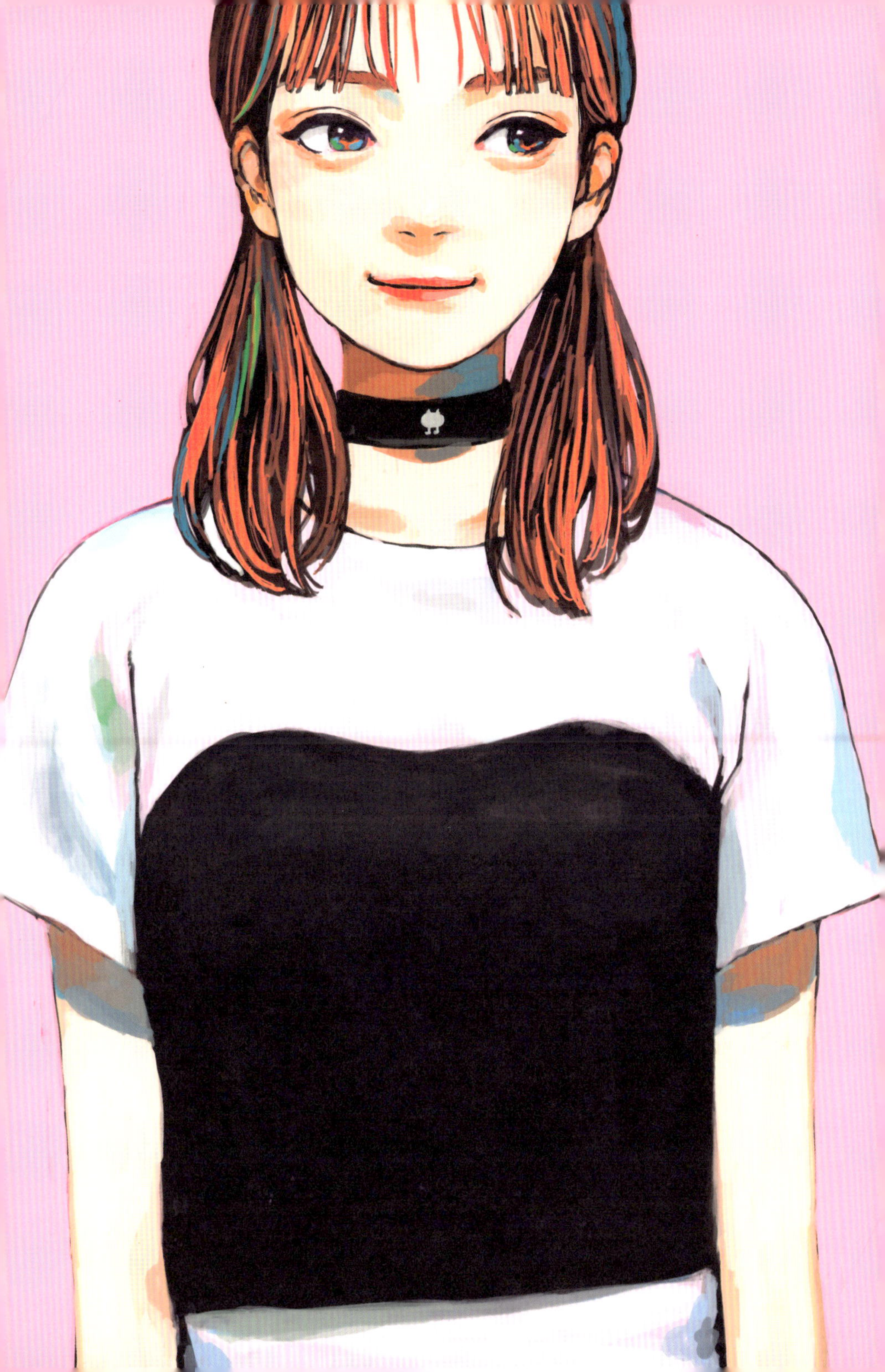

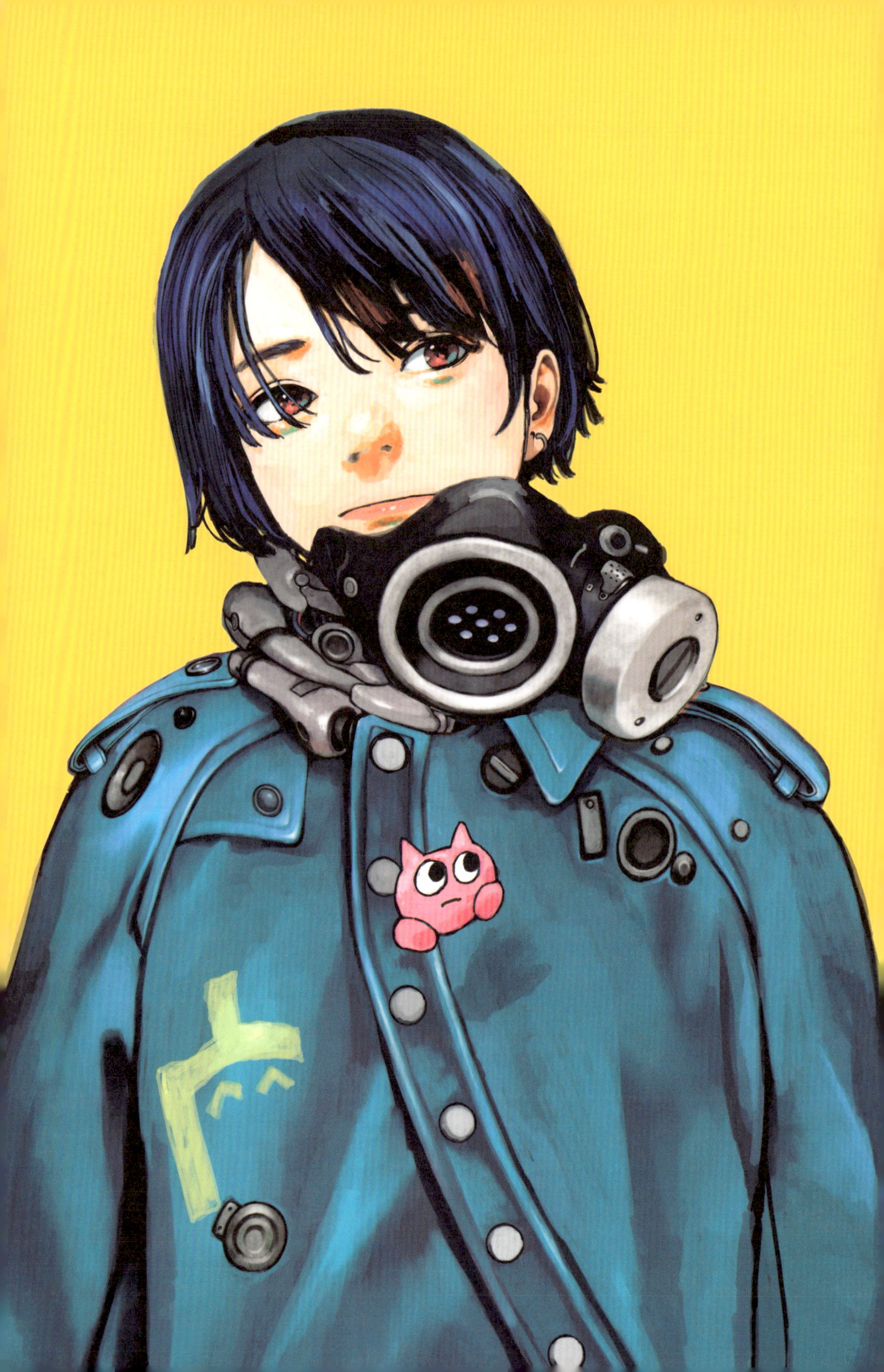

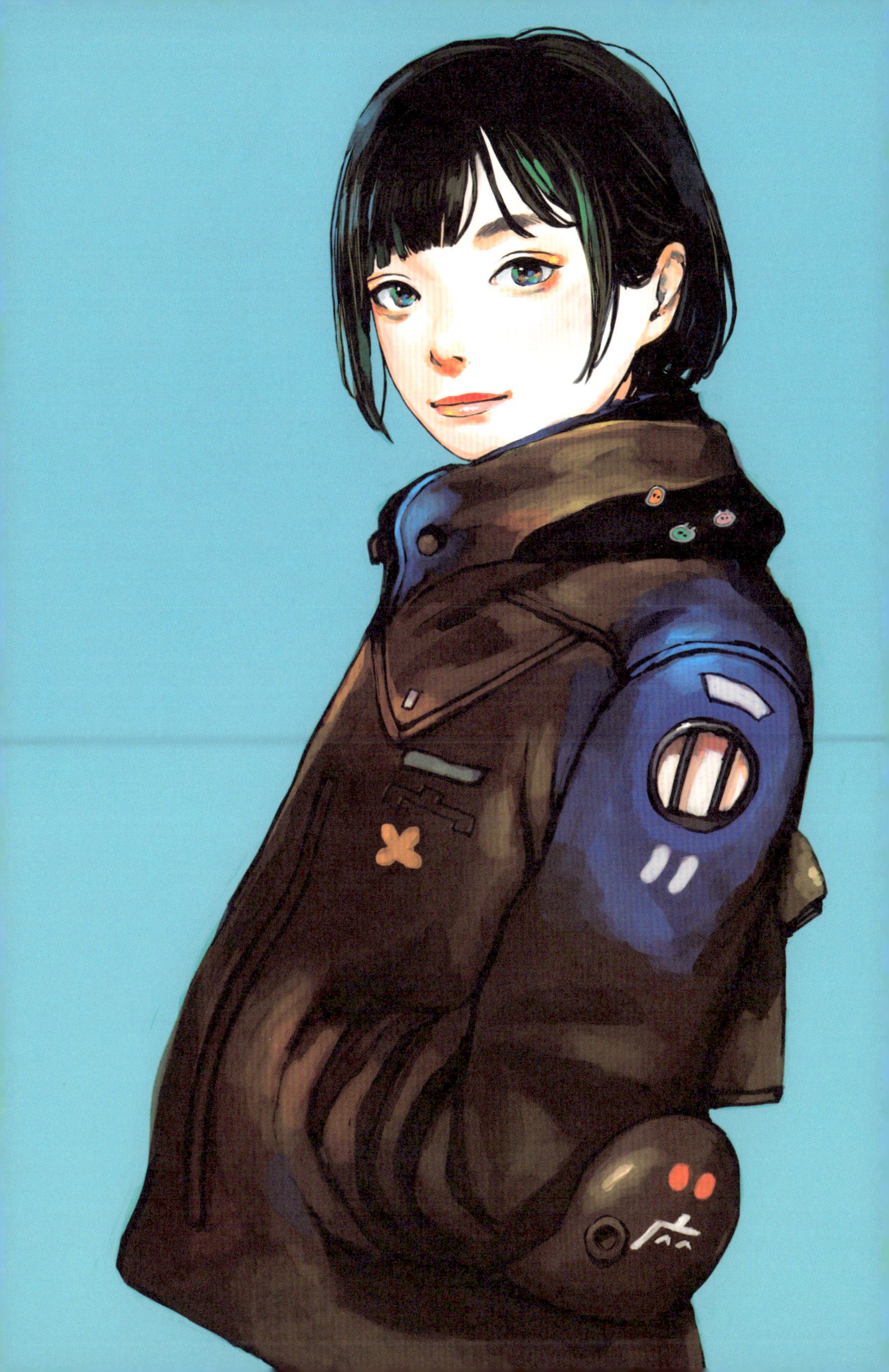

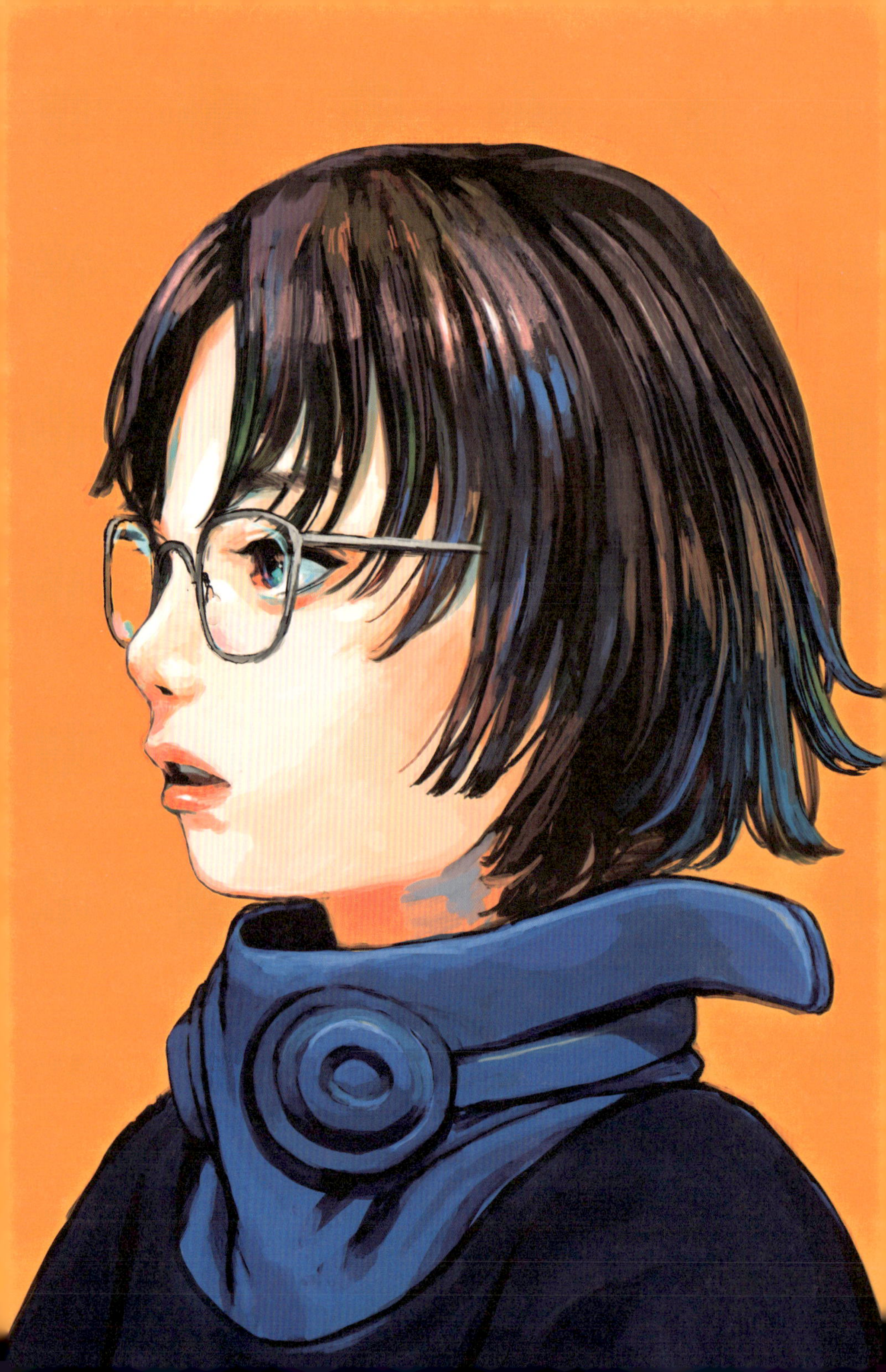

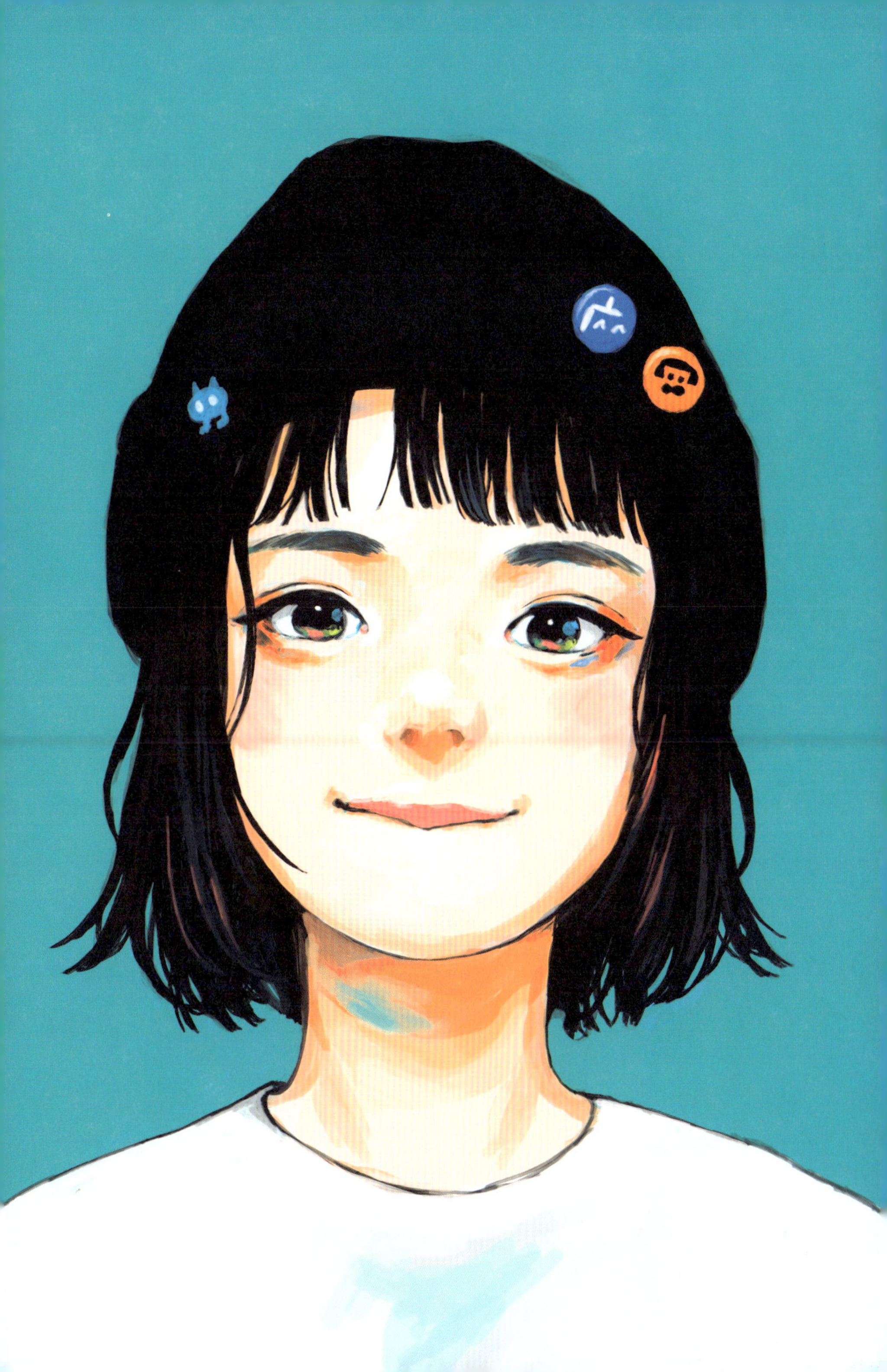

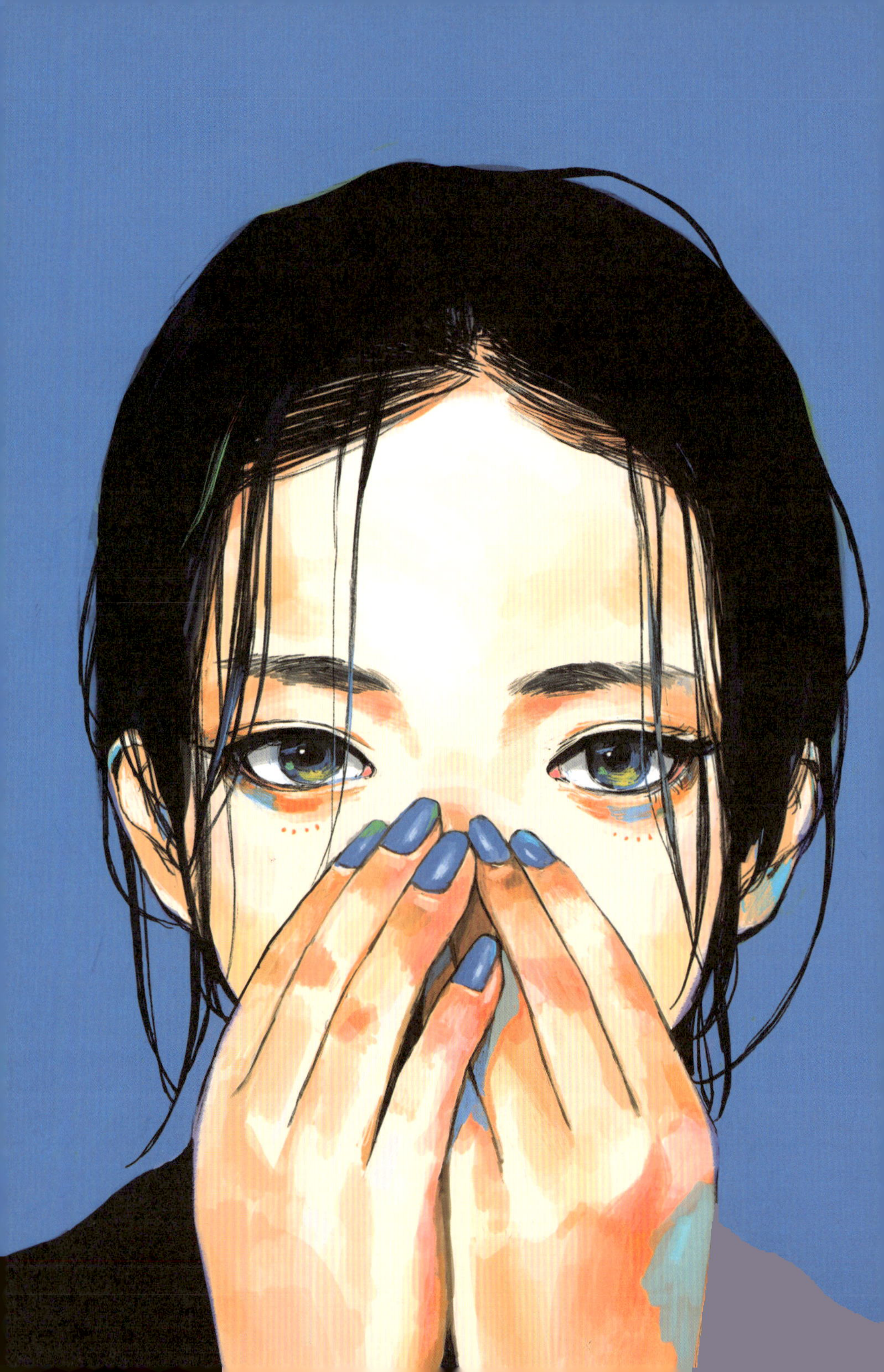

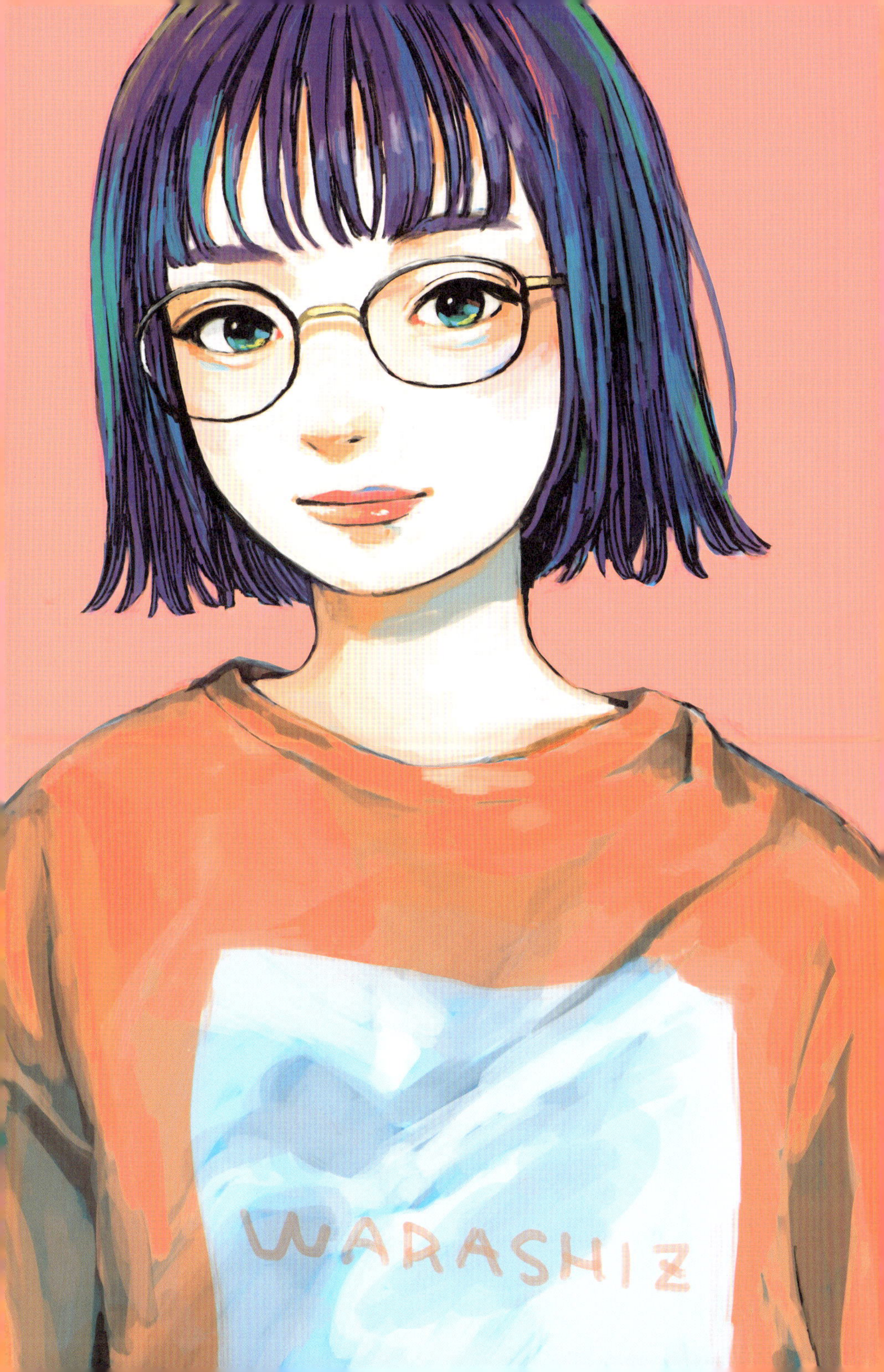
WARASHIZ

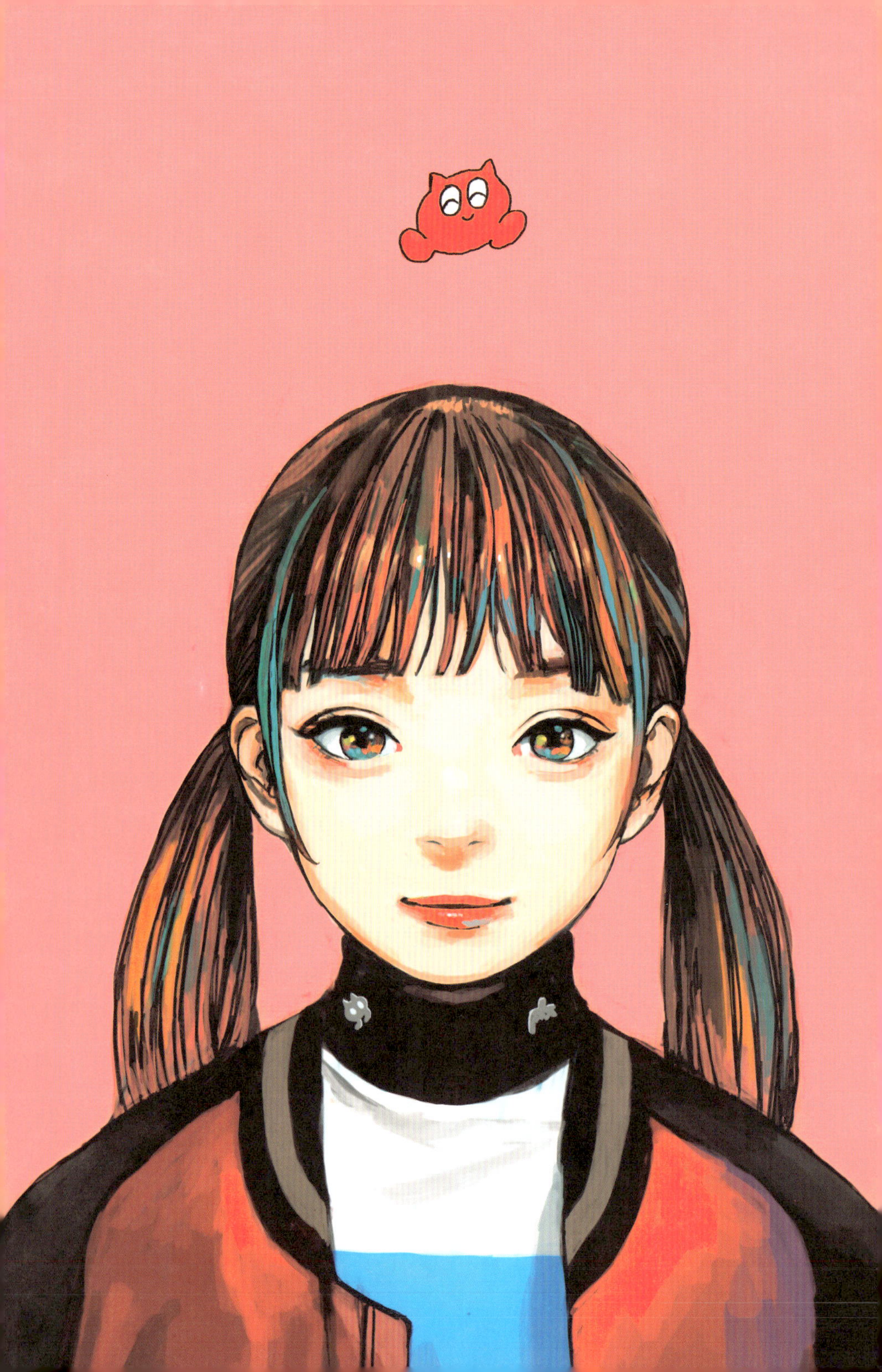

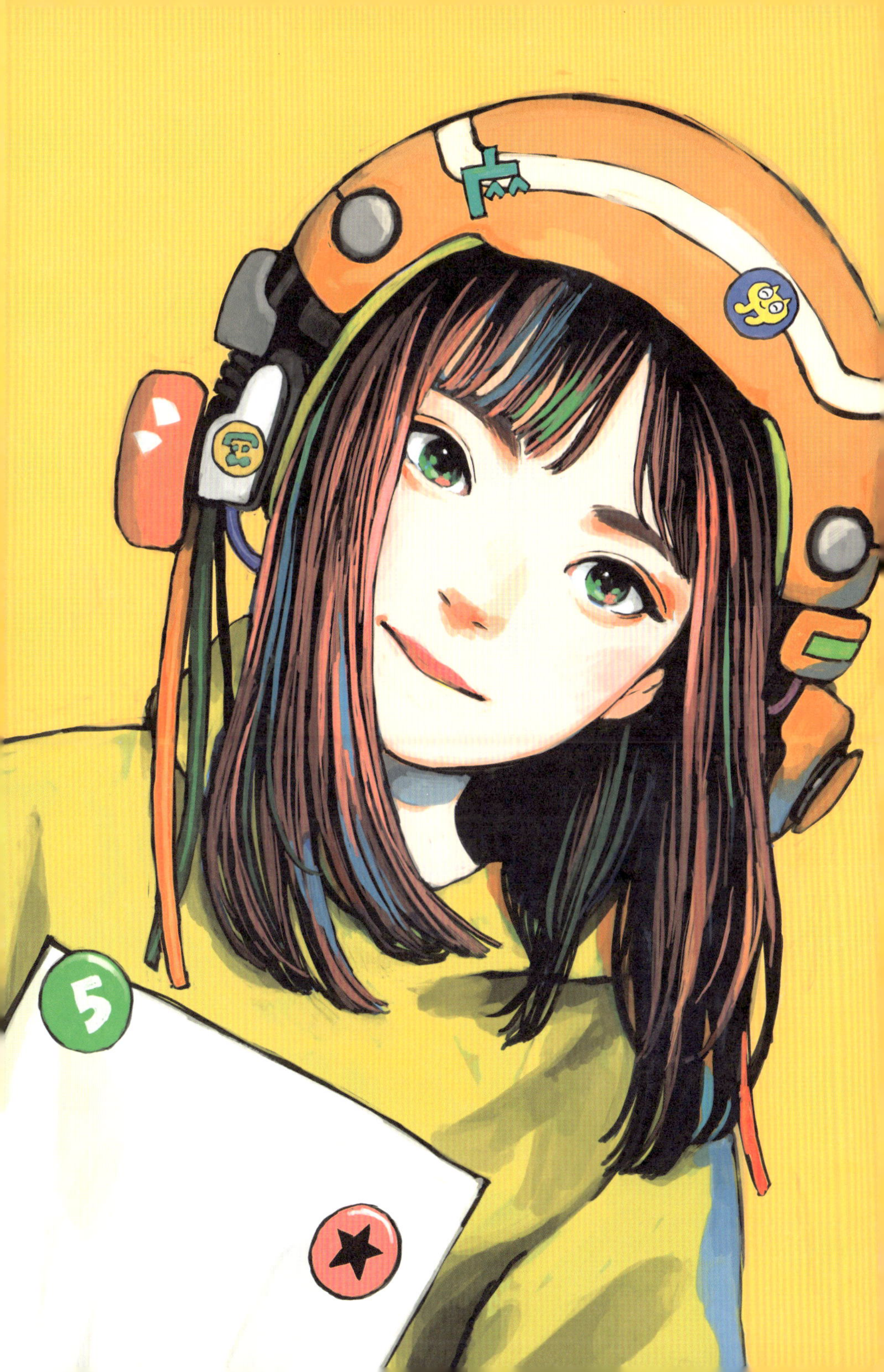
5

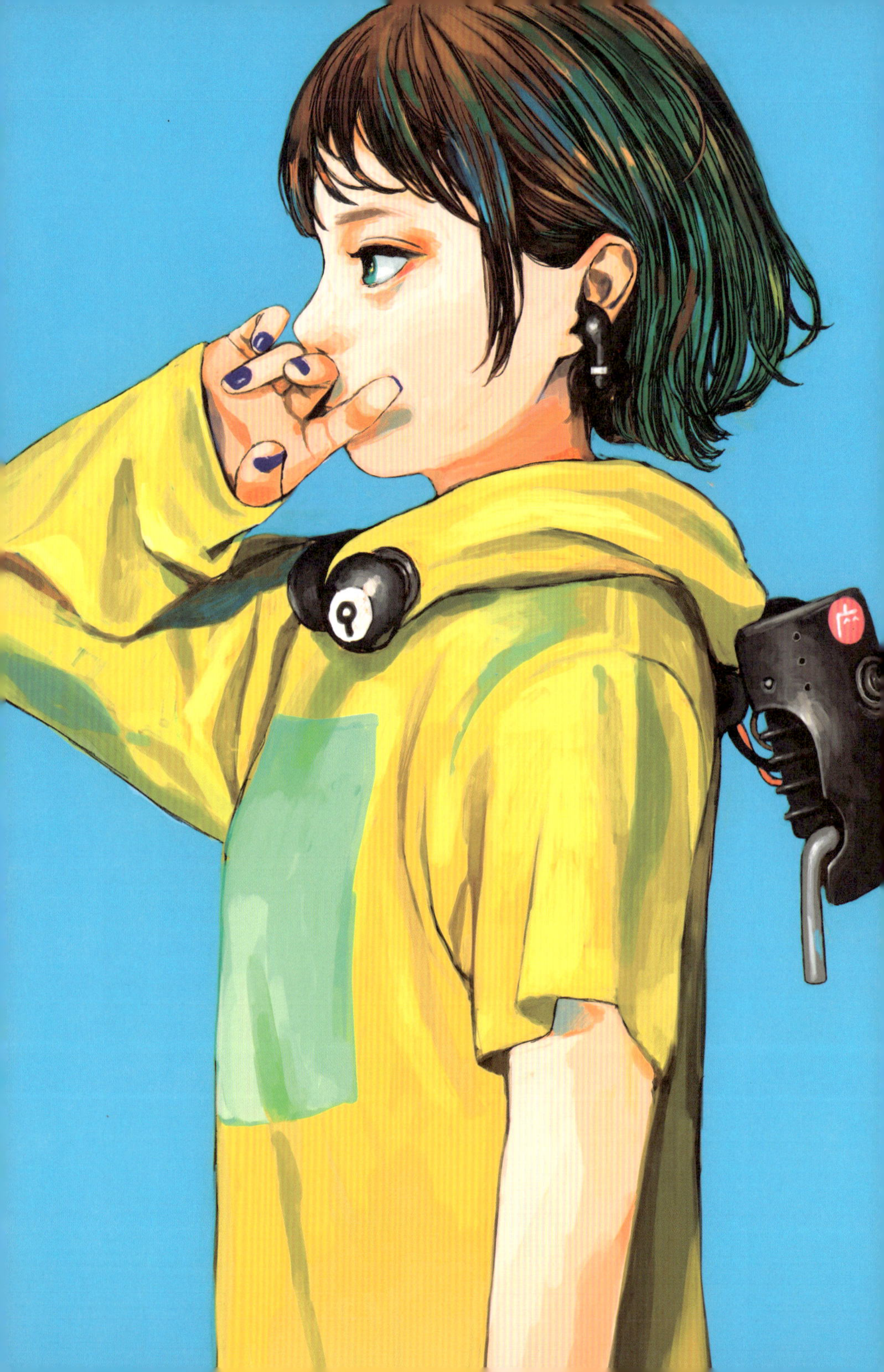

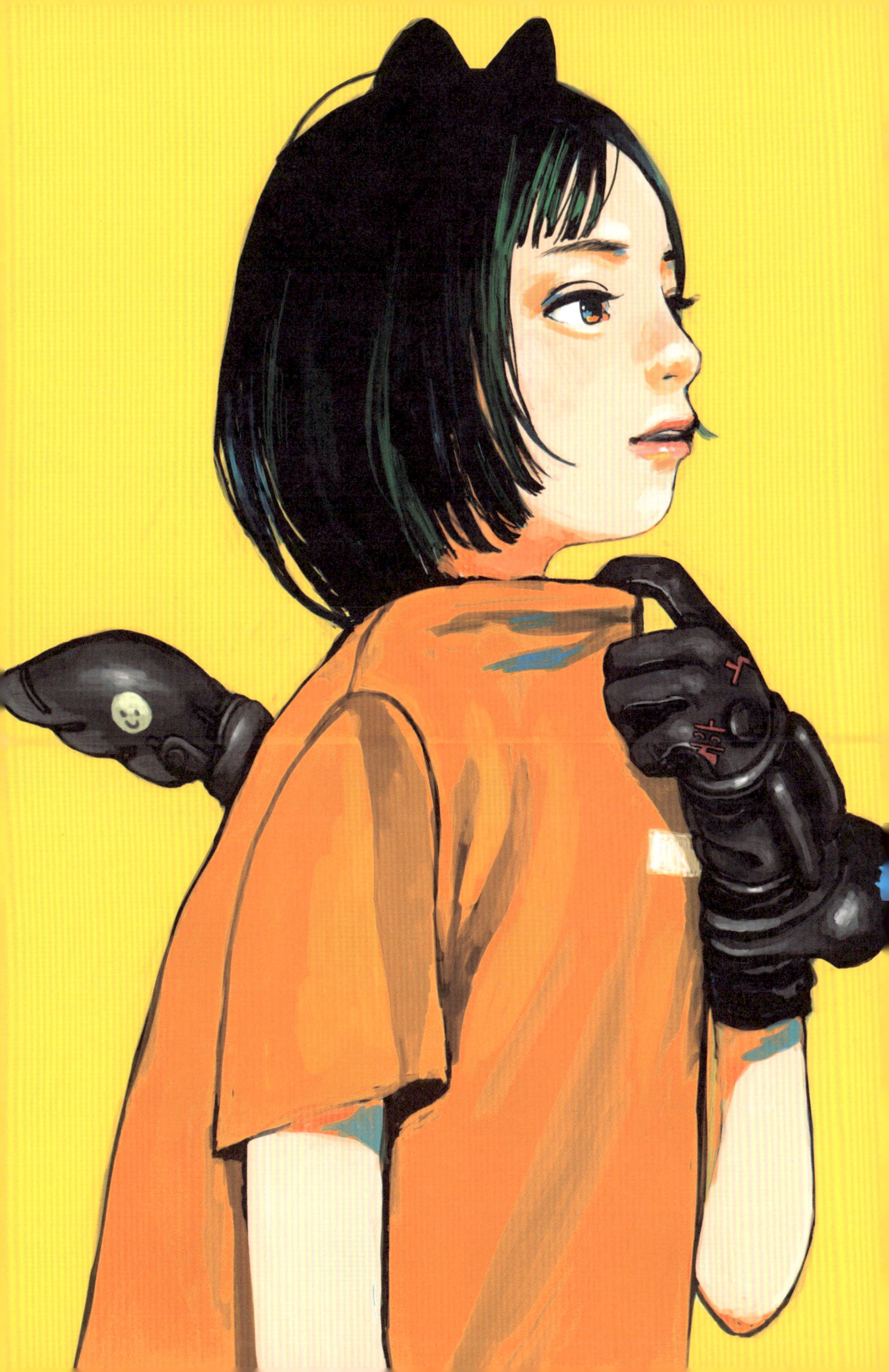

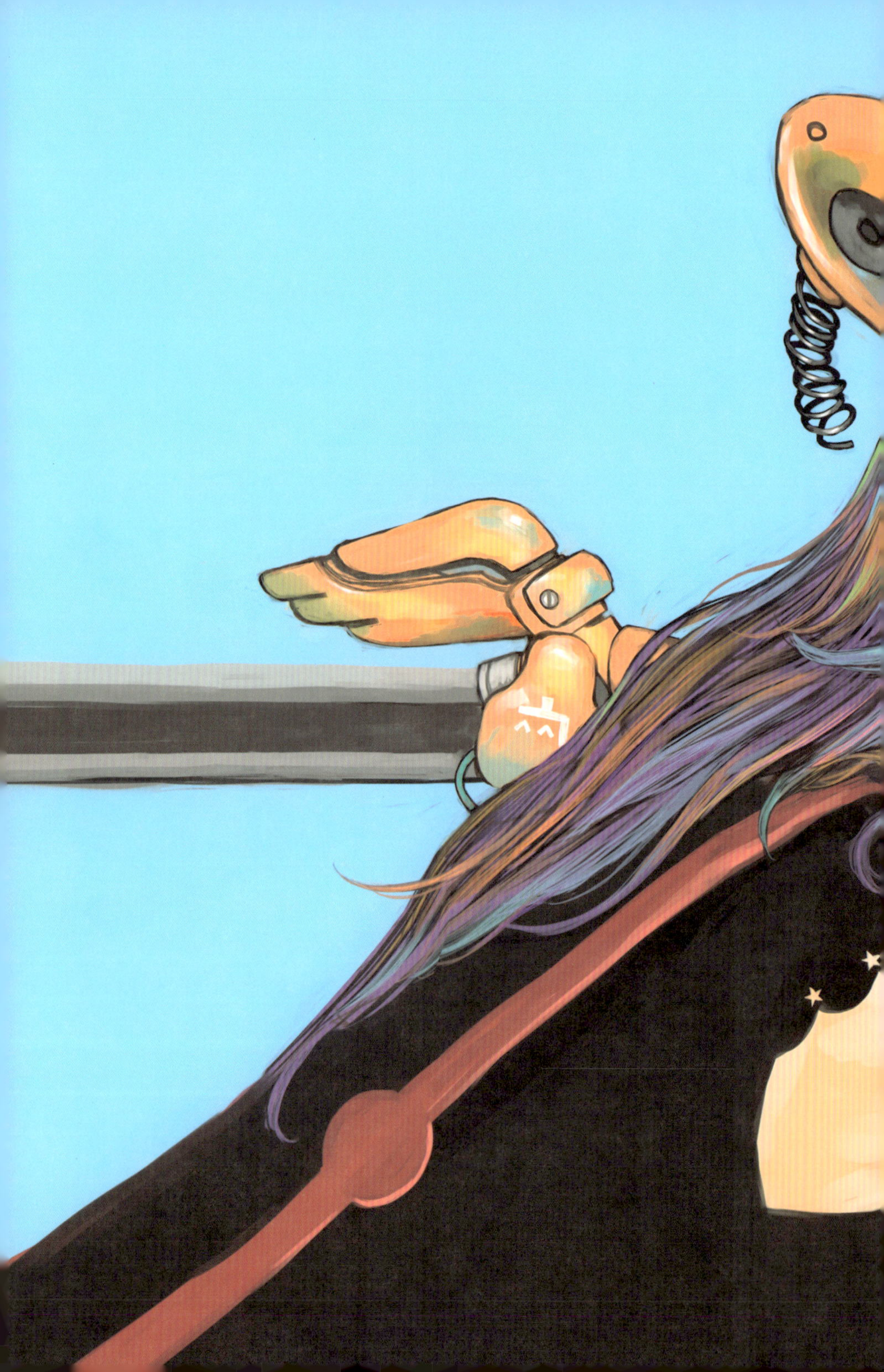

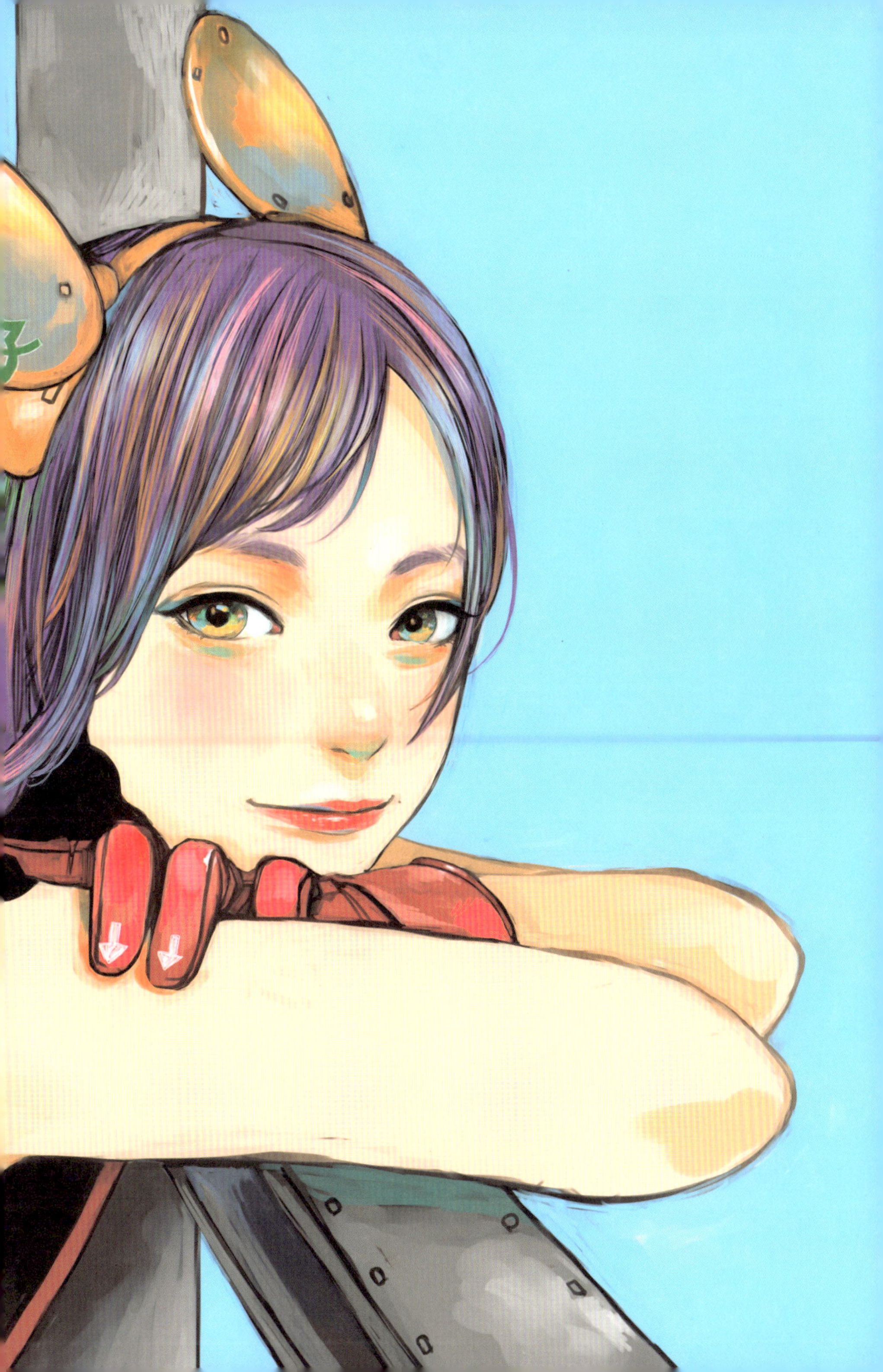

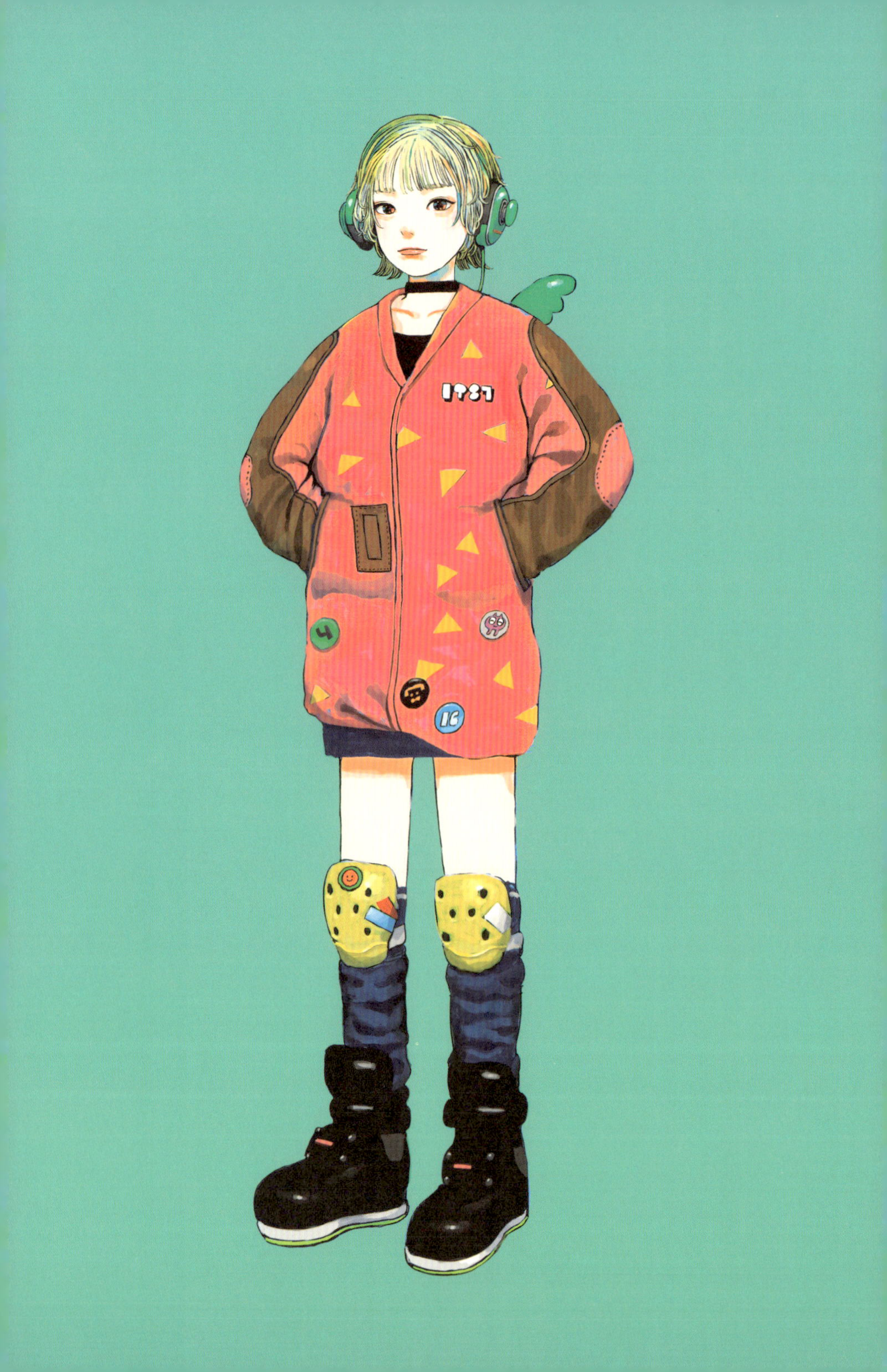

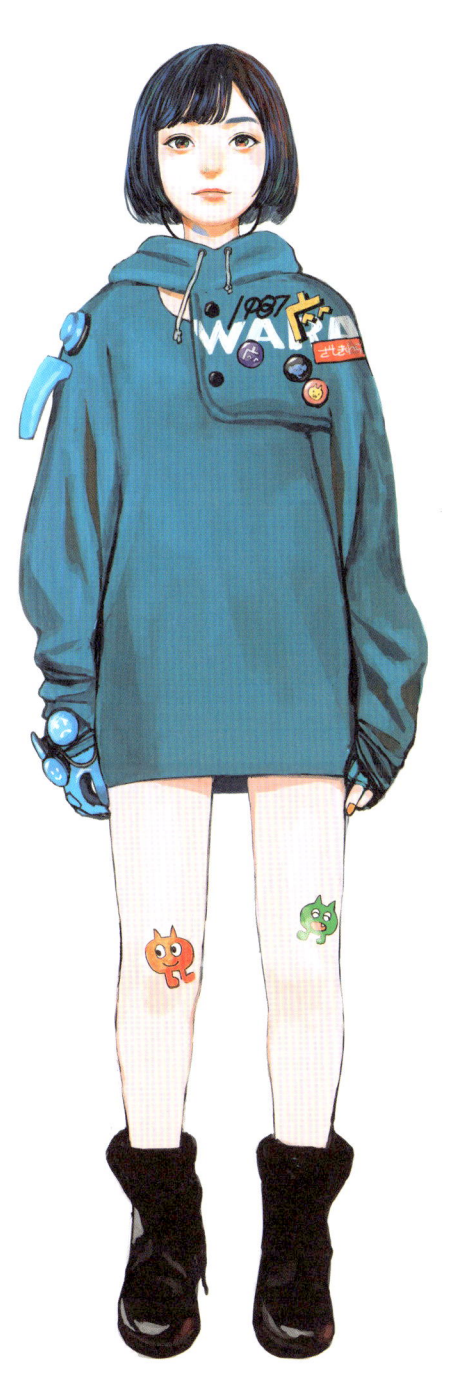

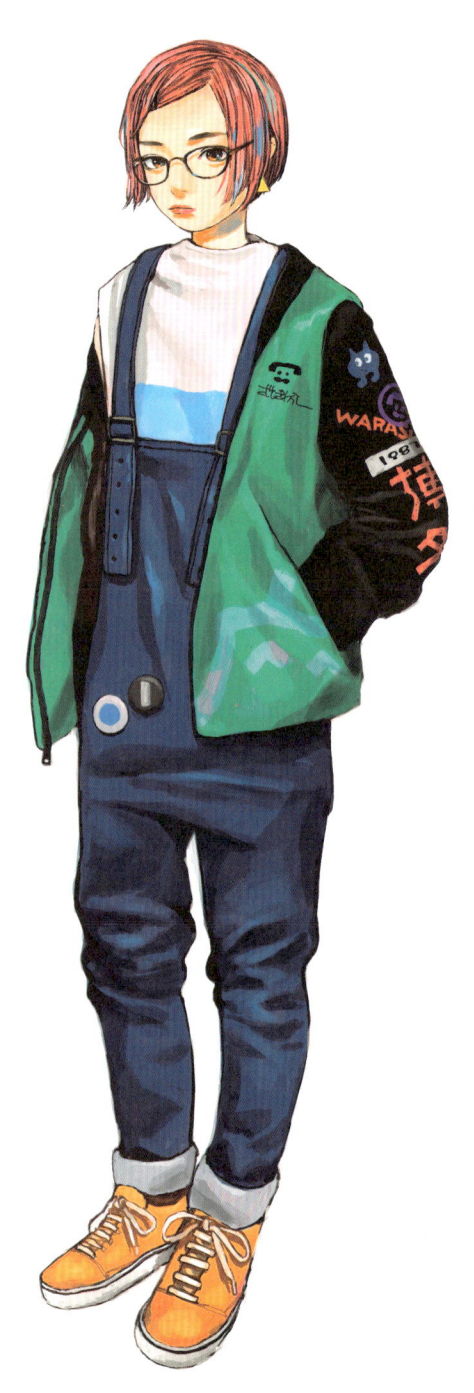

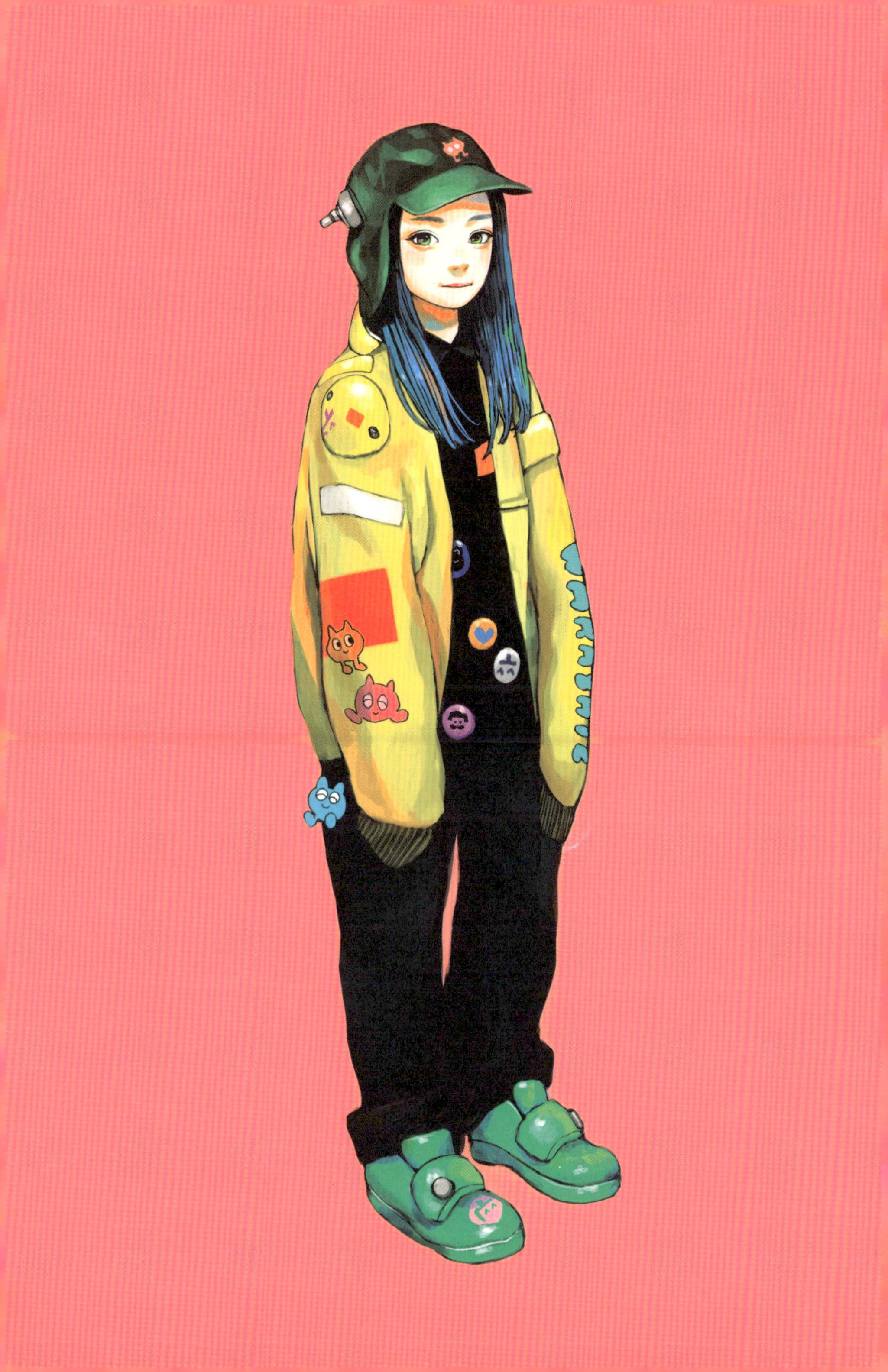

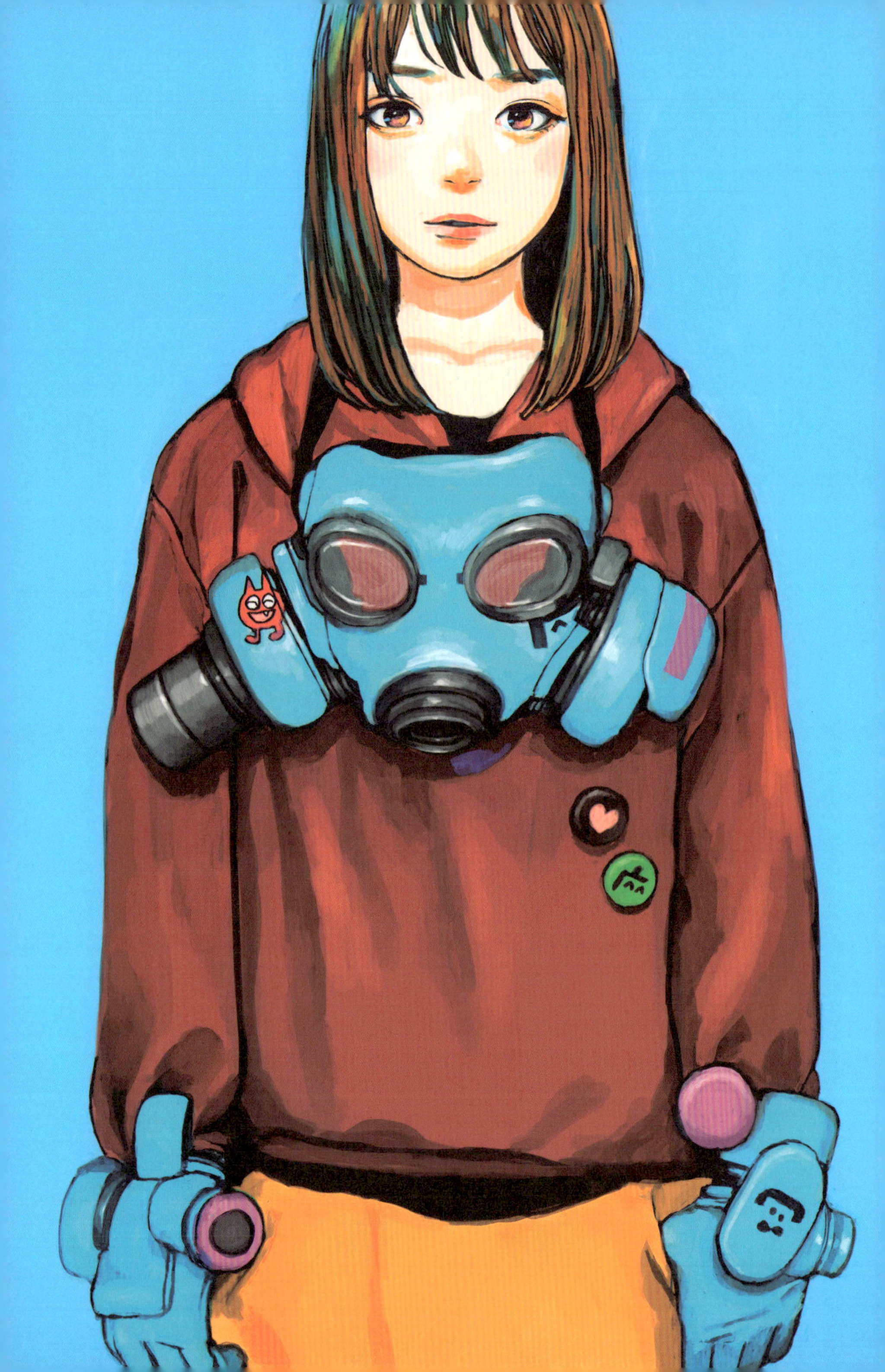

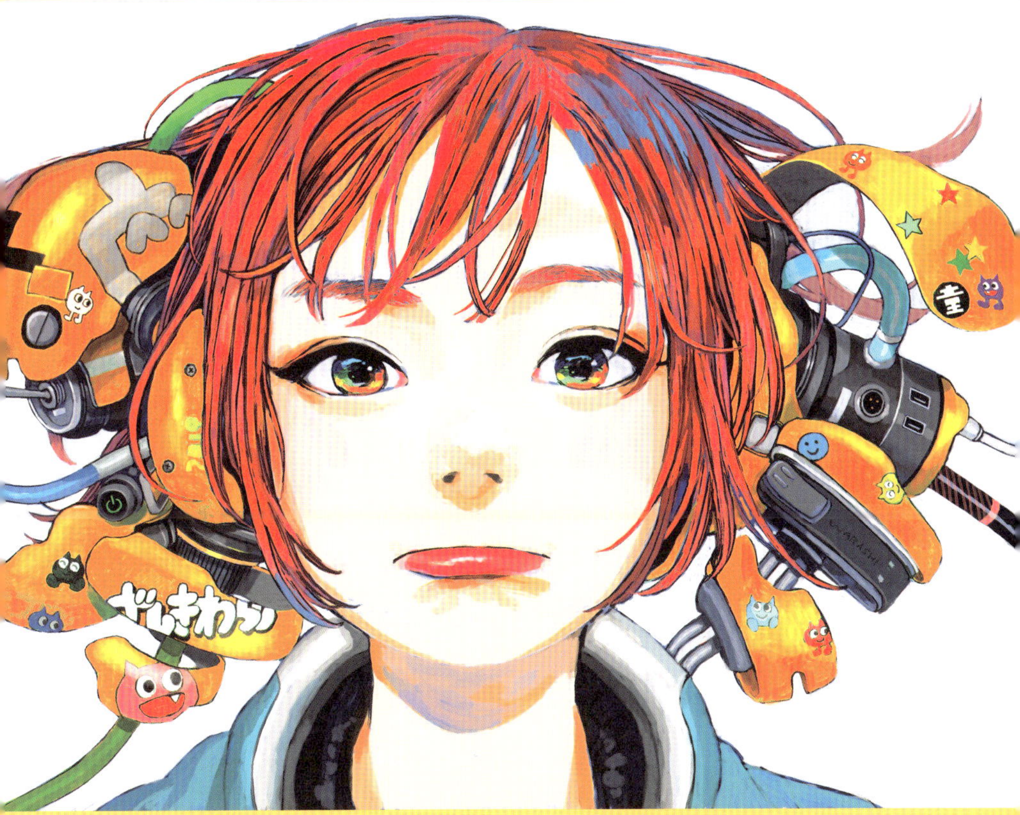

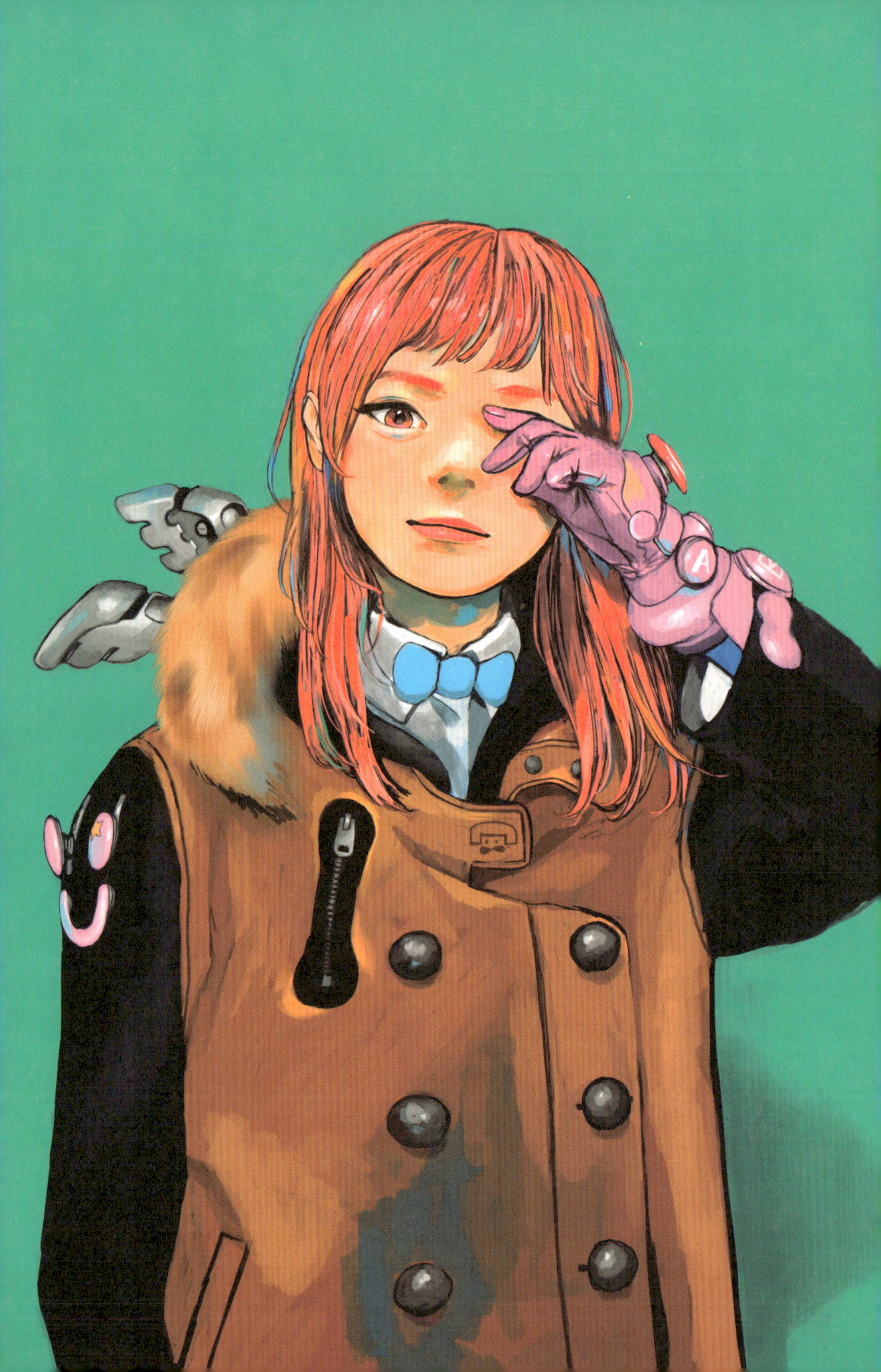
A

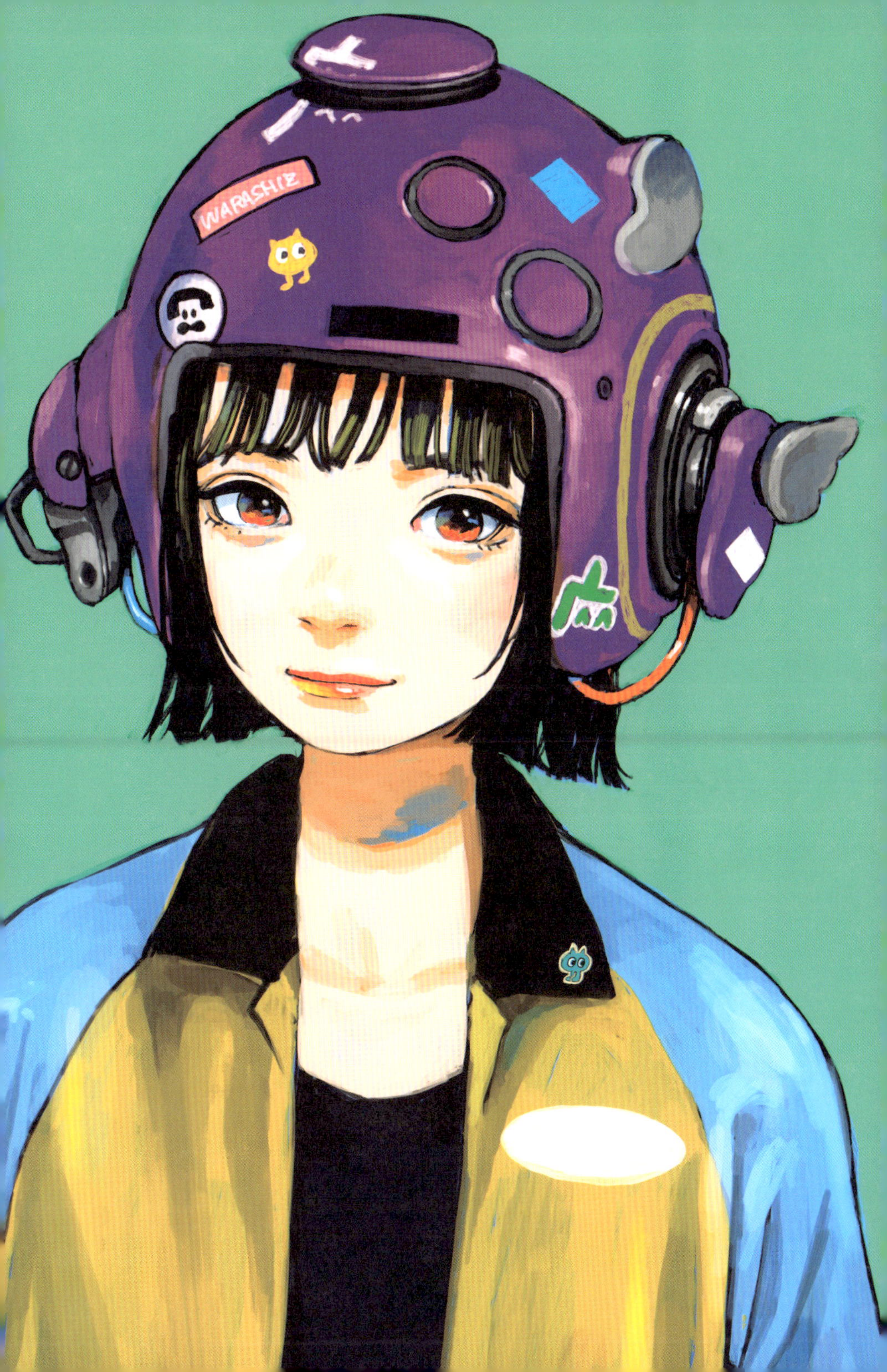
WARASHIE

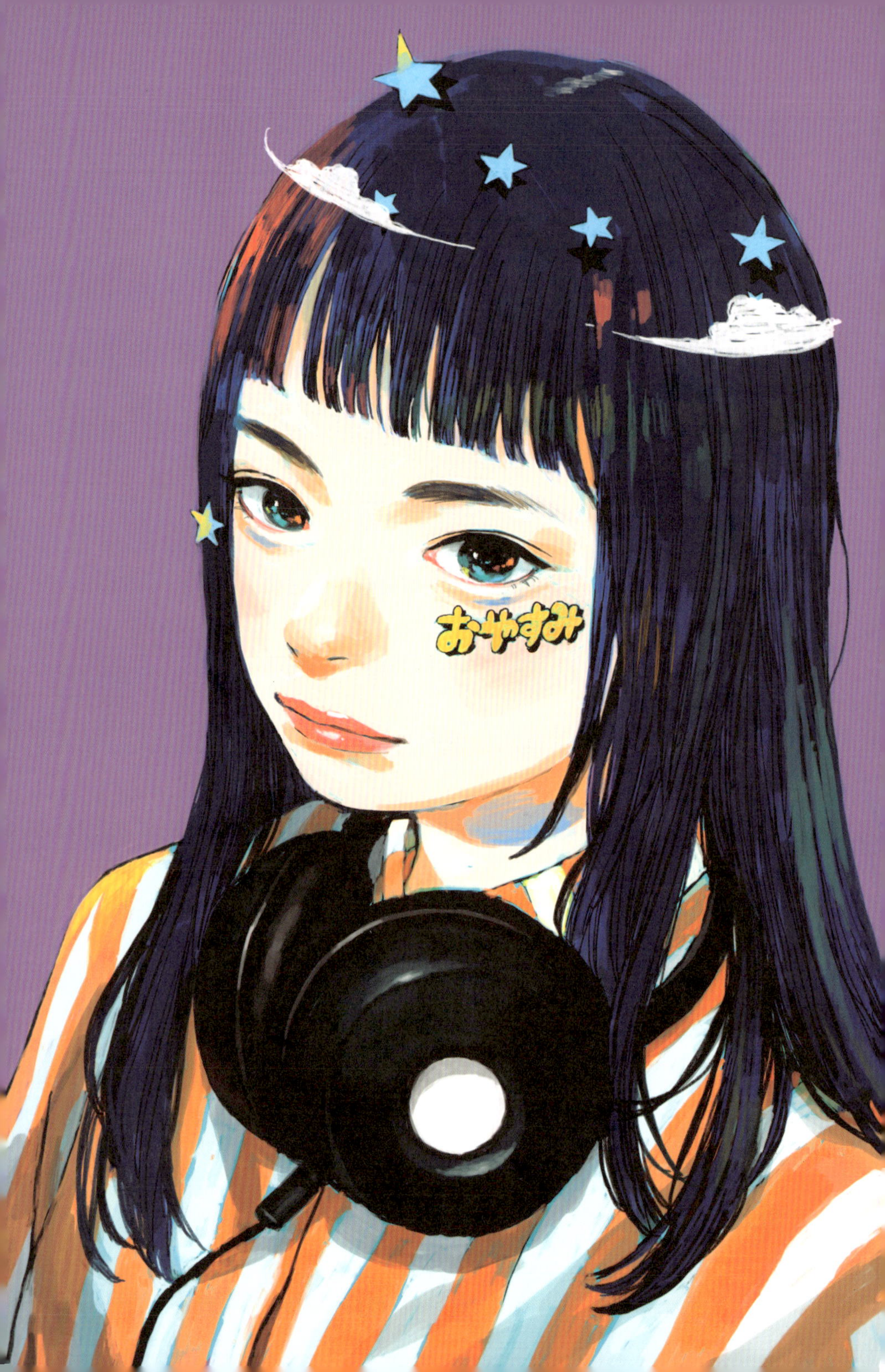
おやすみ

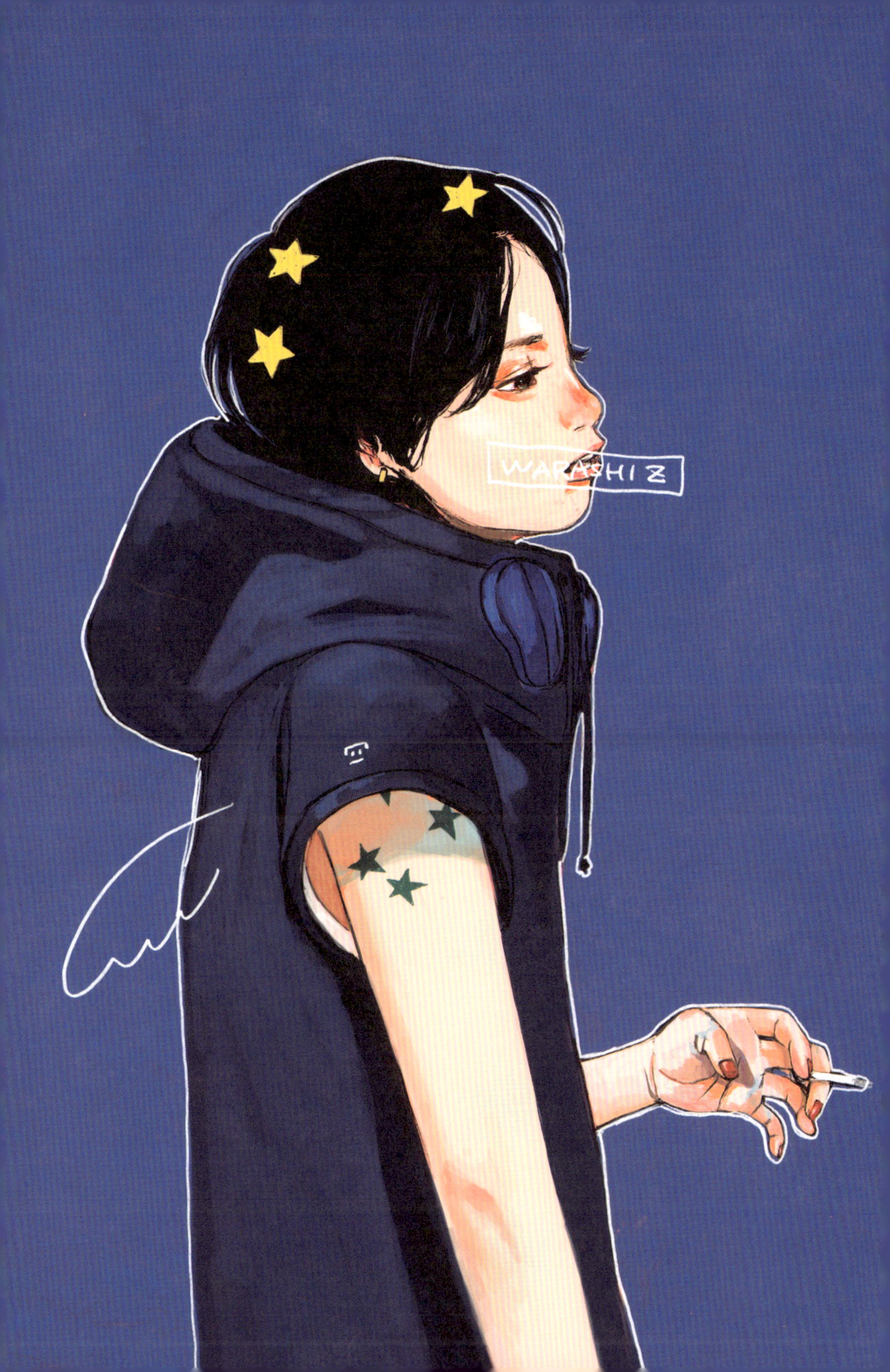
WARASHI Z

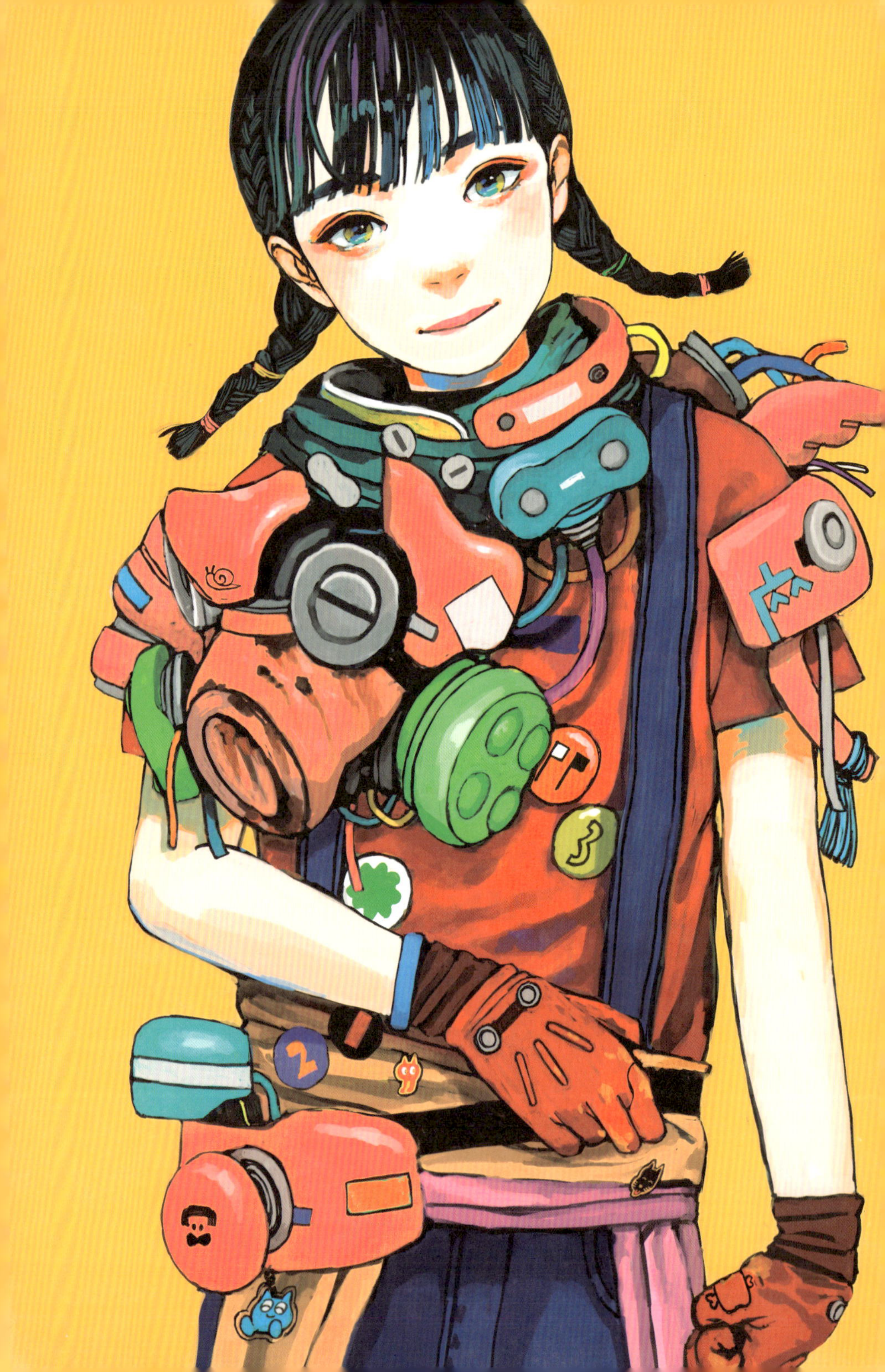

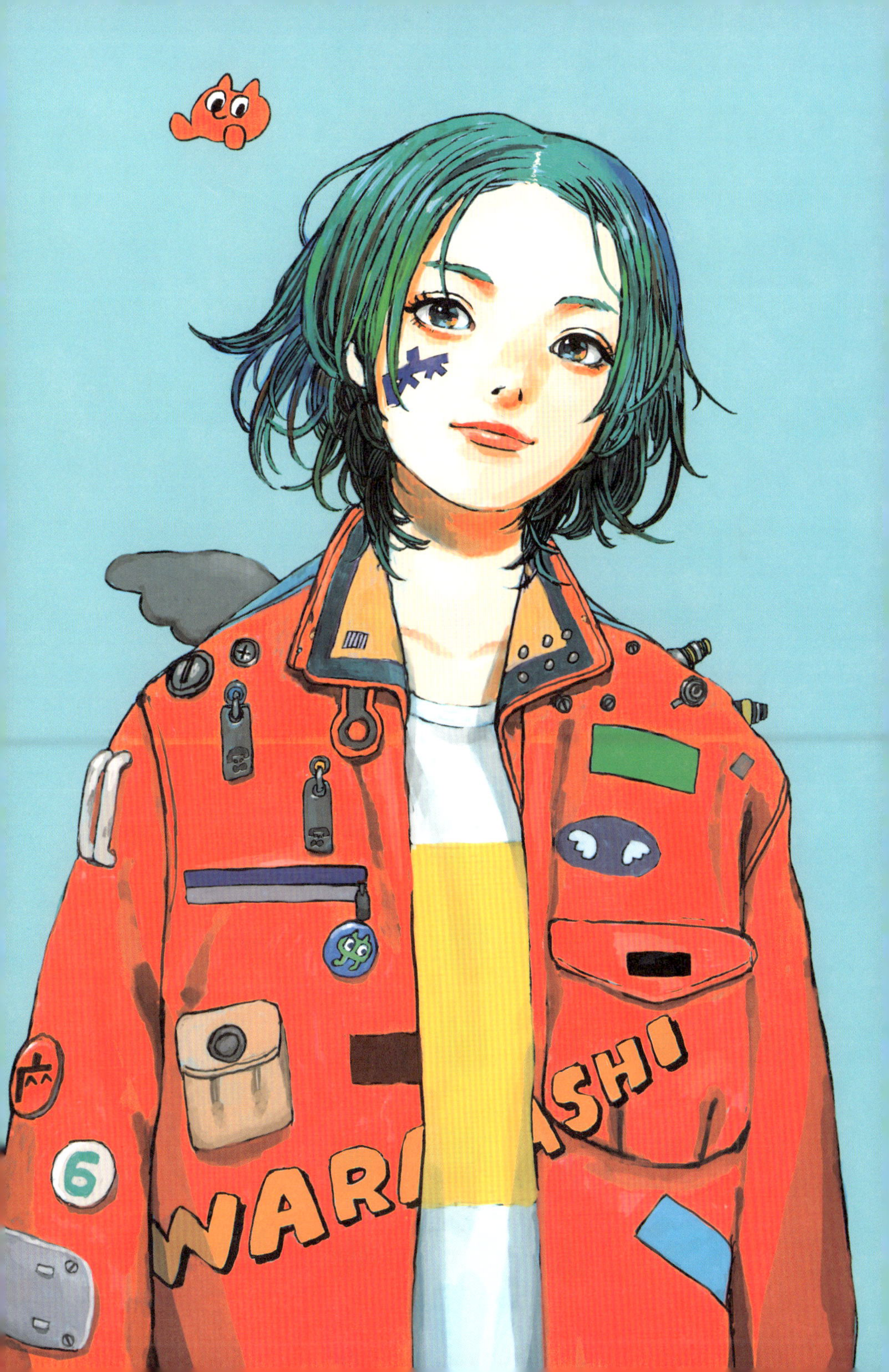
WARI
SHI
6

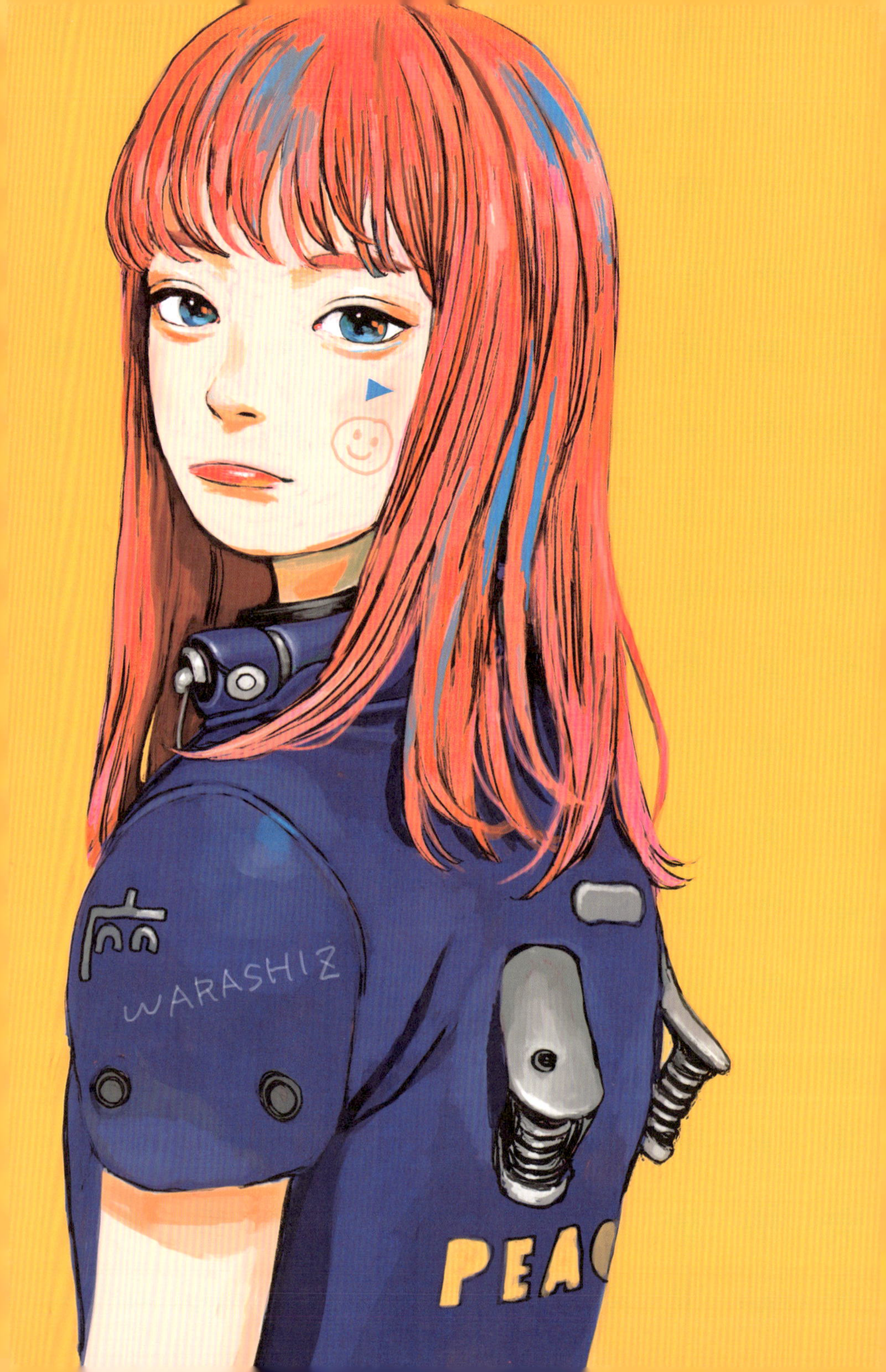
WARASHIZ
PEA

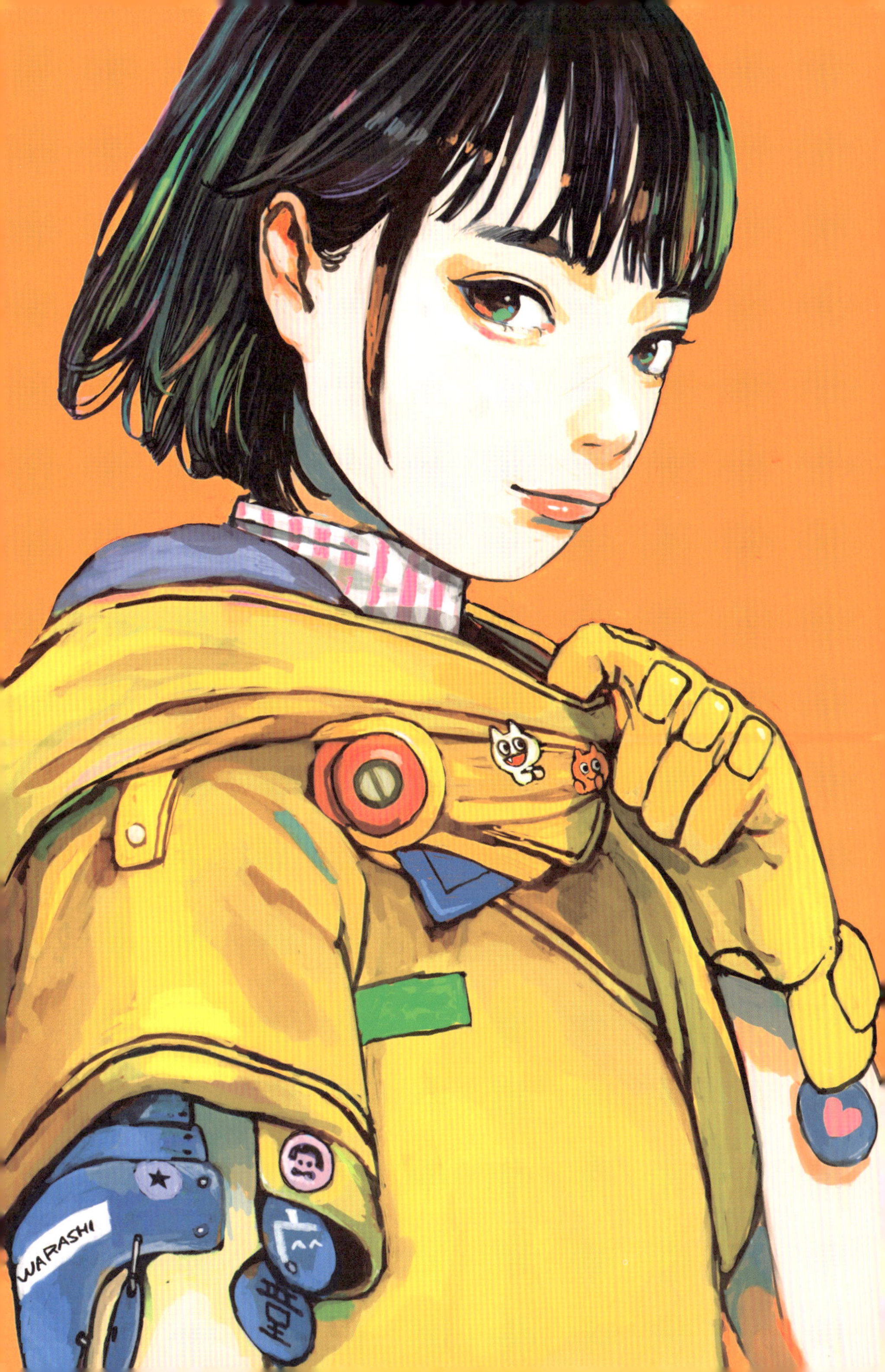
WARASHI

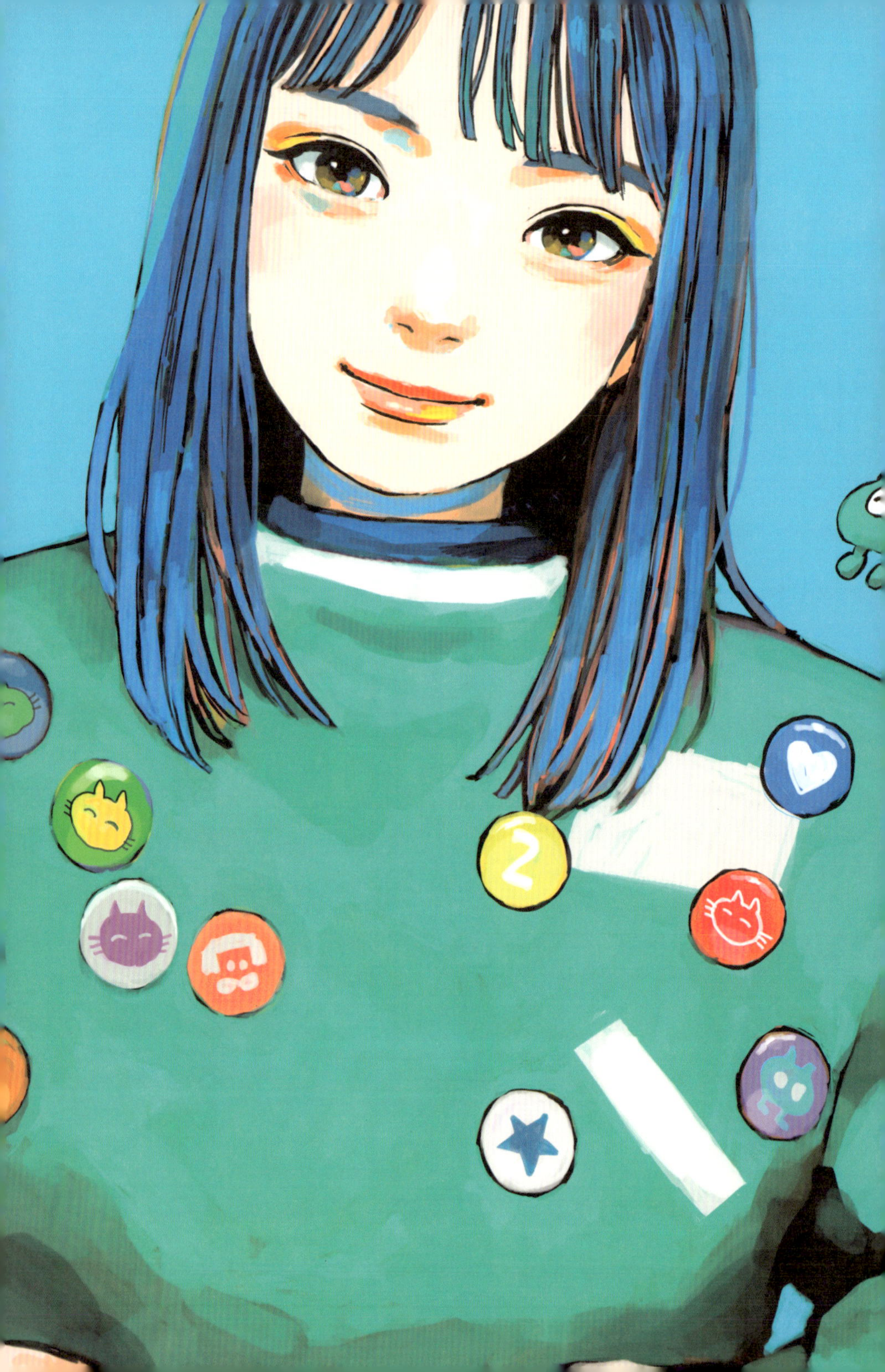

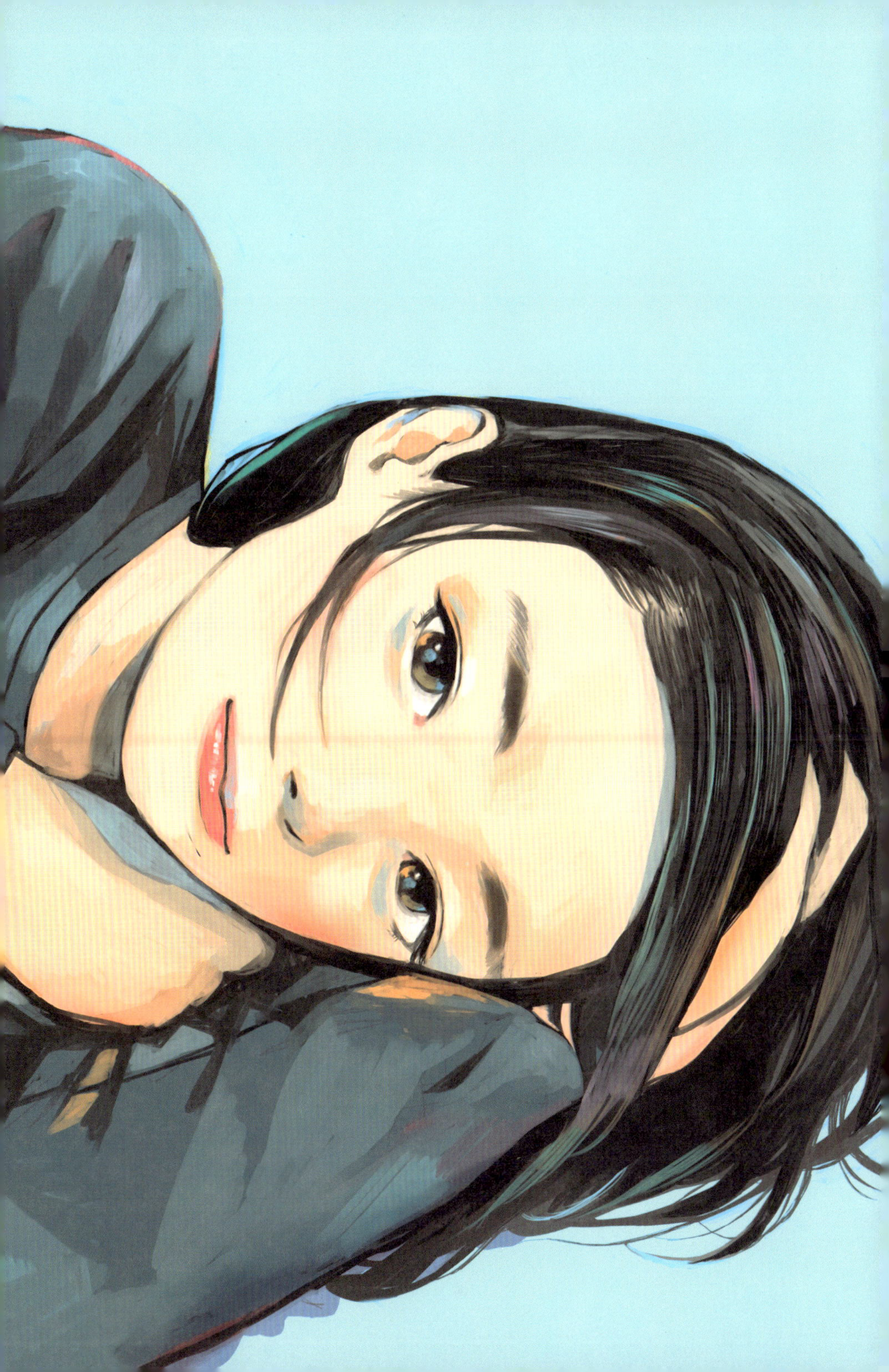

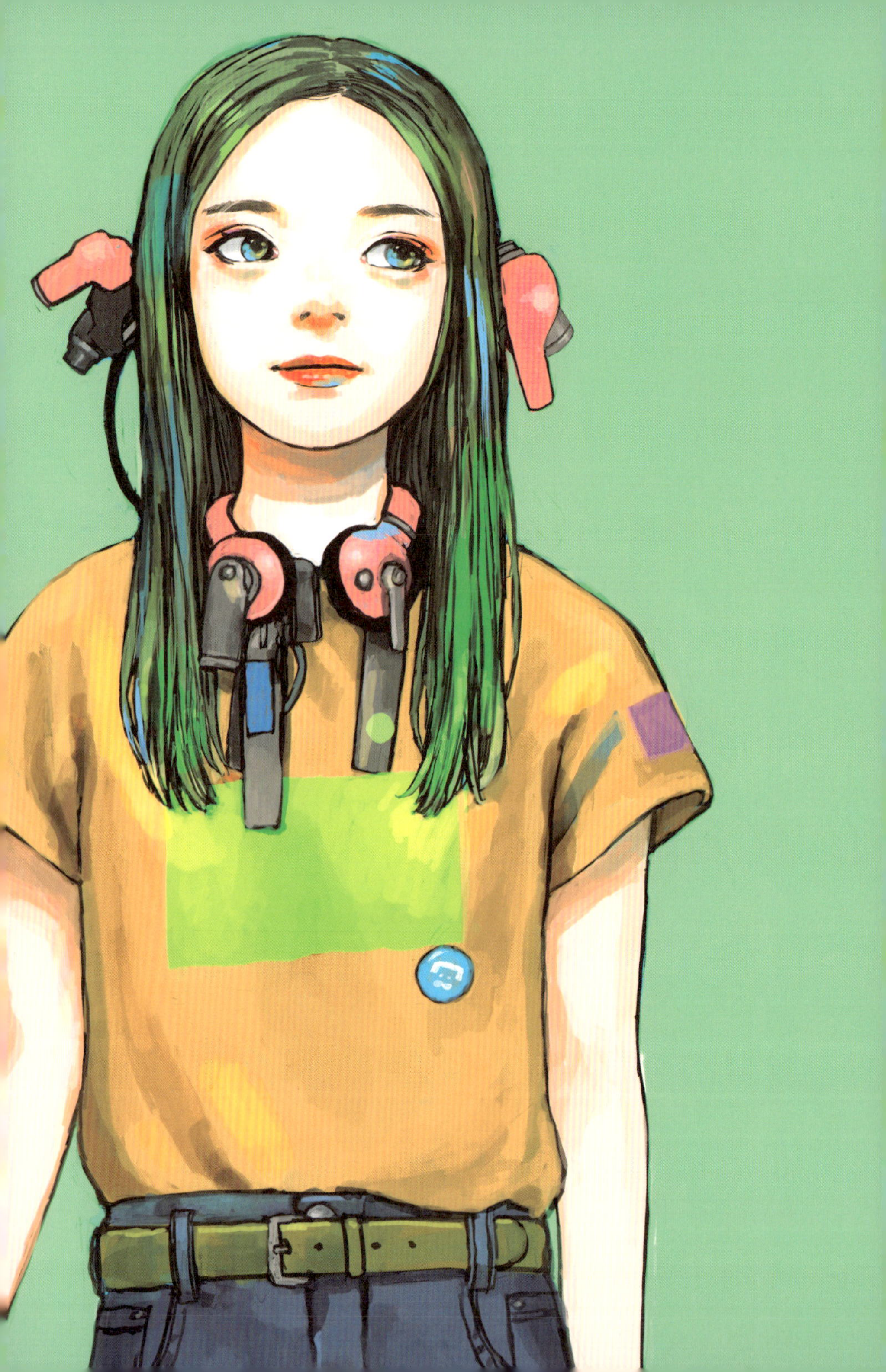

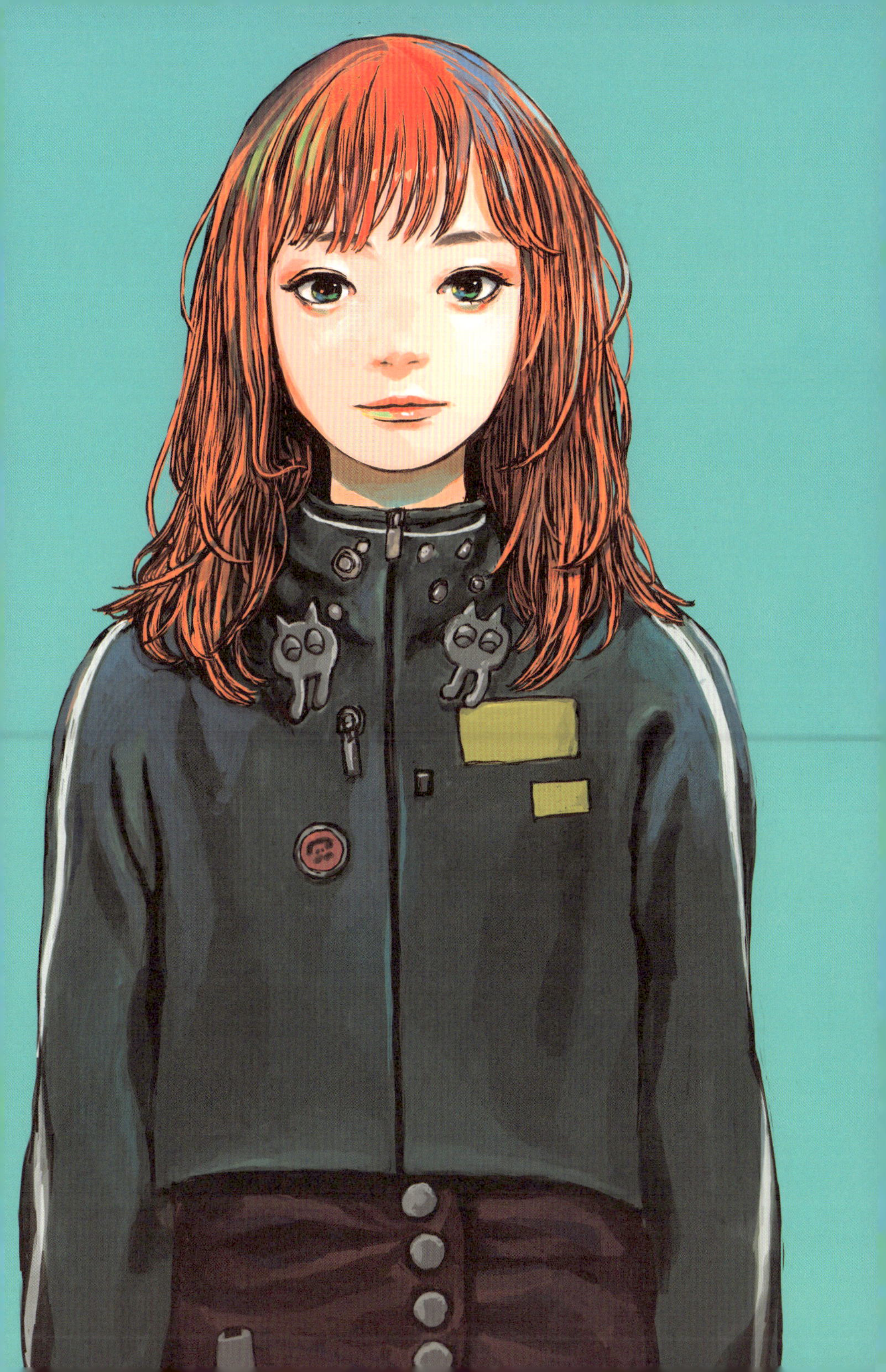

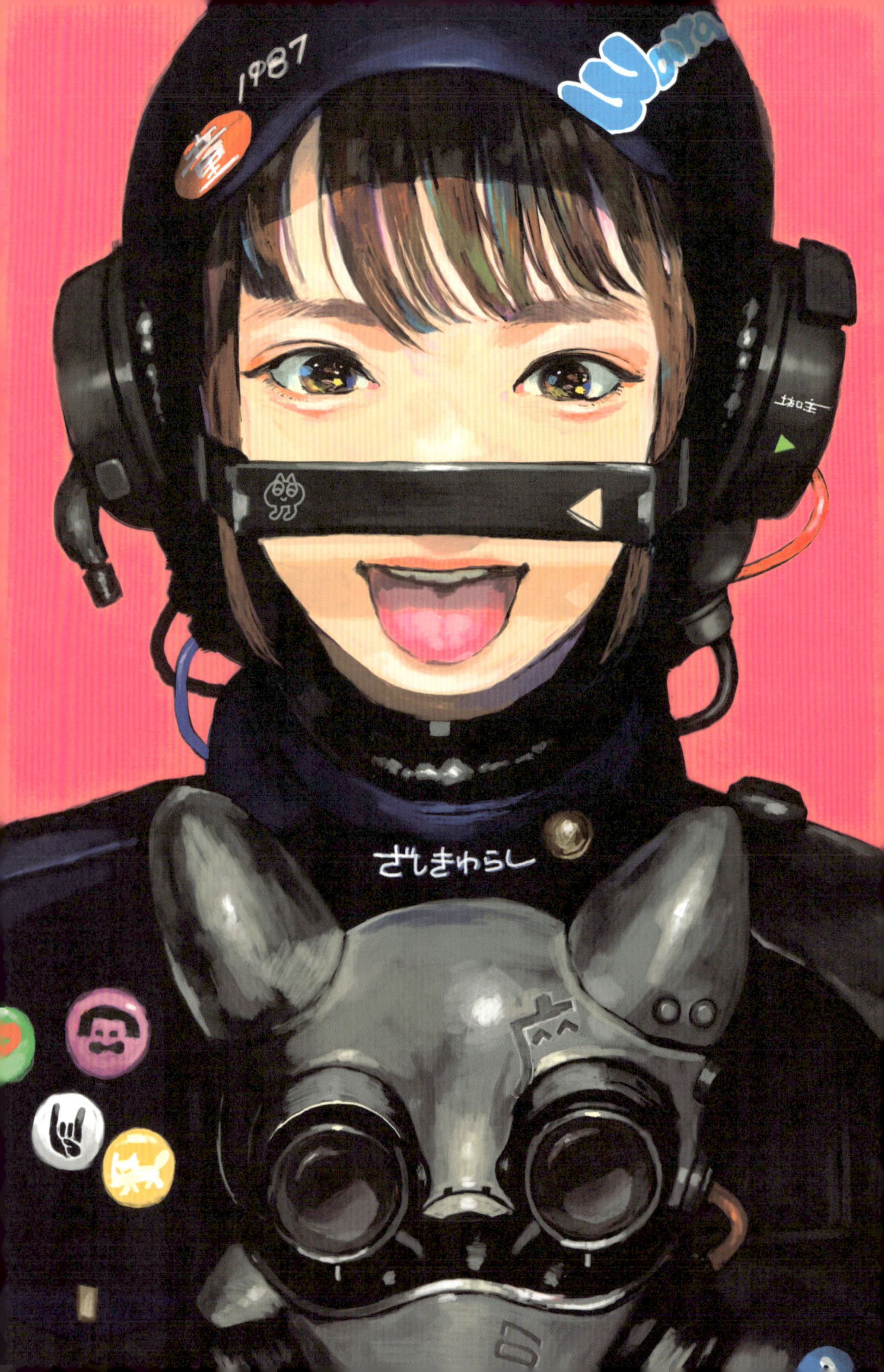
1987
ざしきわらし

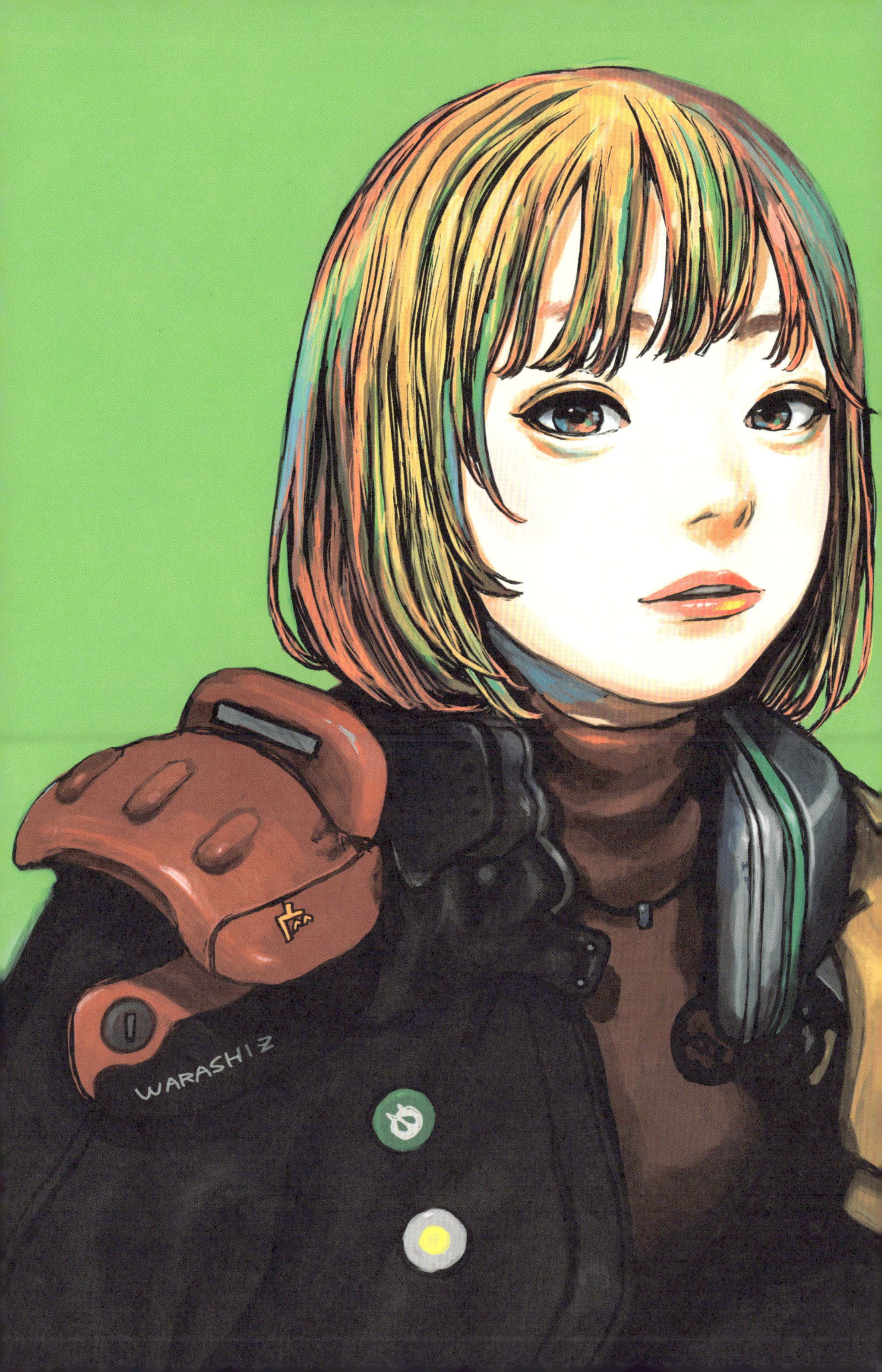
WARASHIZ

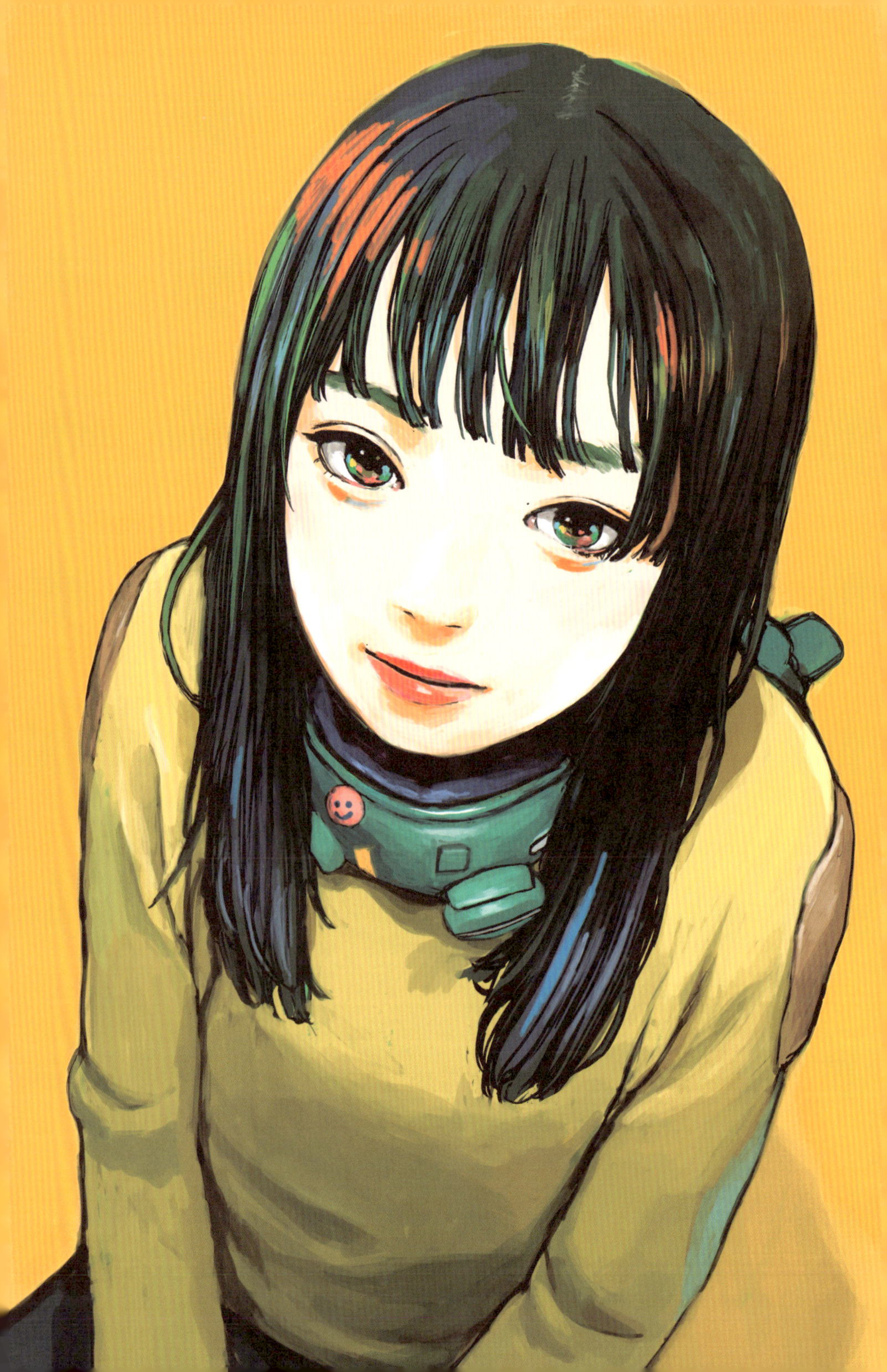

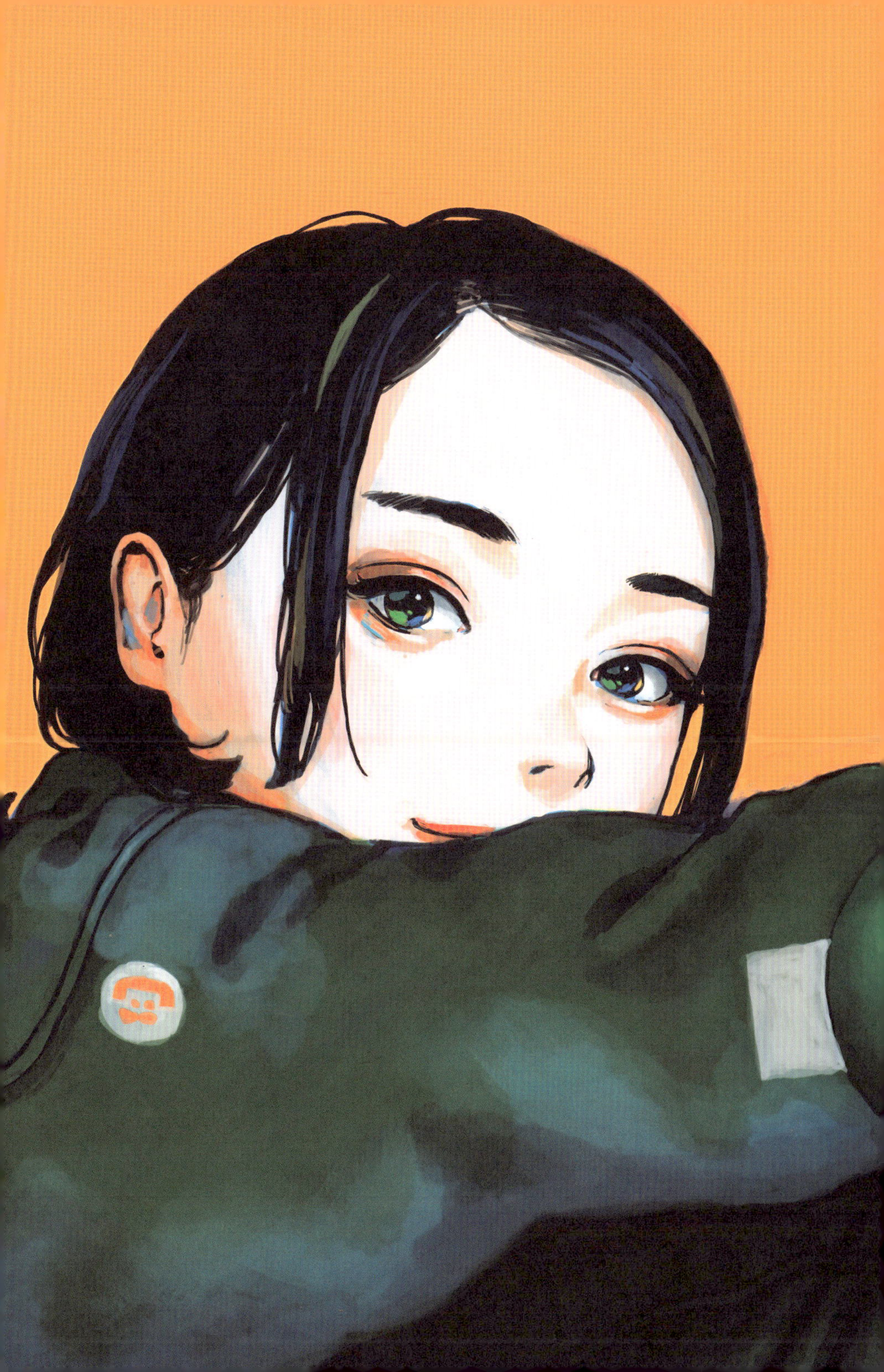

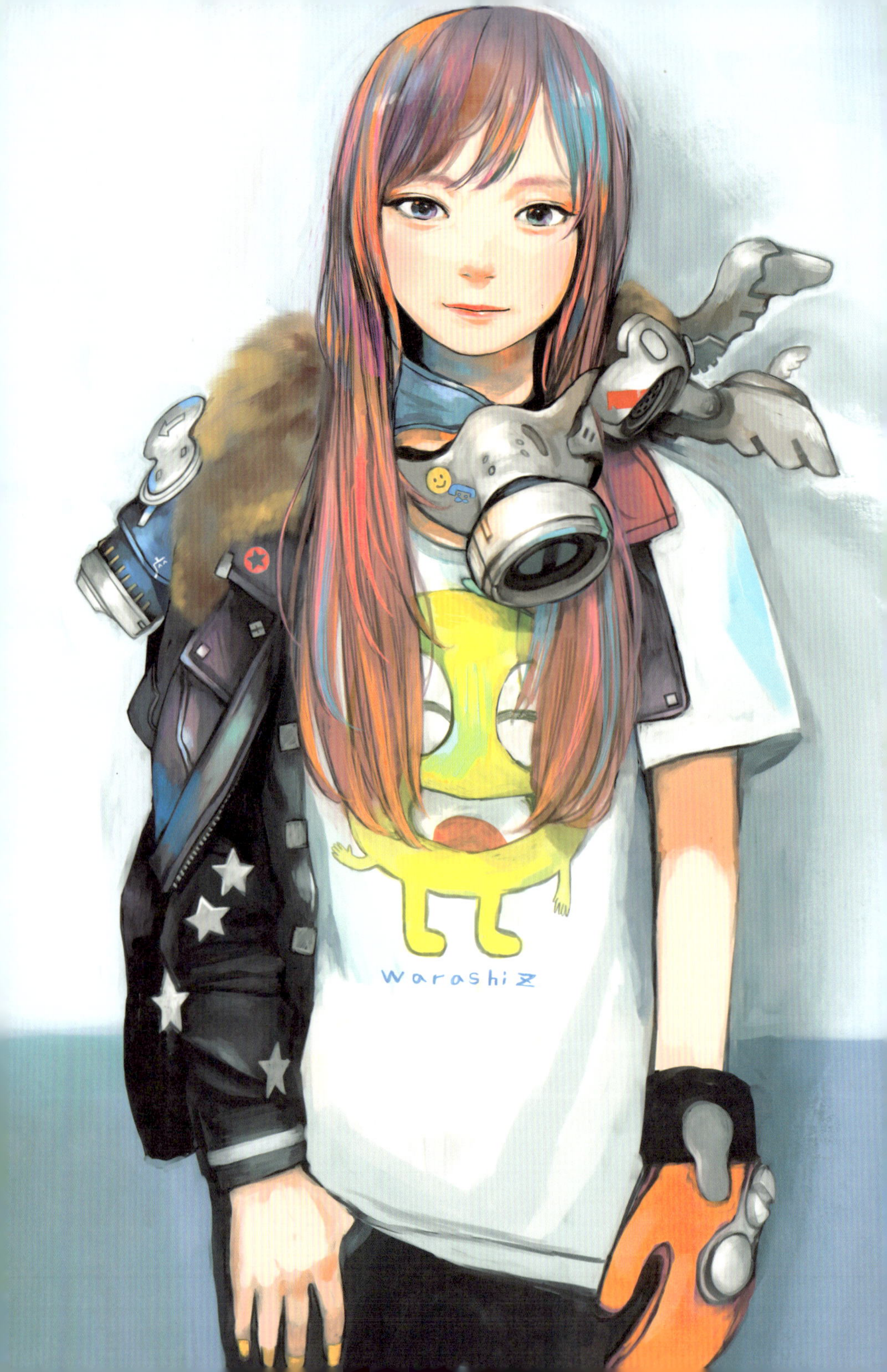
waraShiZ

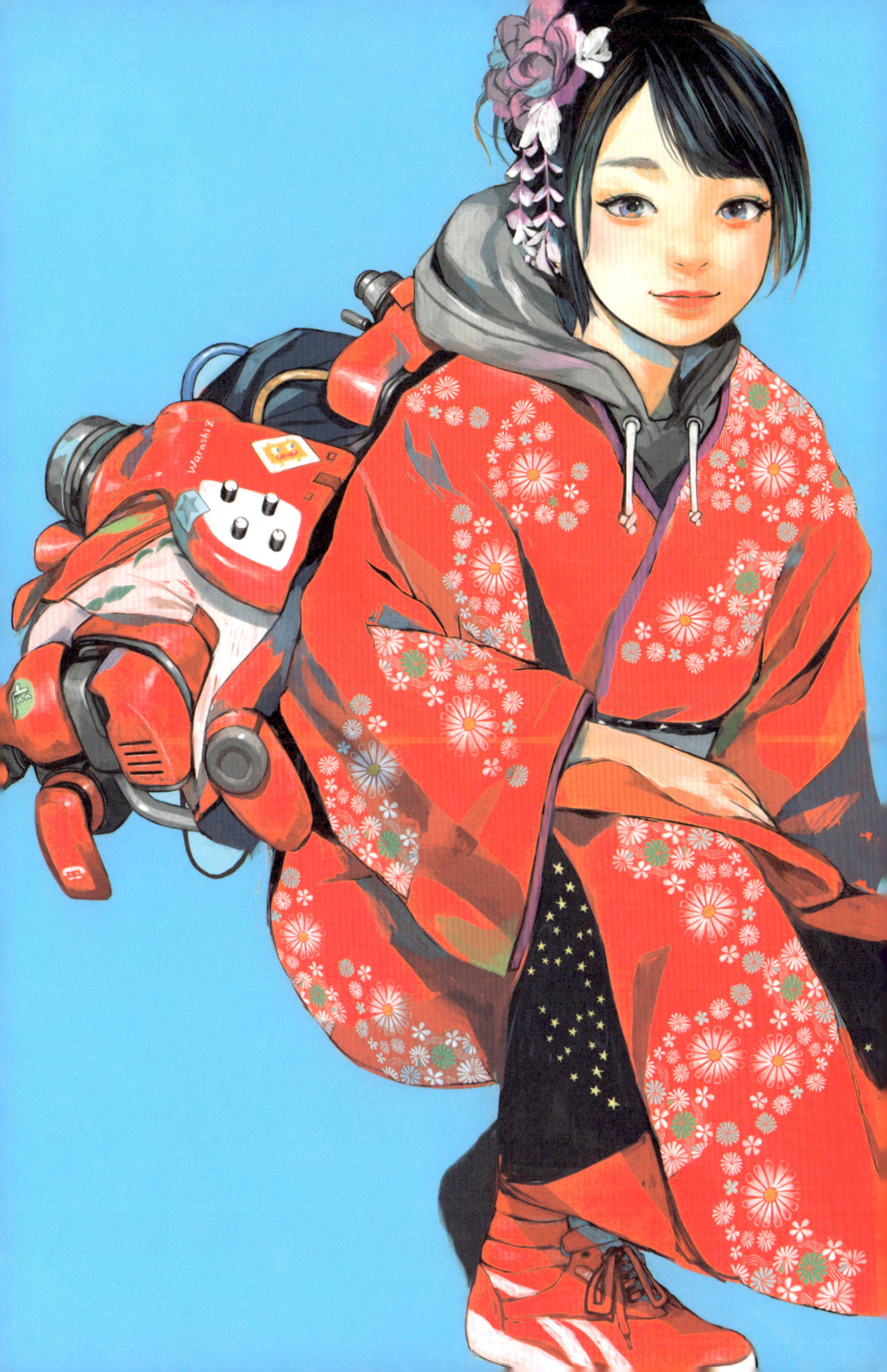
WarashiZ

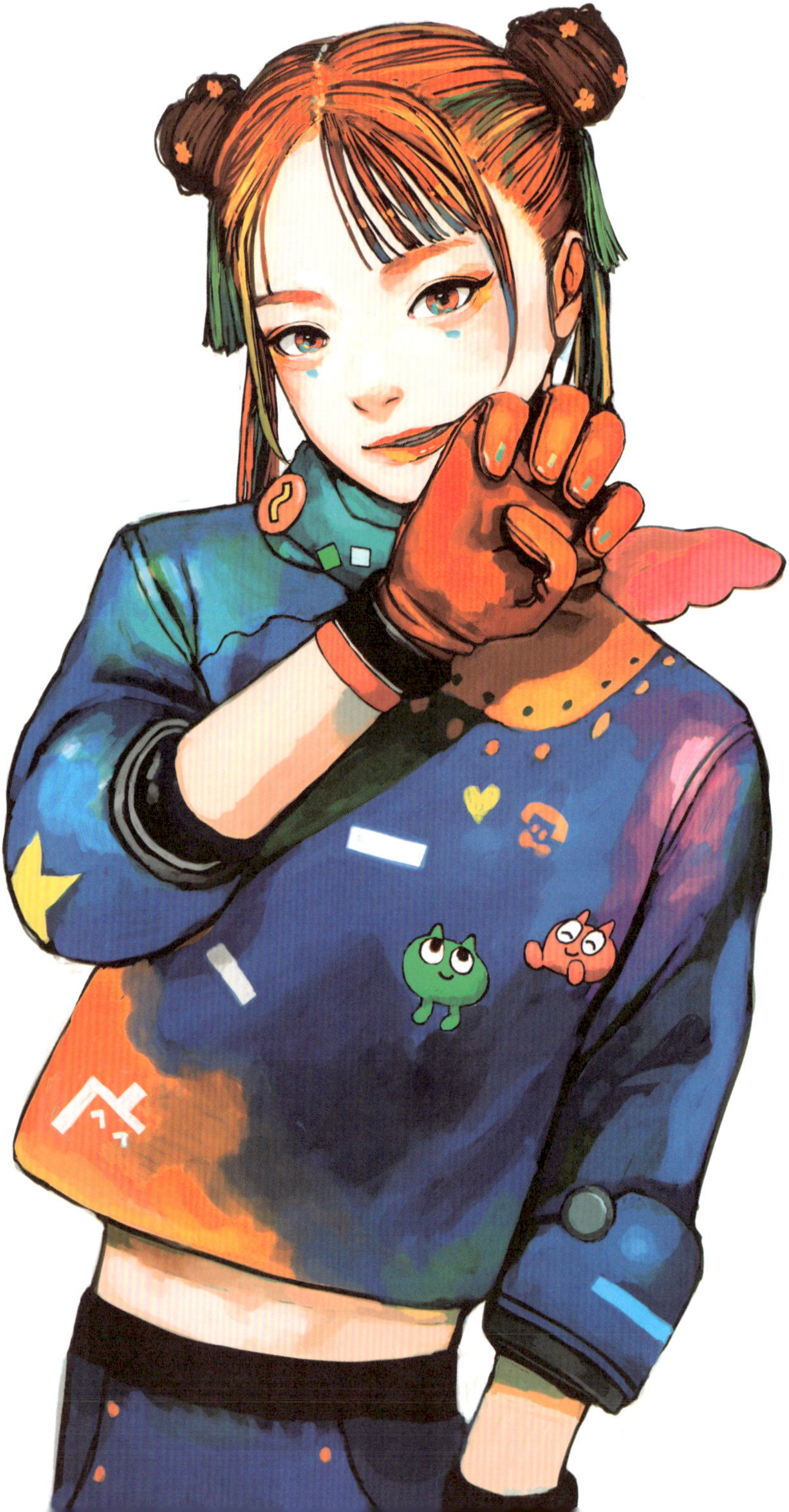

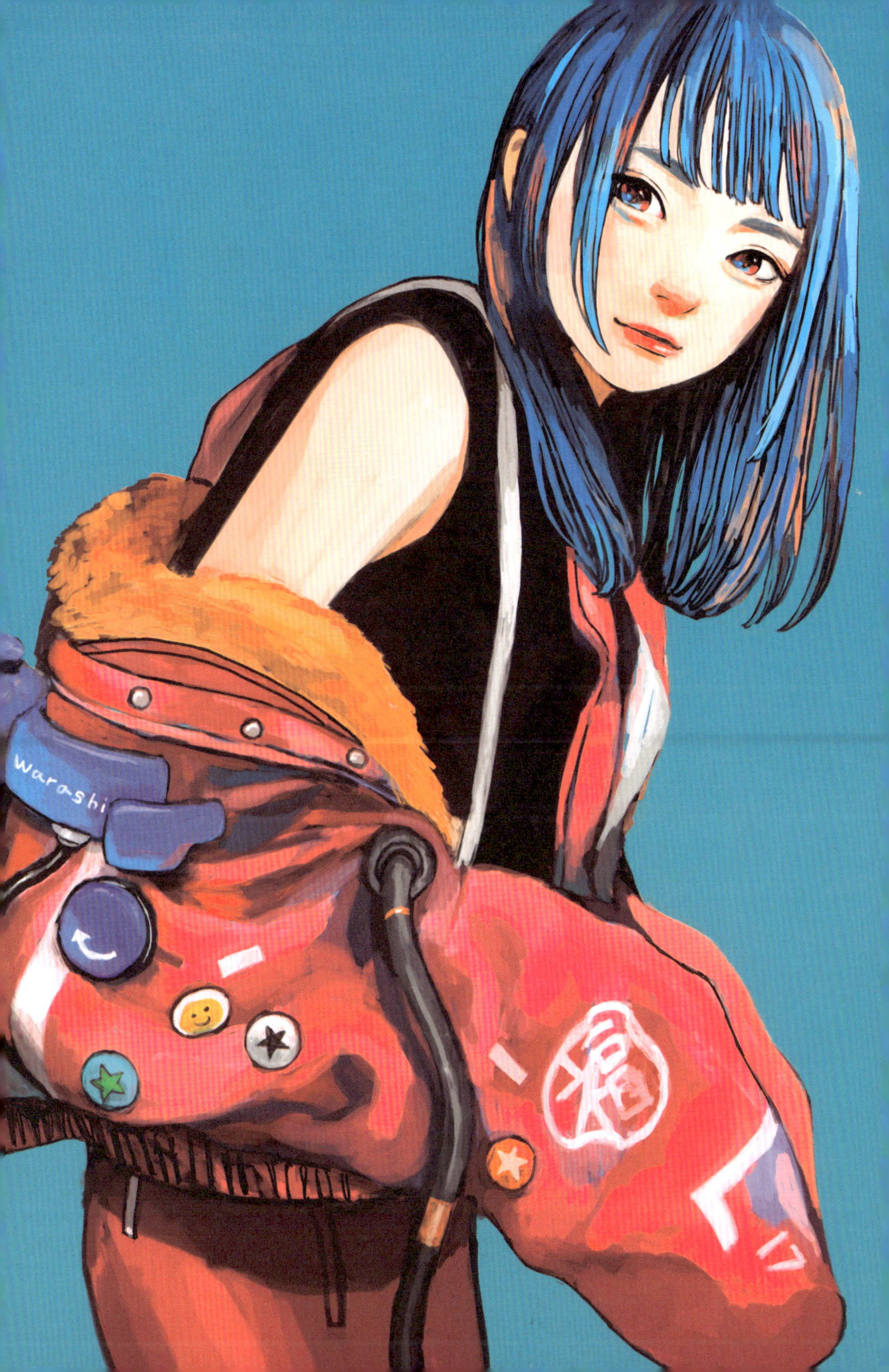
Warashi

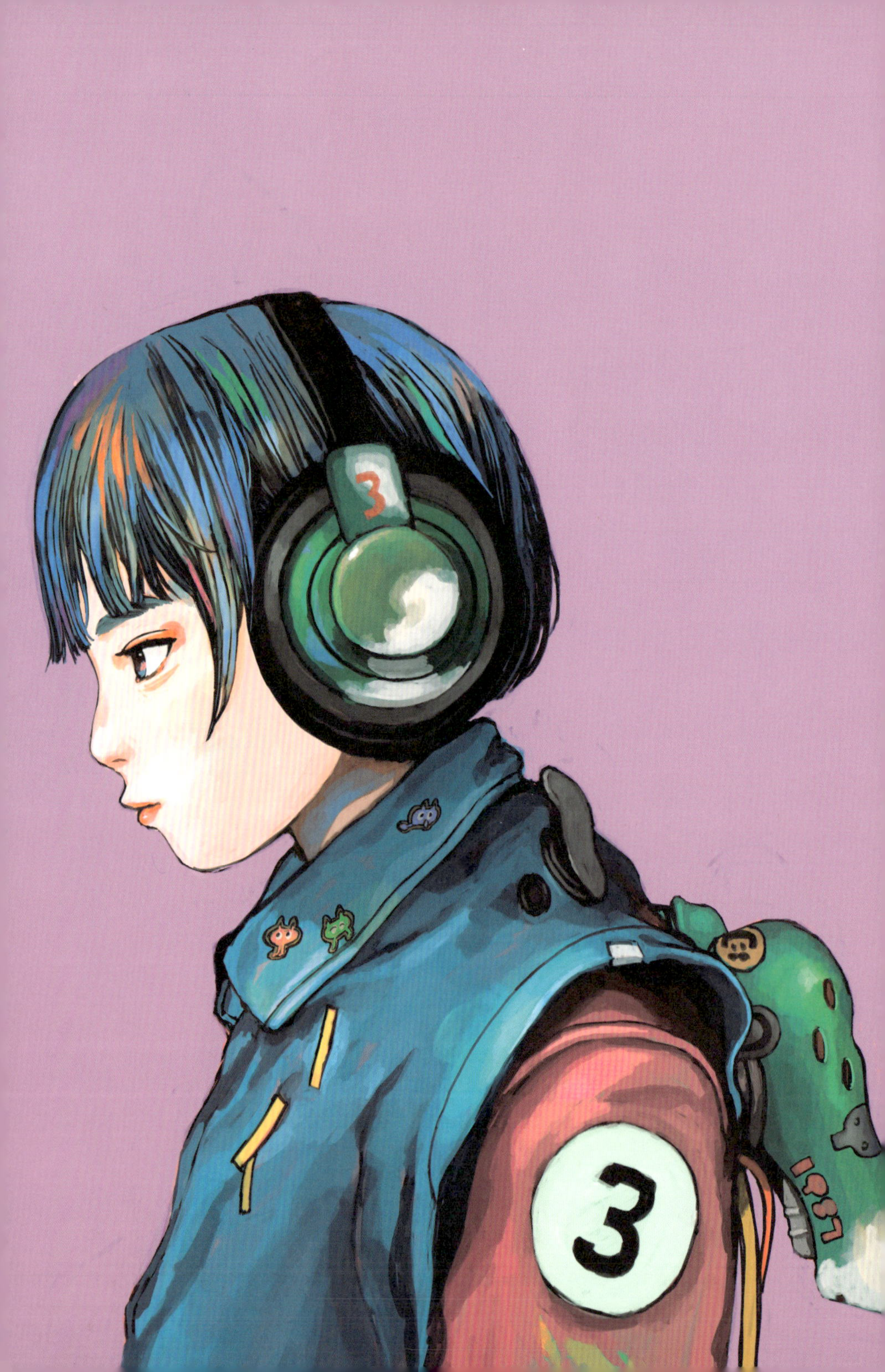

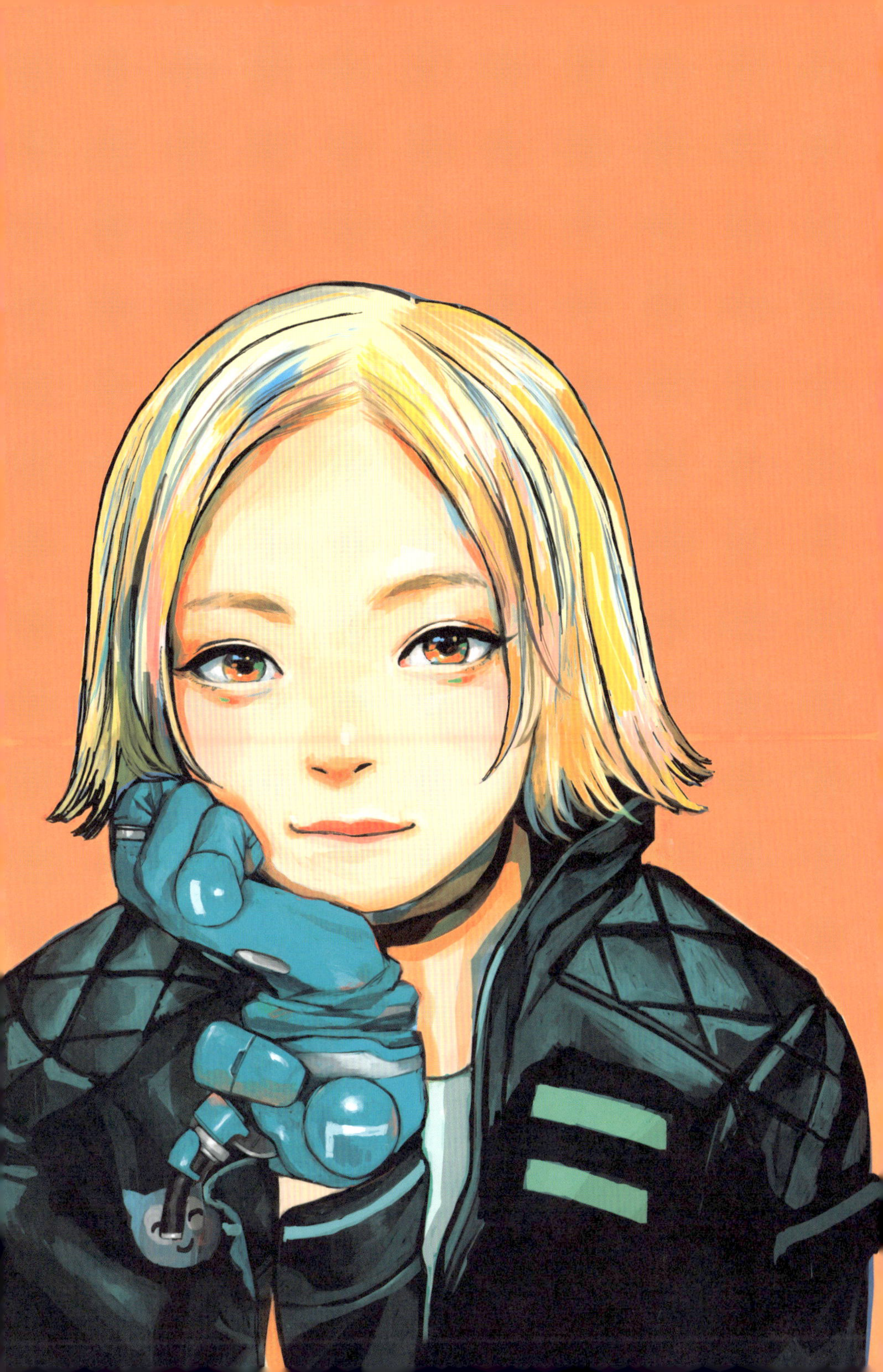

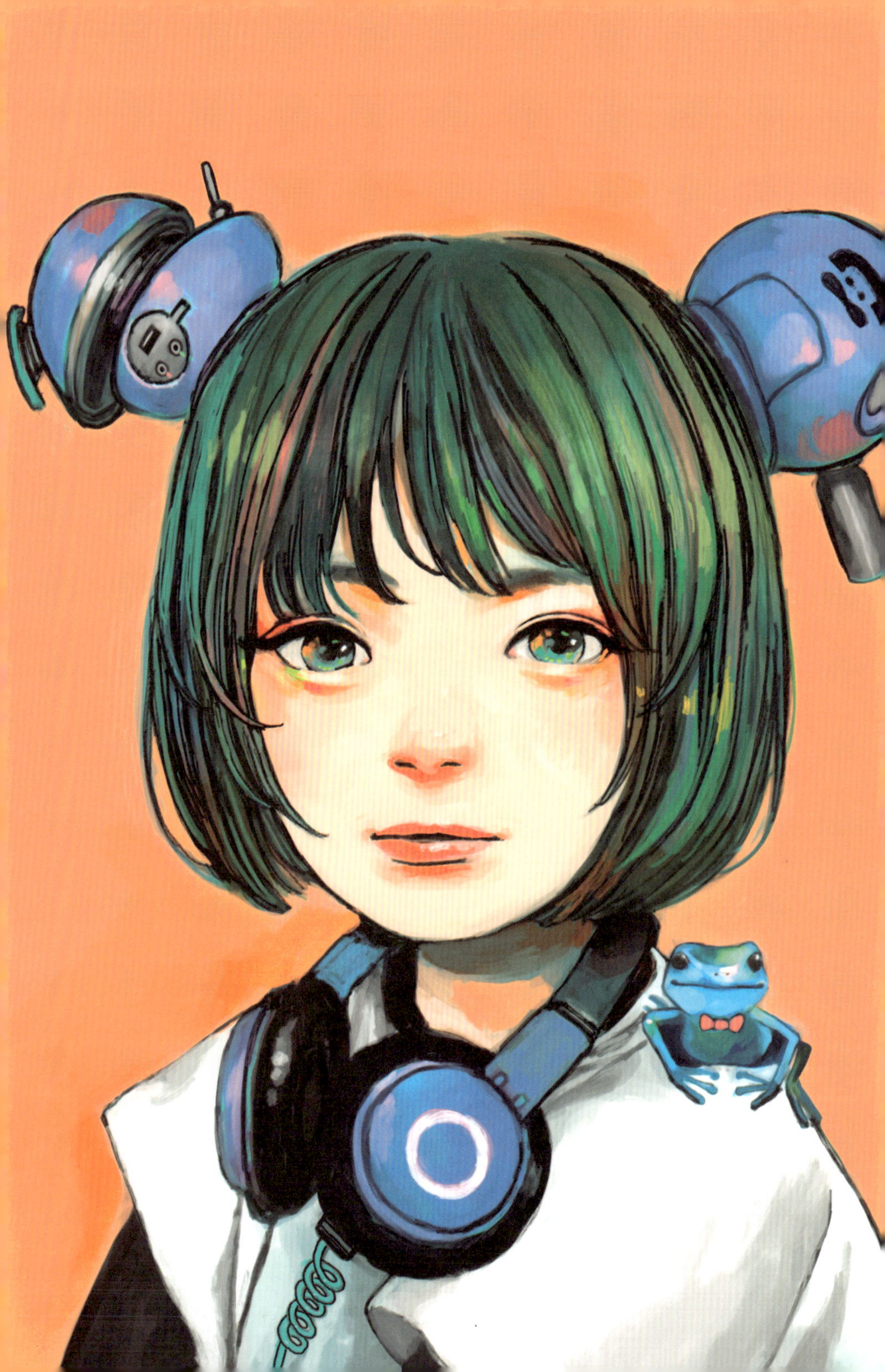

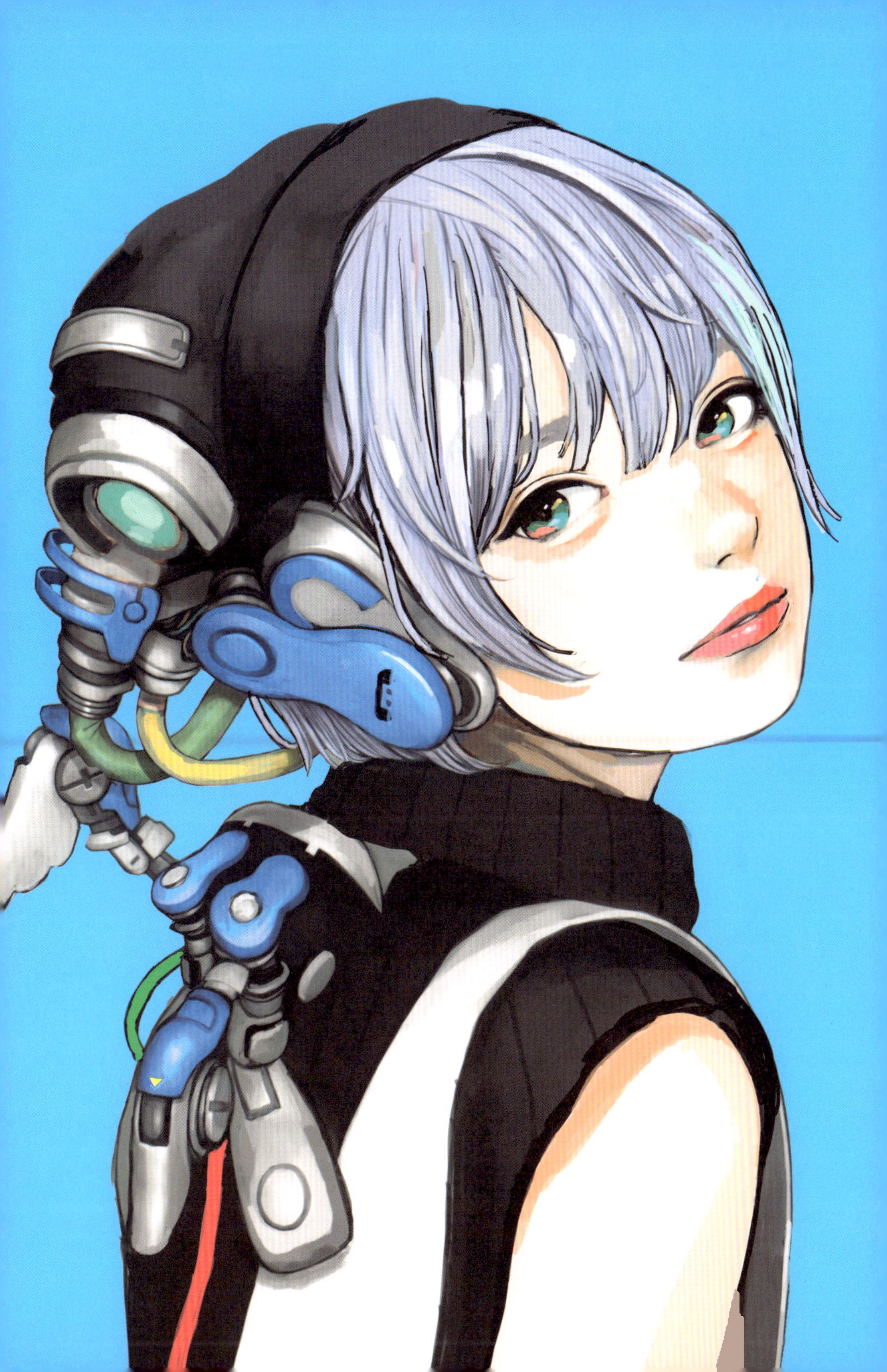

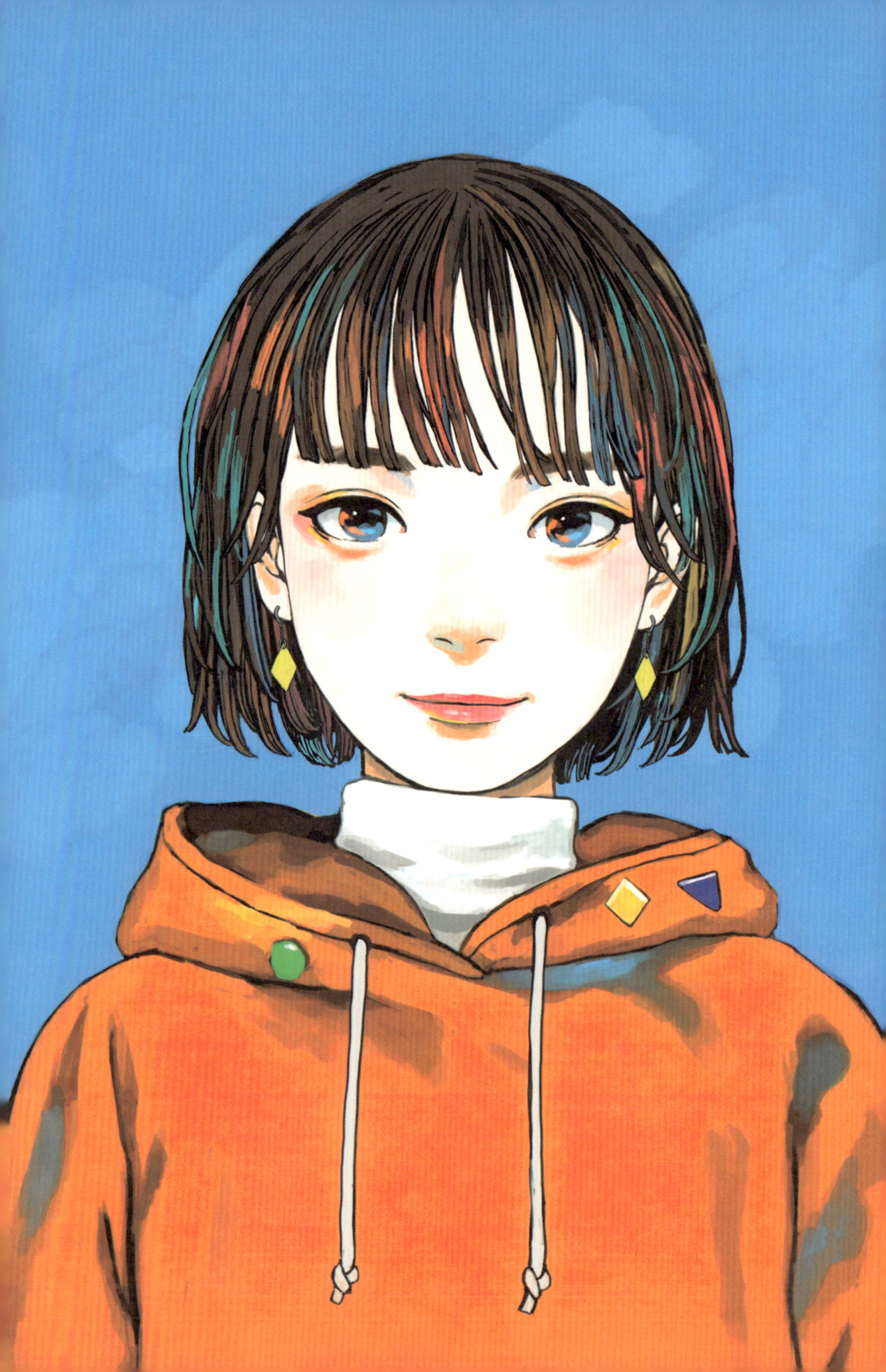

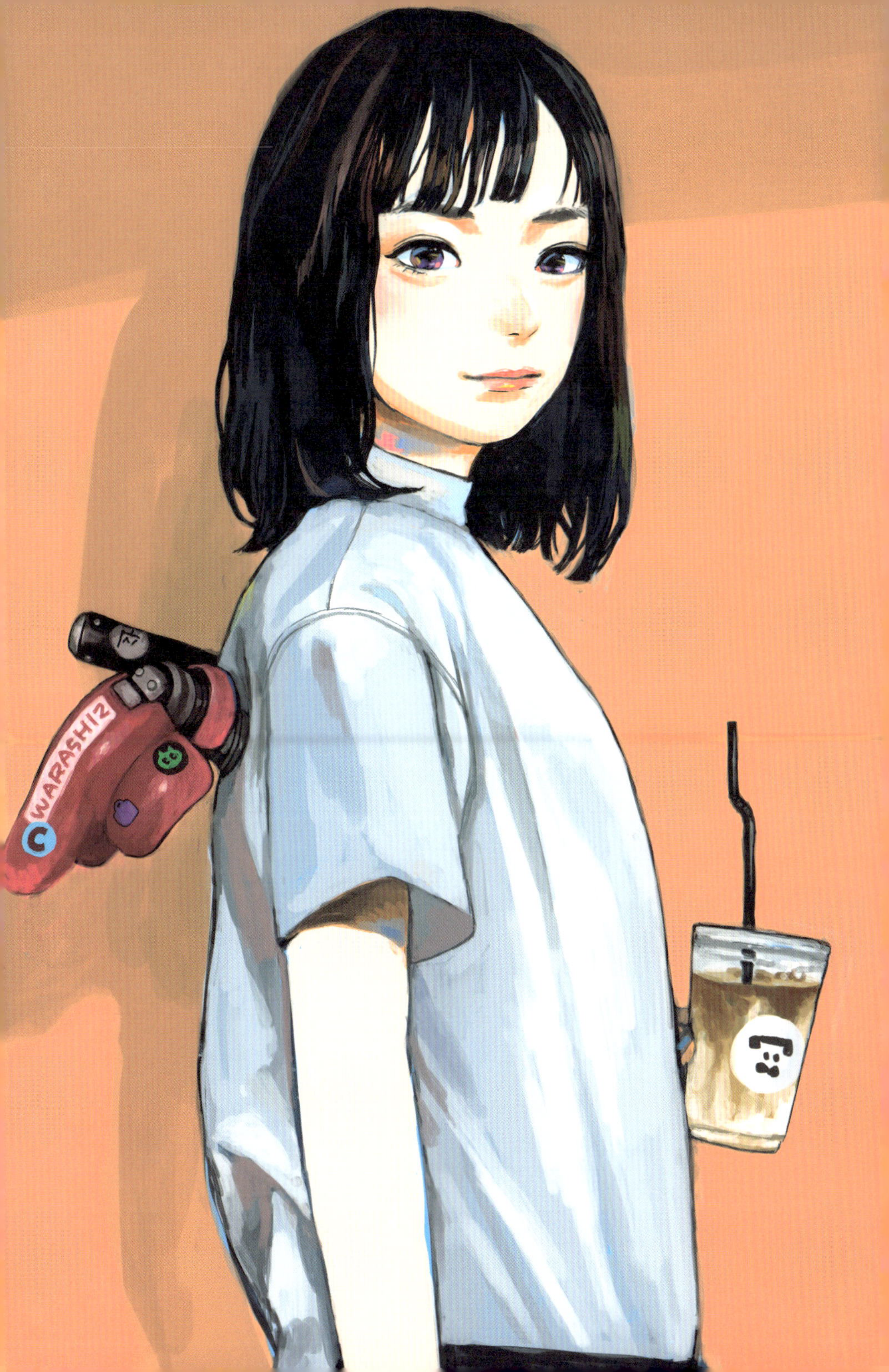
WARASHI2

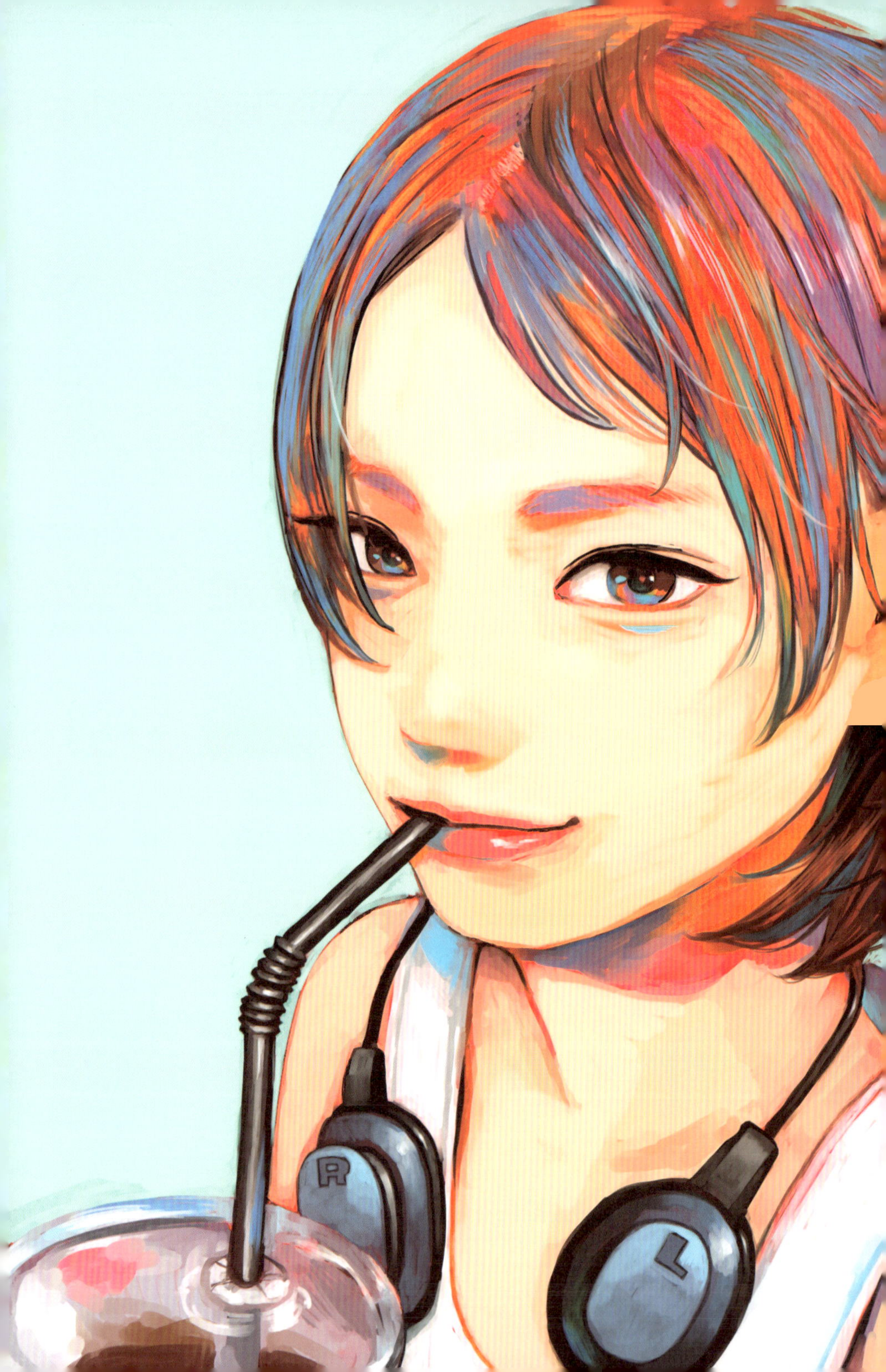
R
L

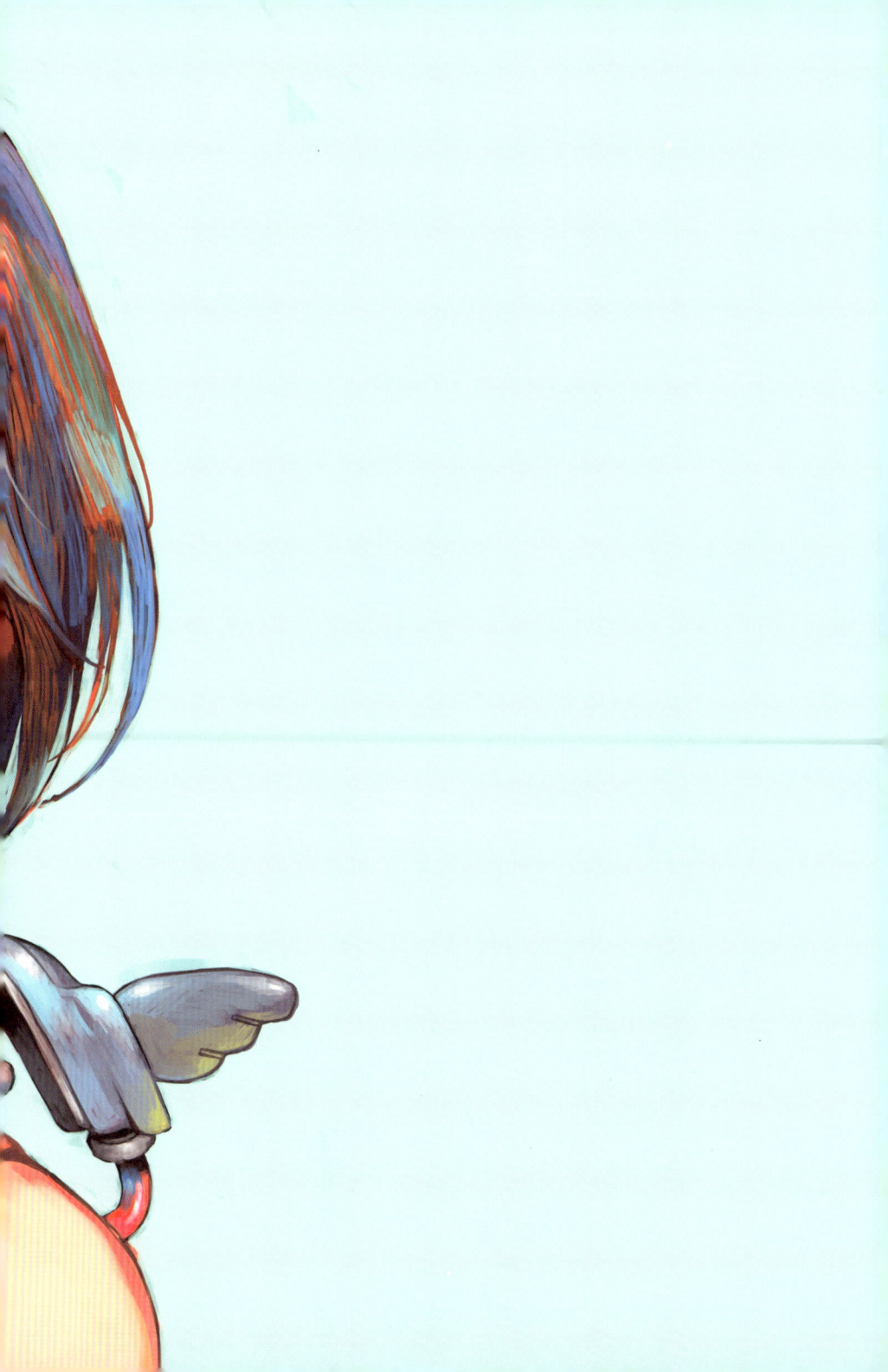

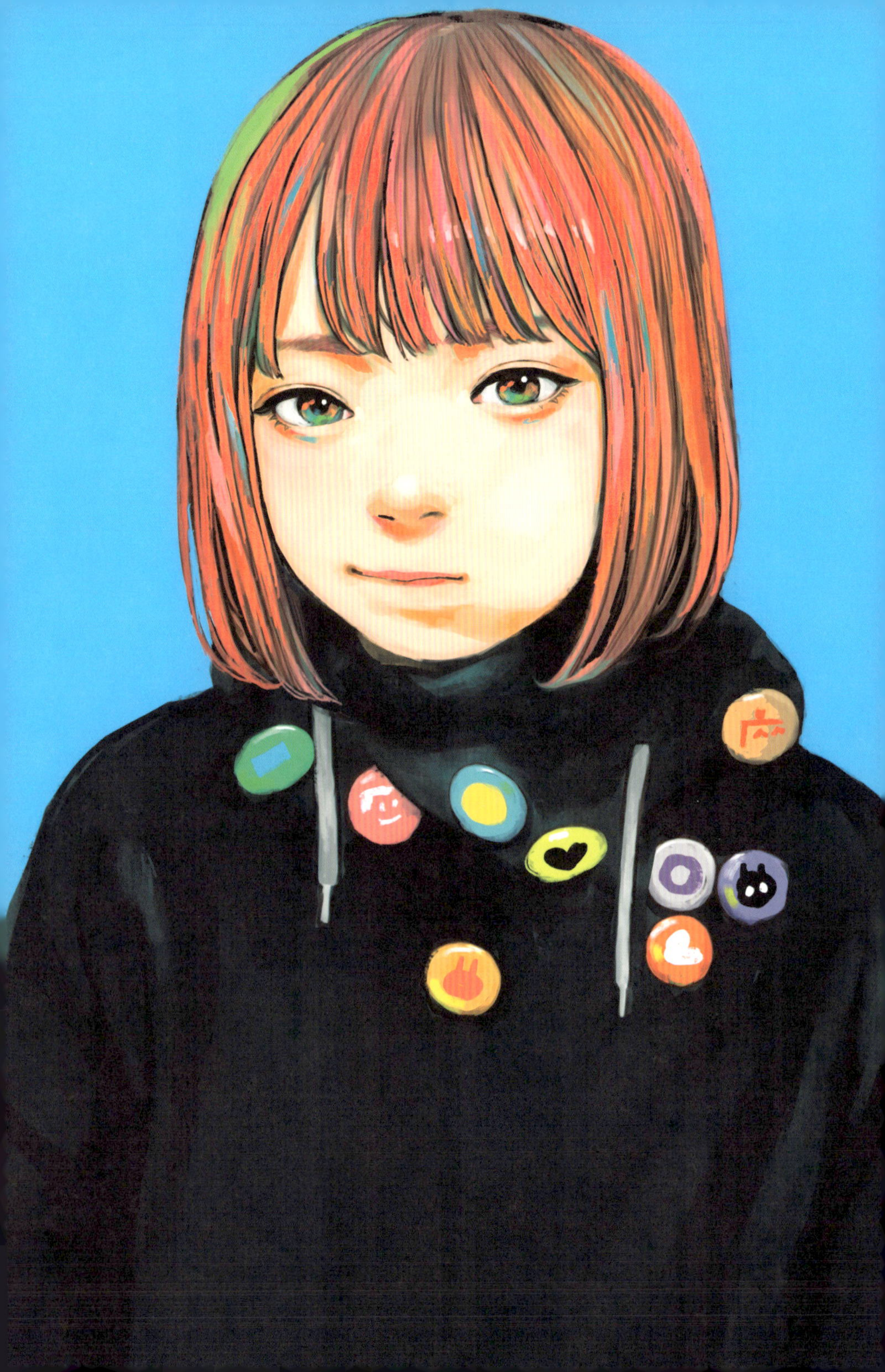

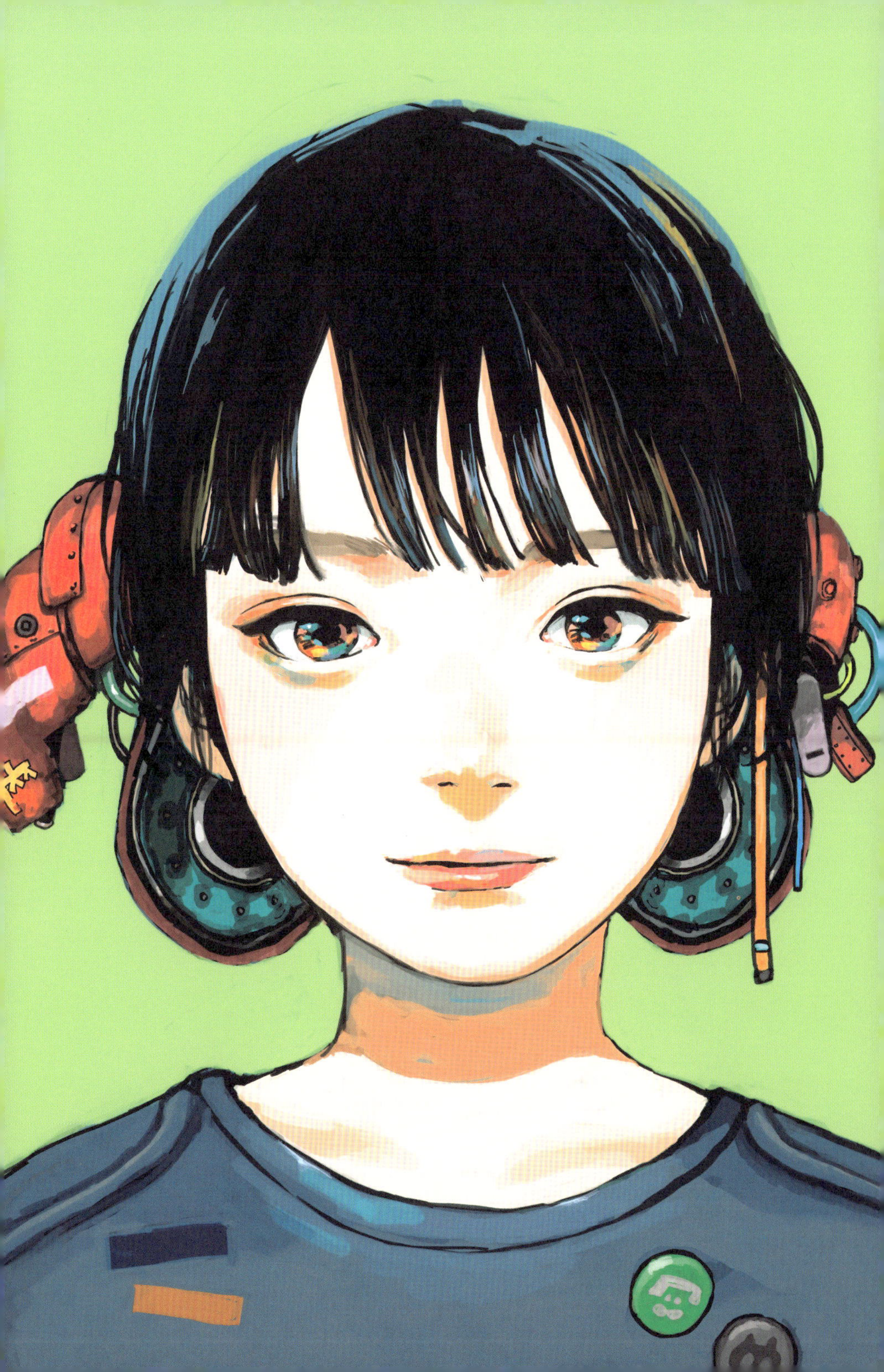

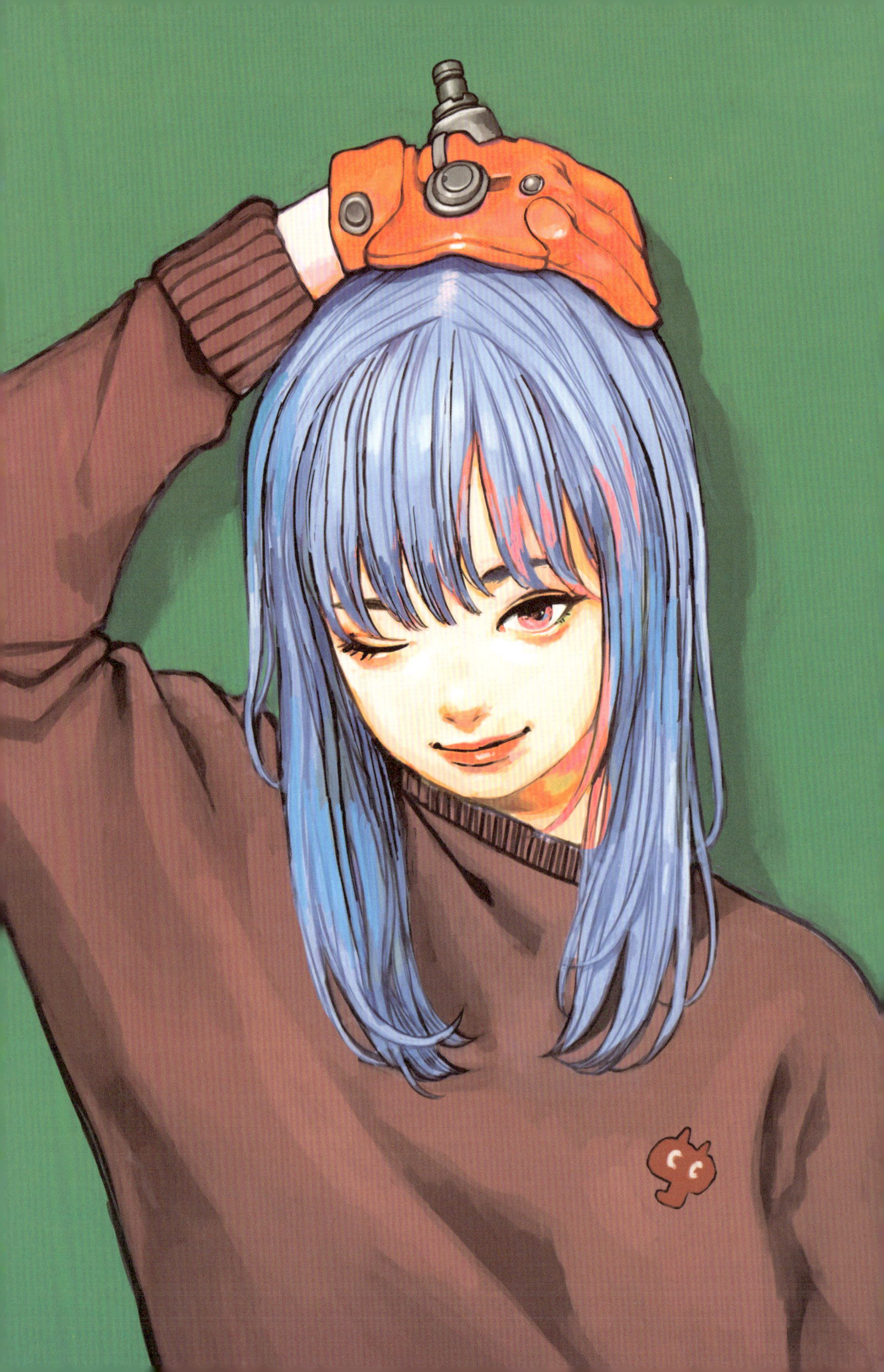

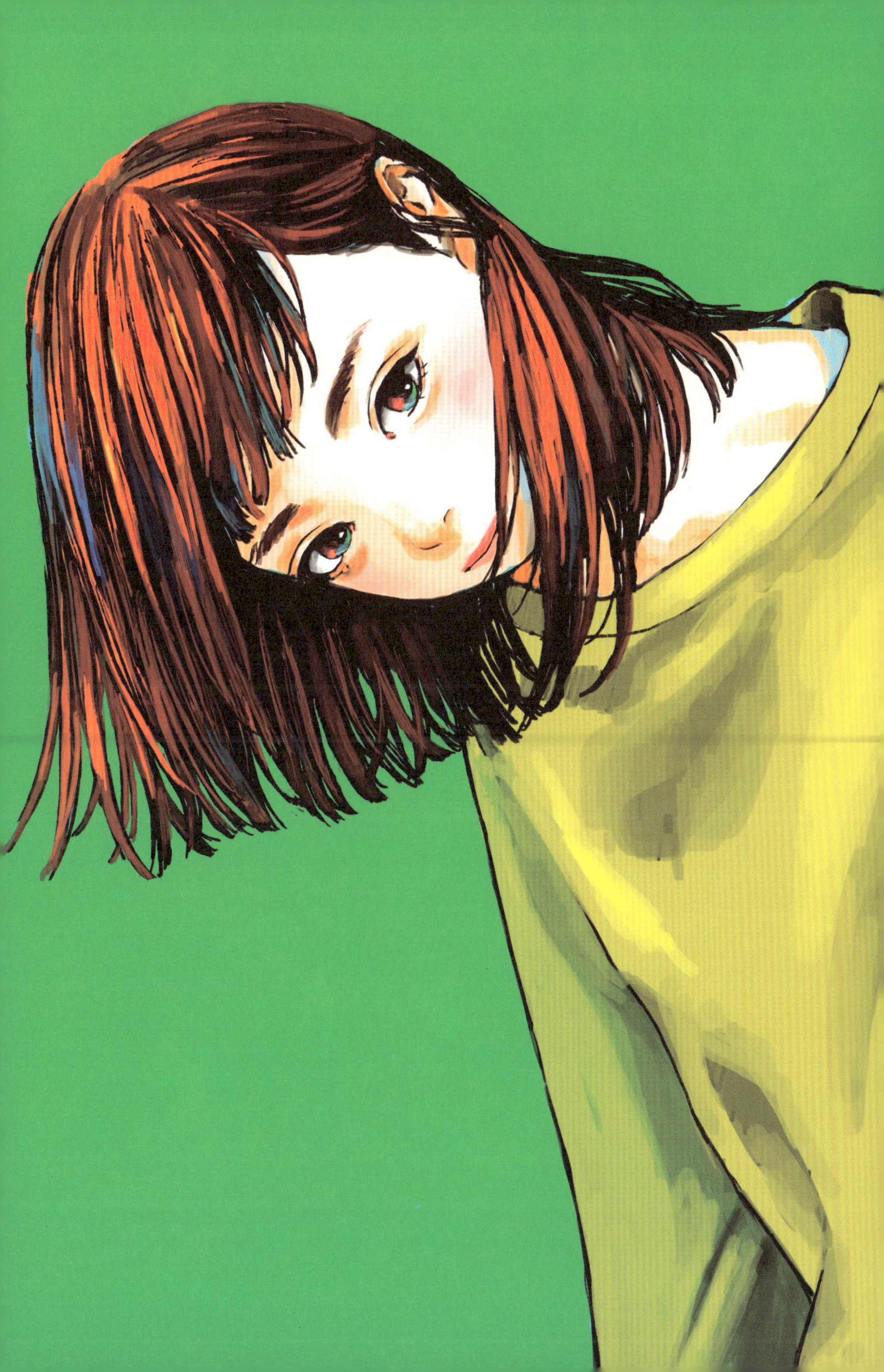

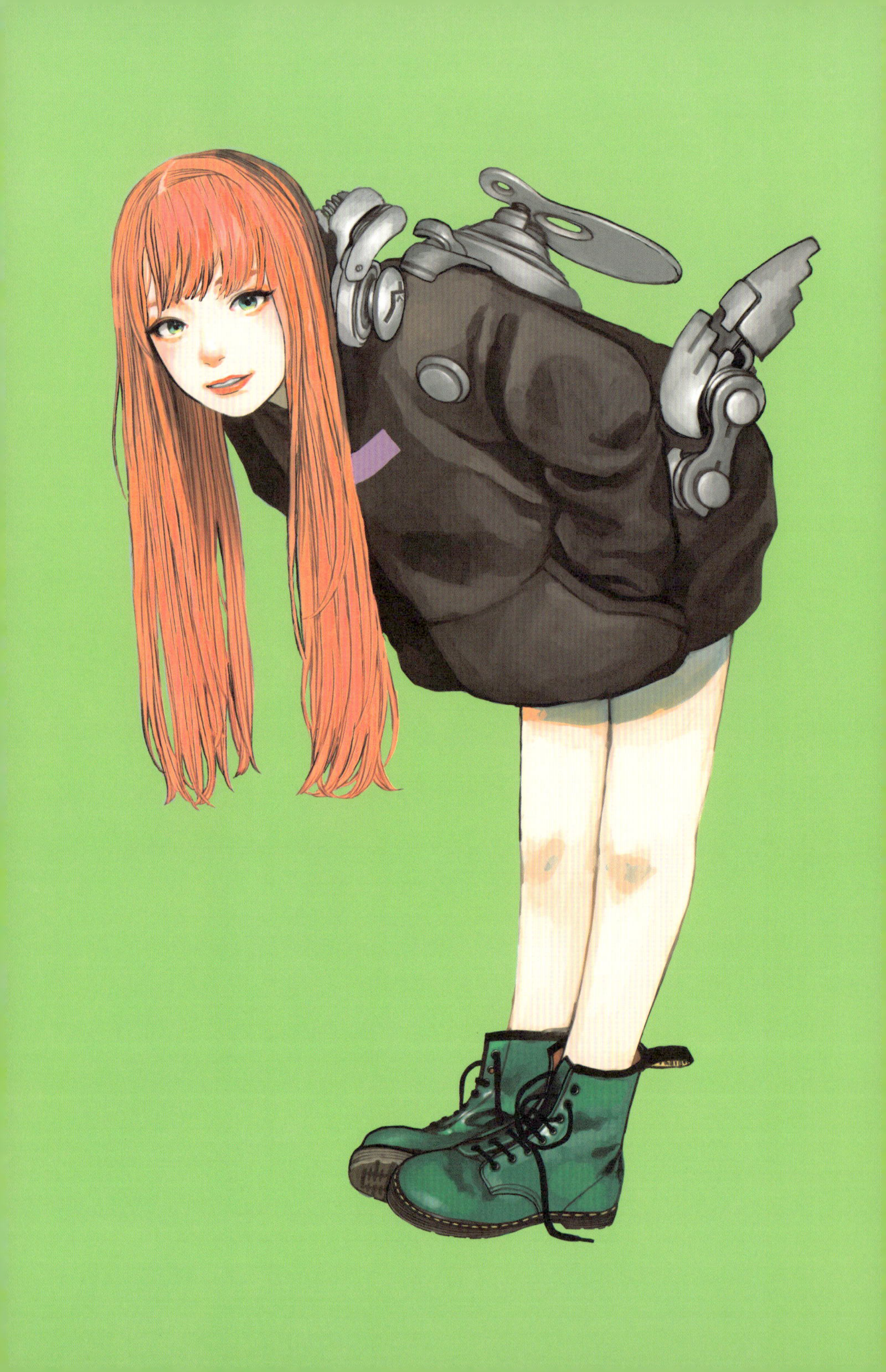

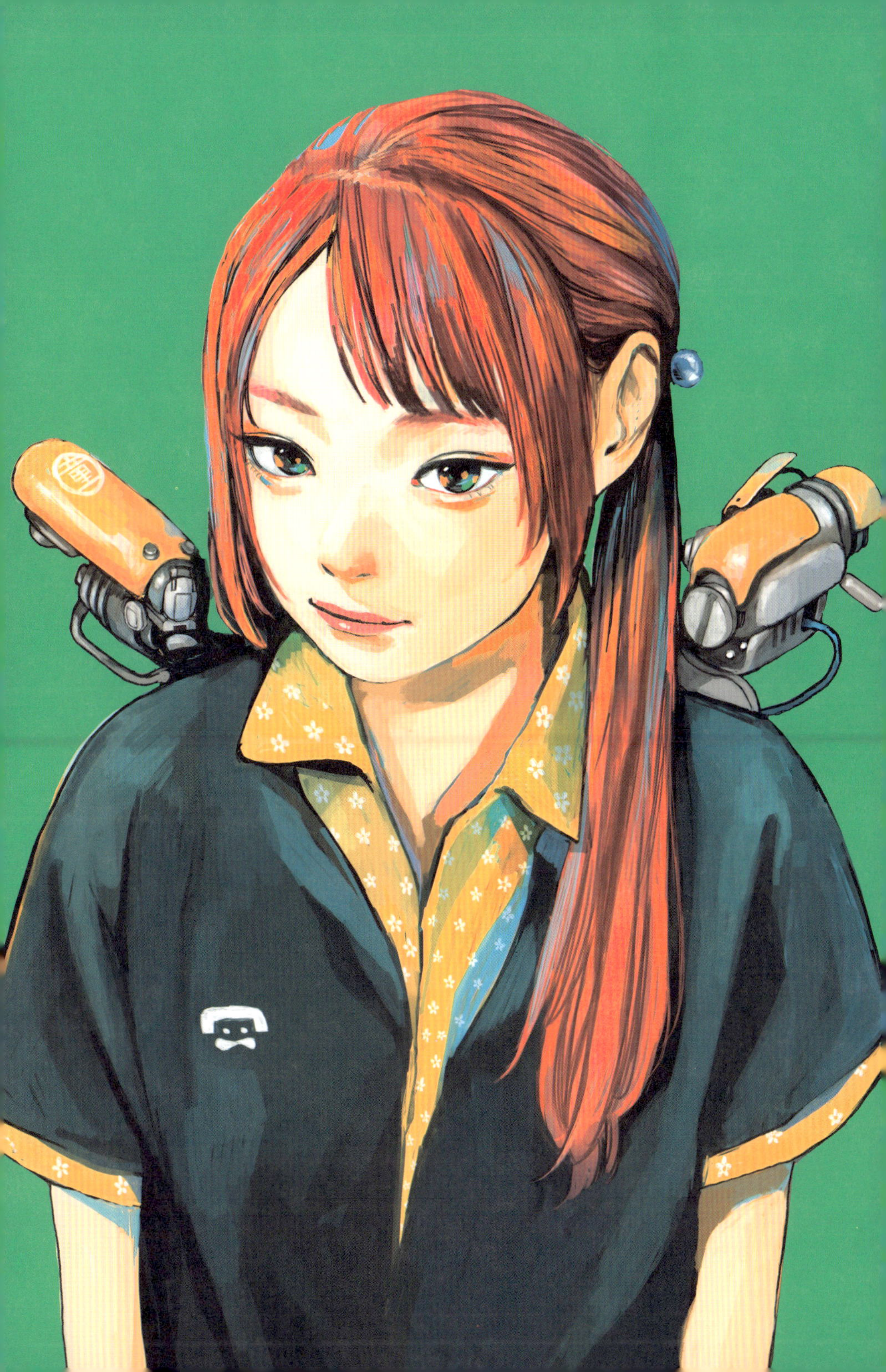

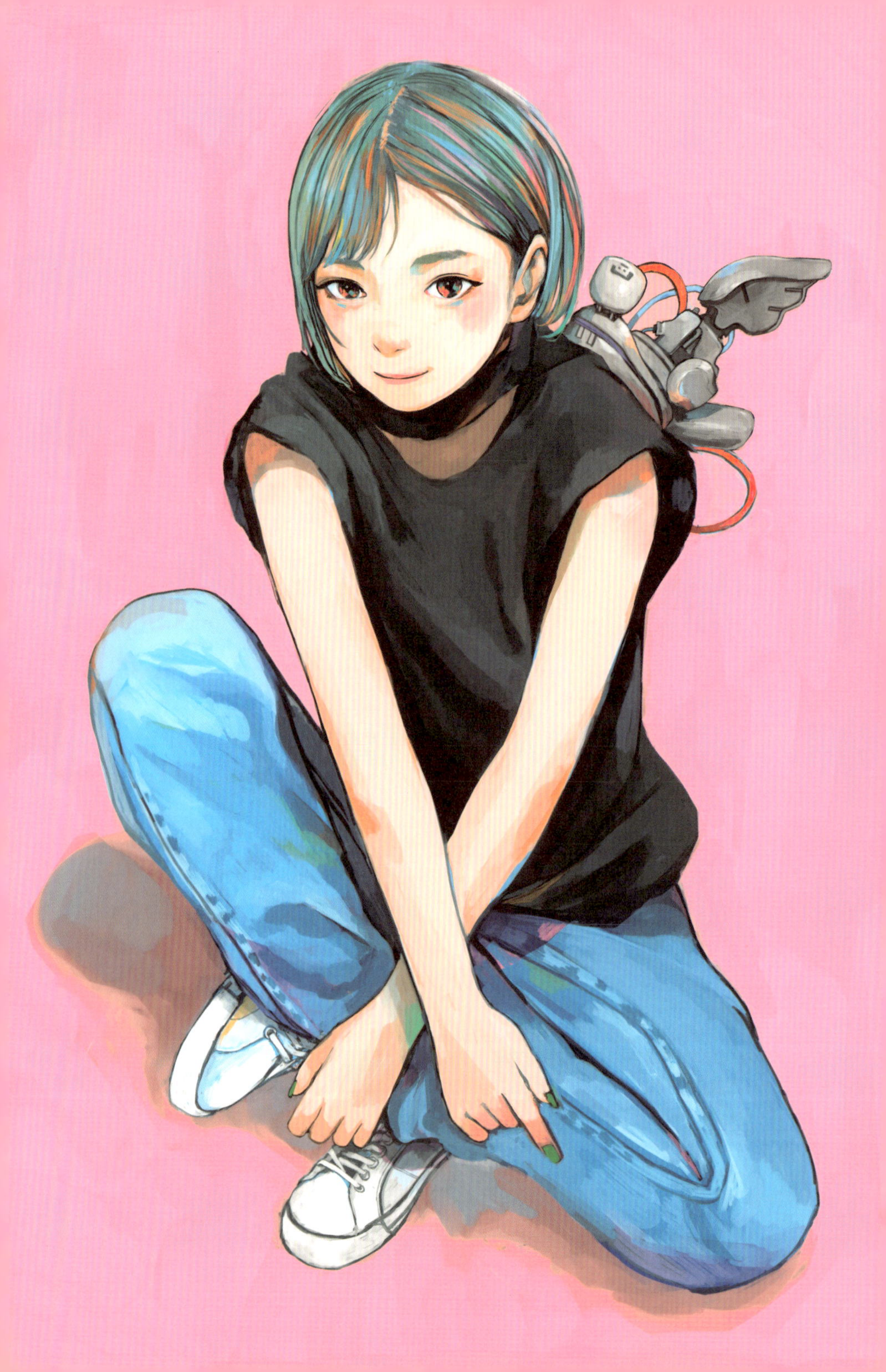

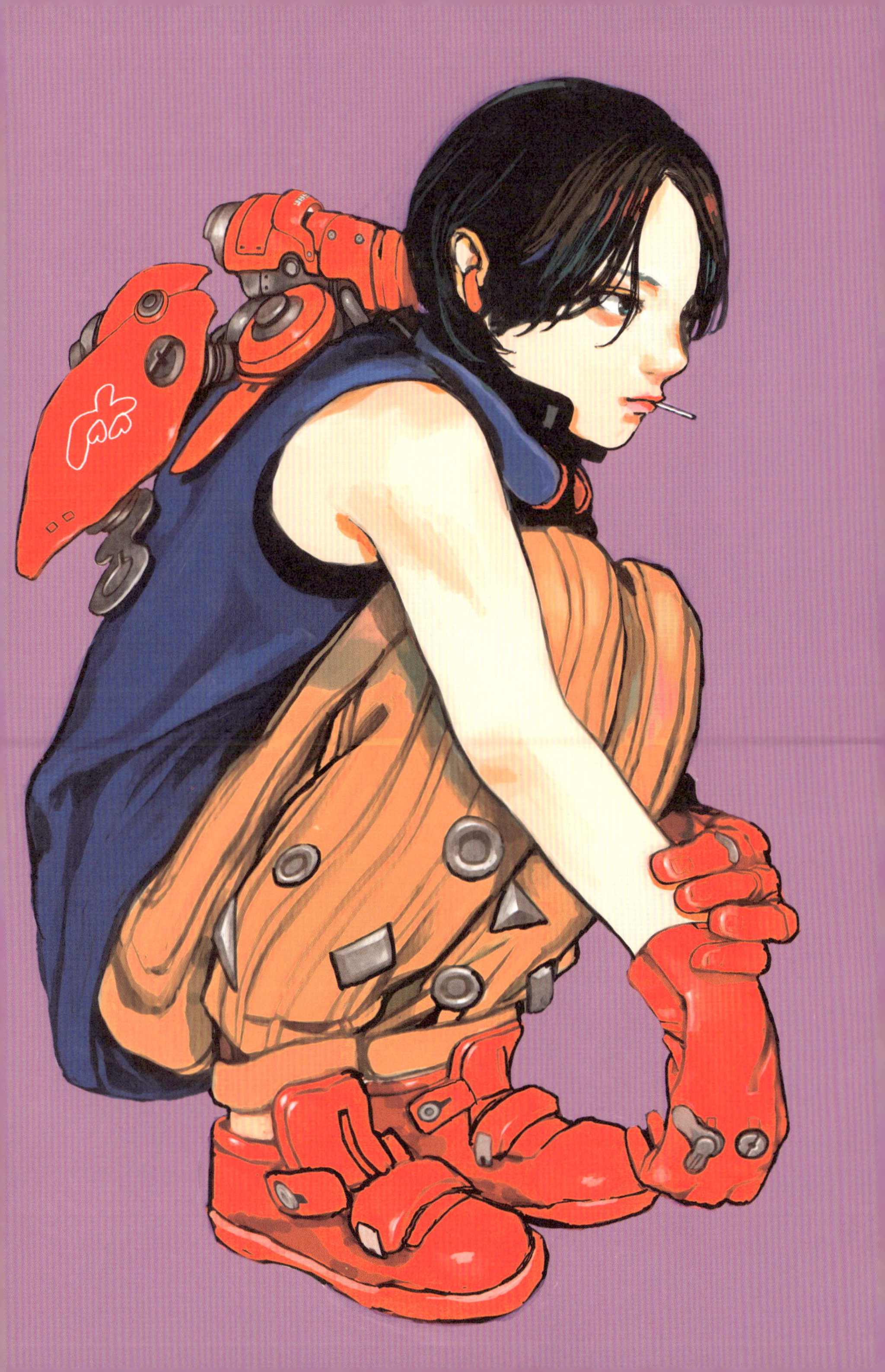

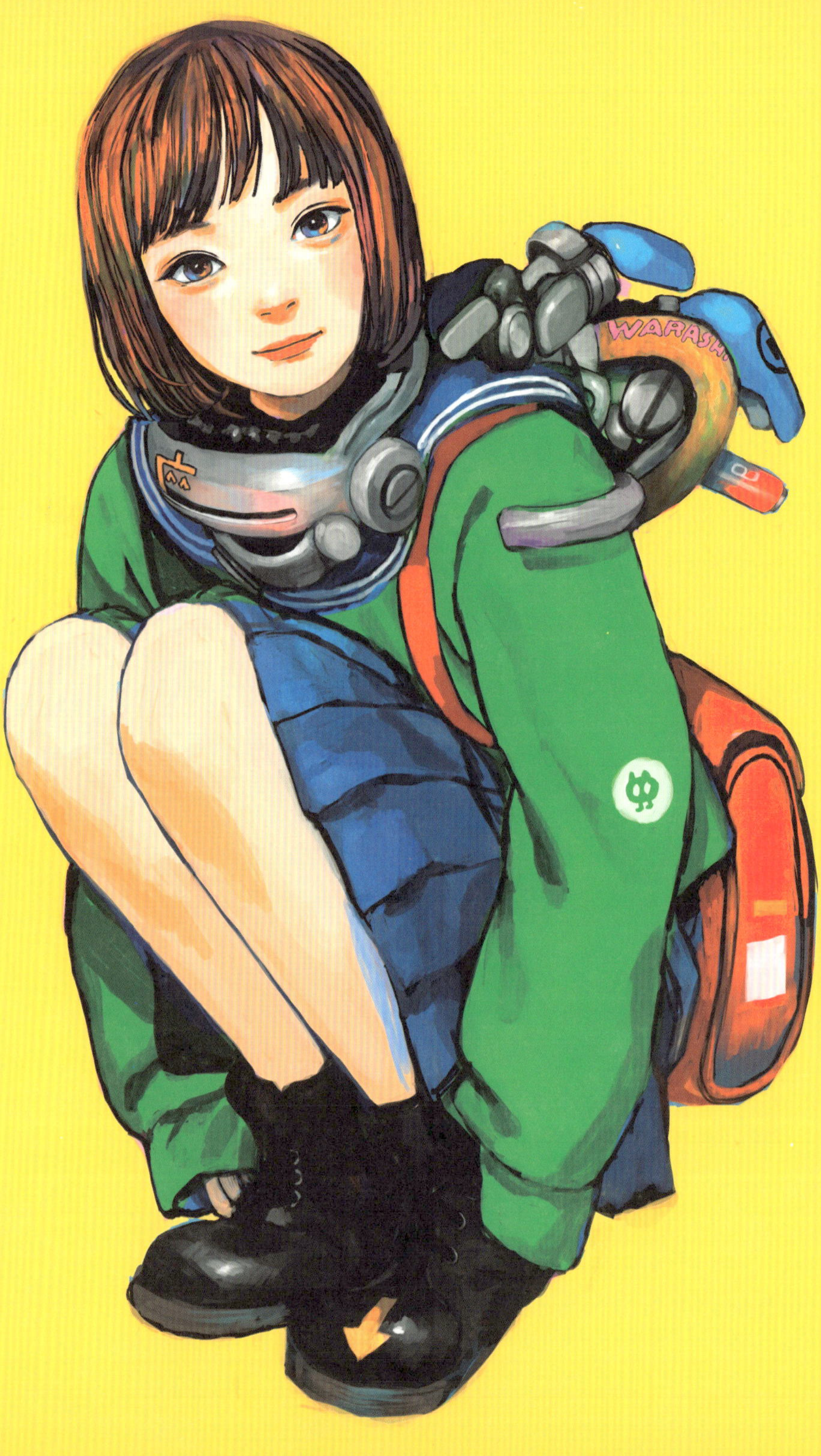
WARASH

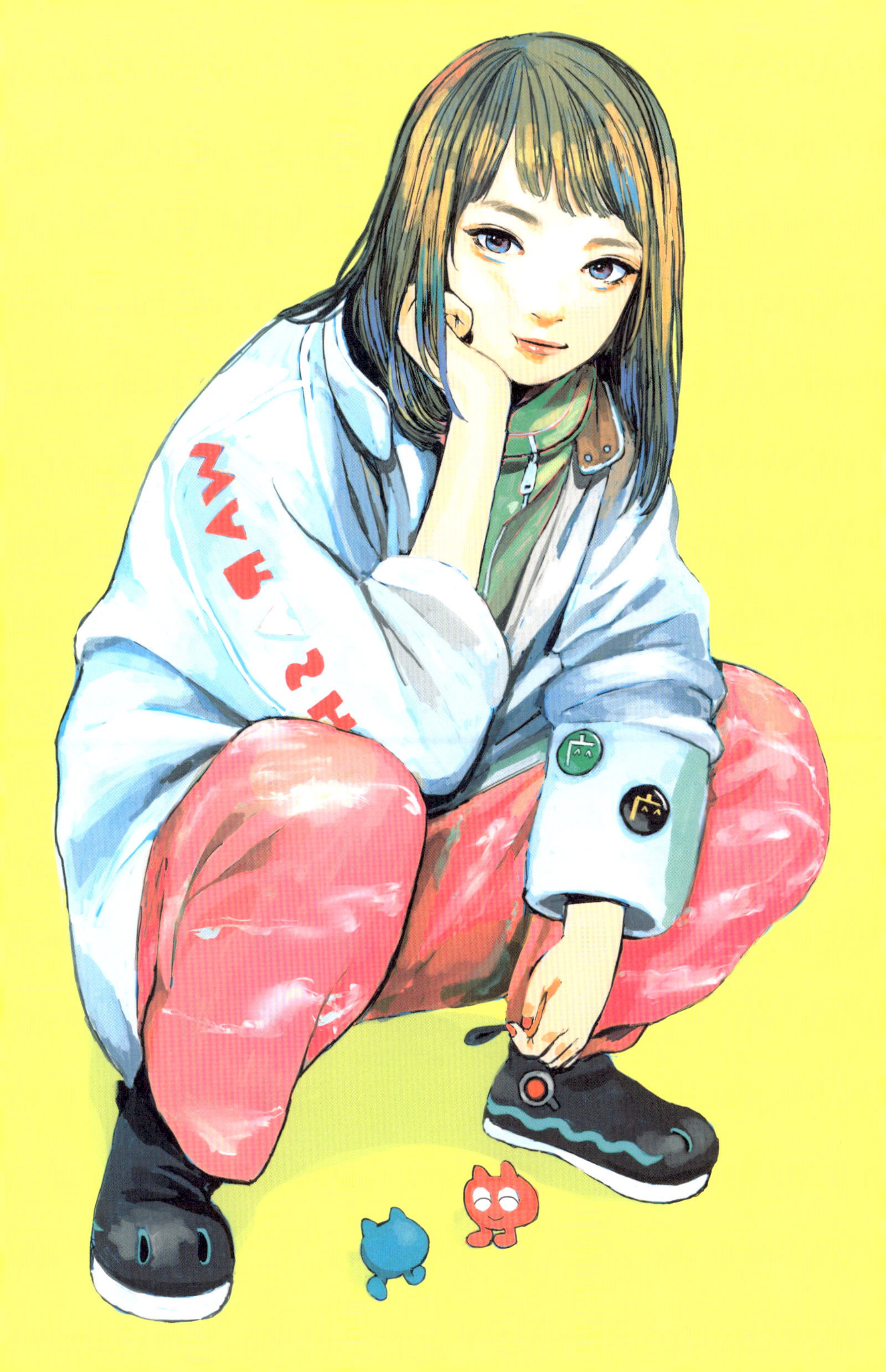

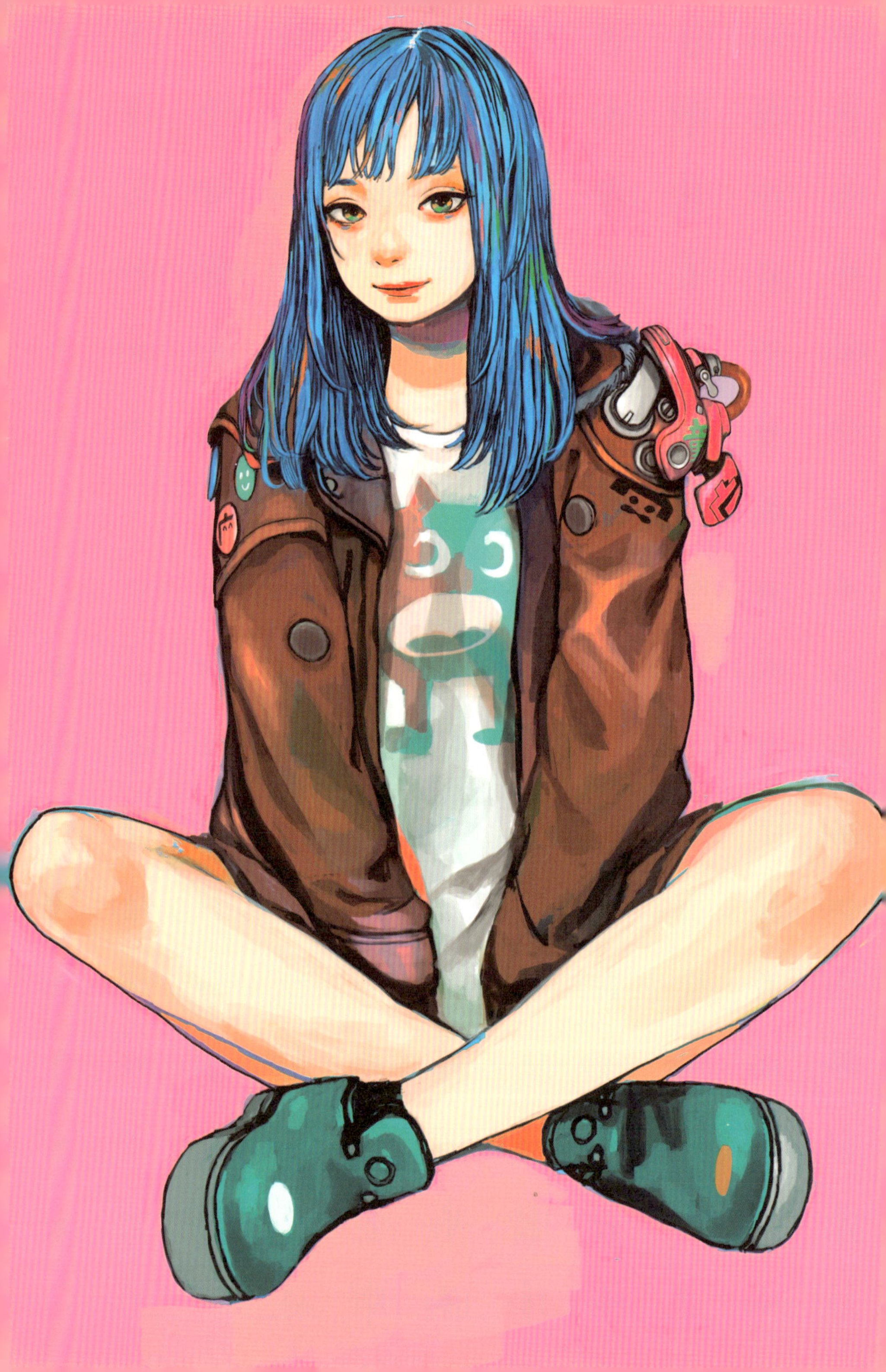

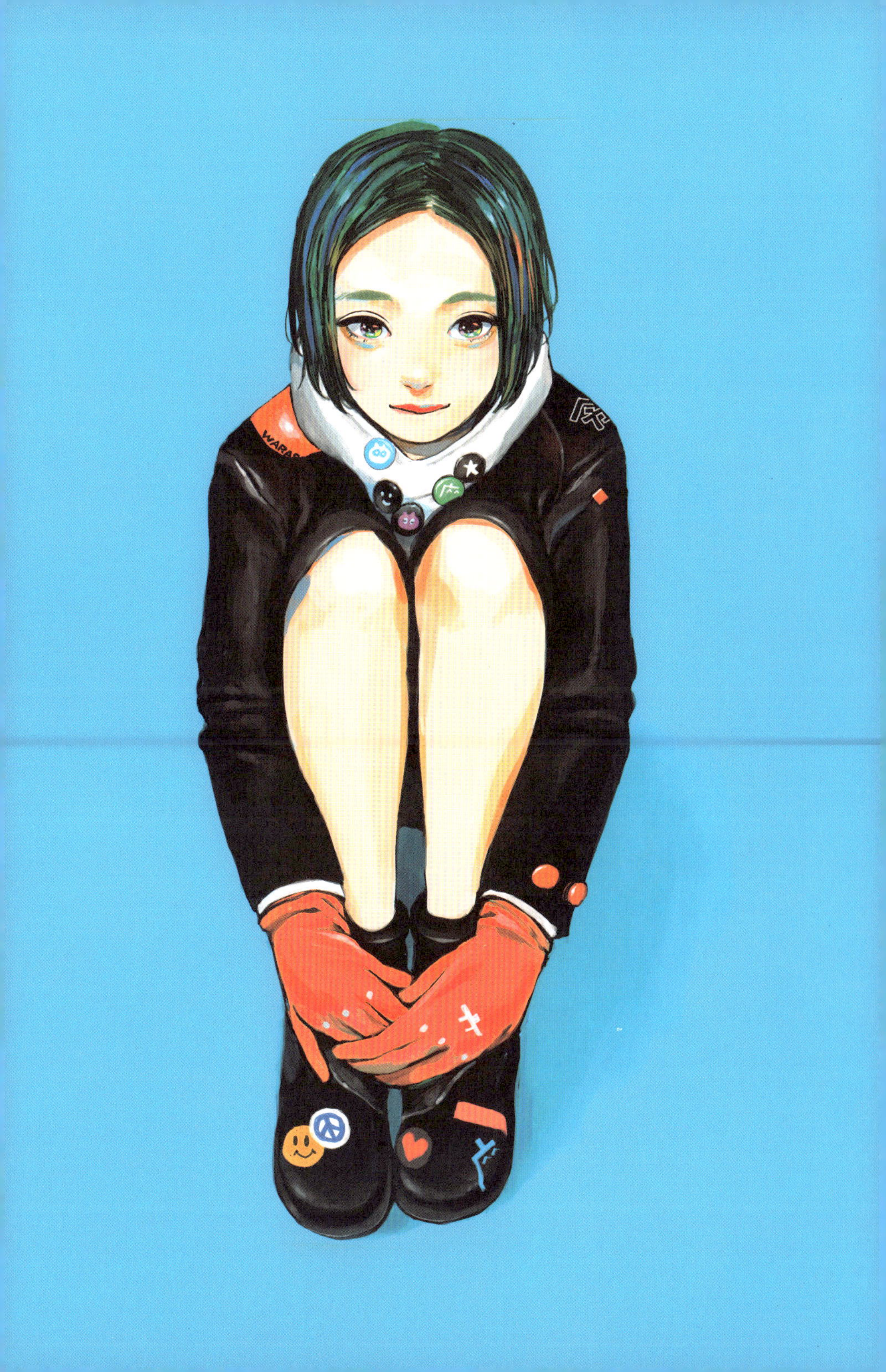

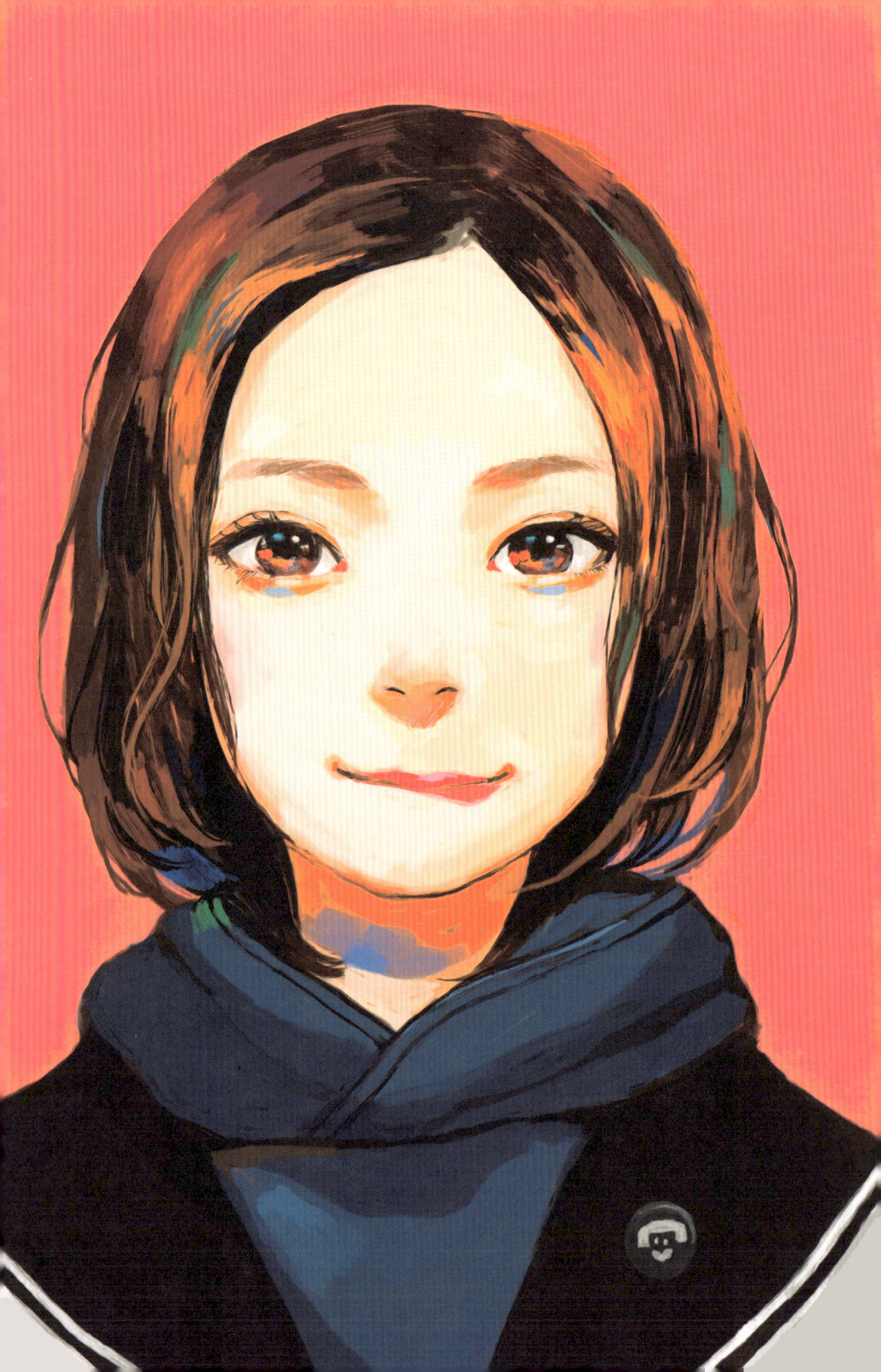

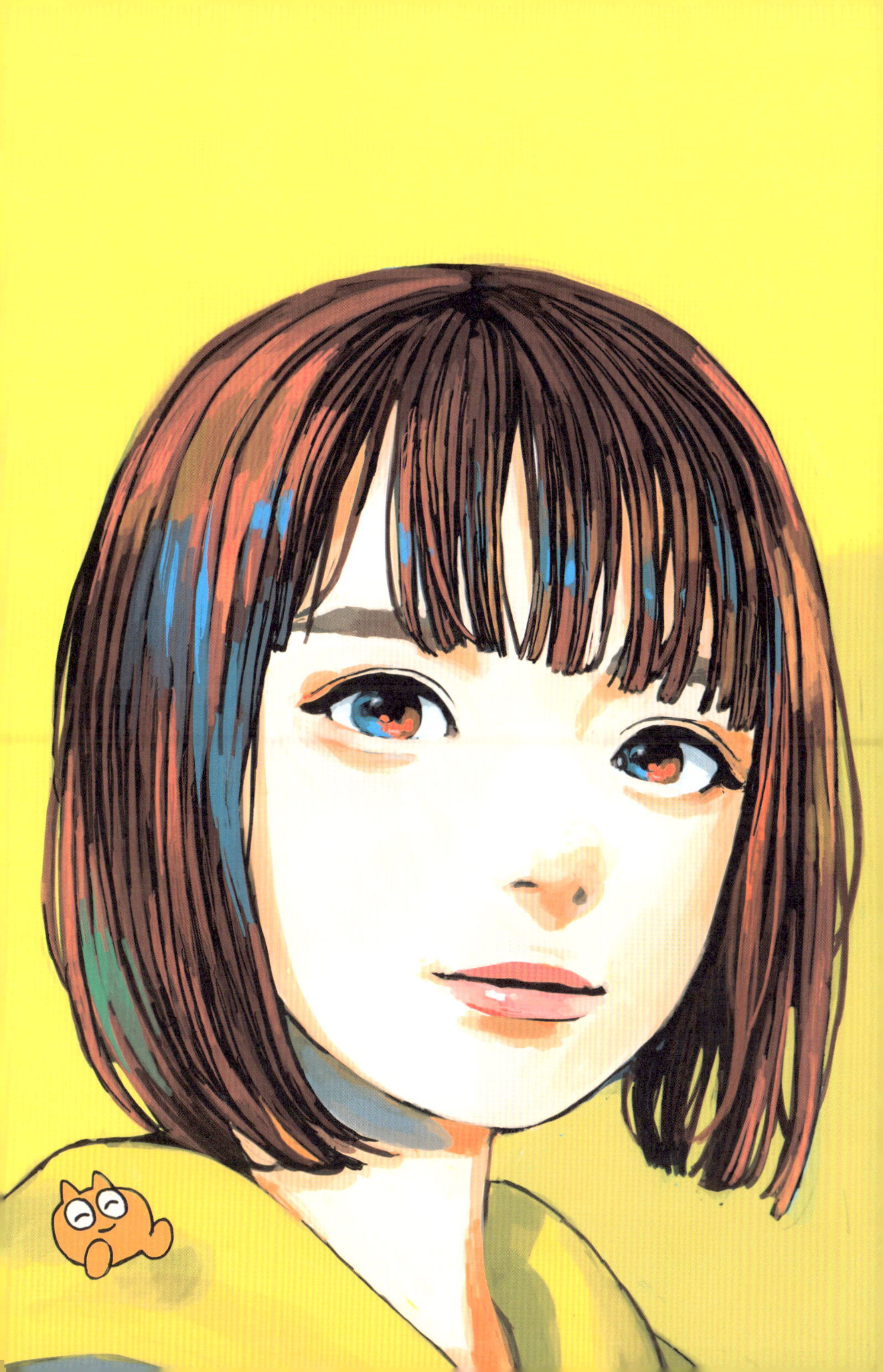

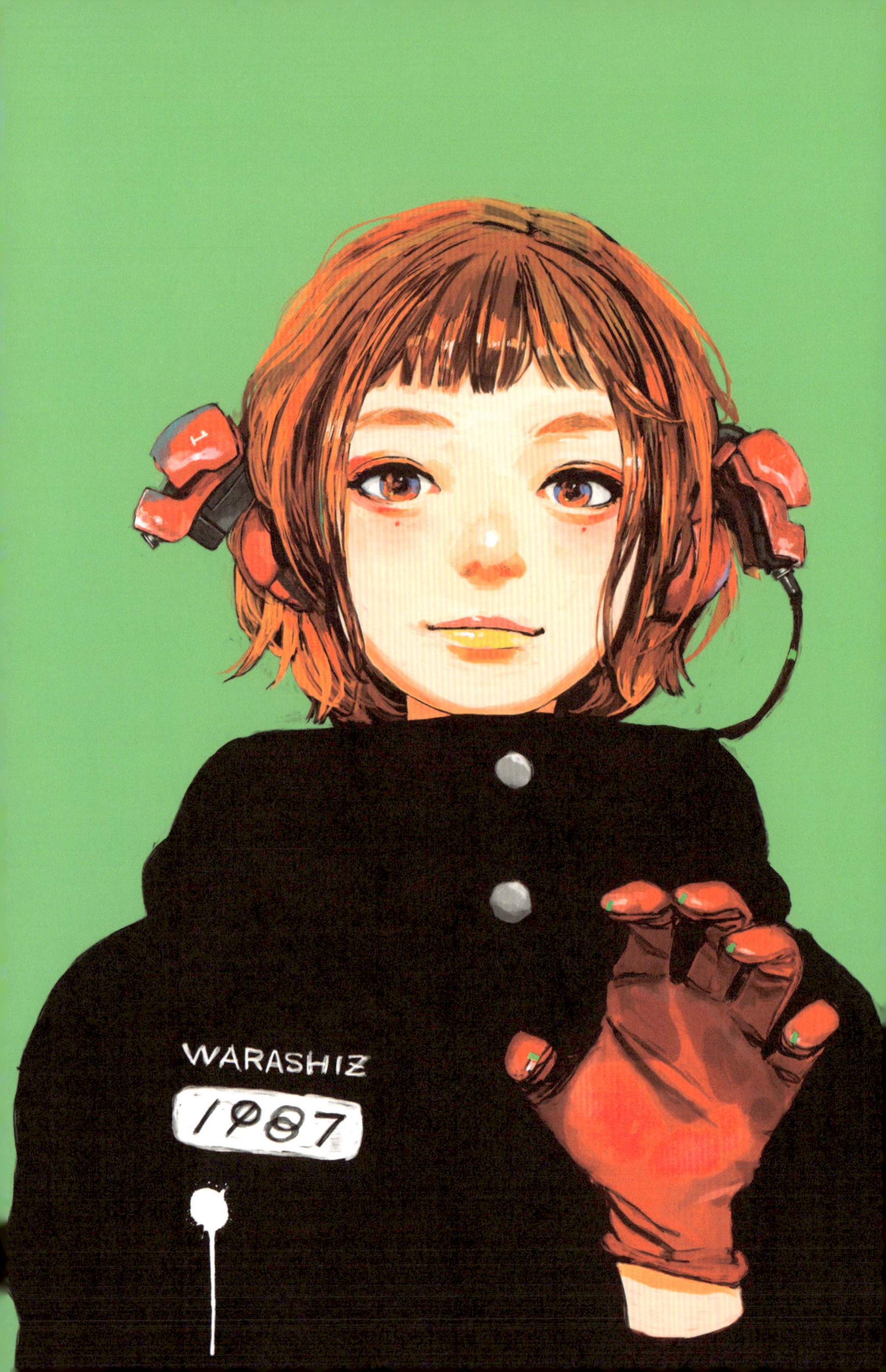
WARASHIZ
1987

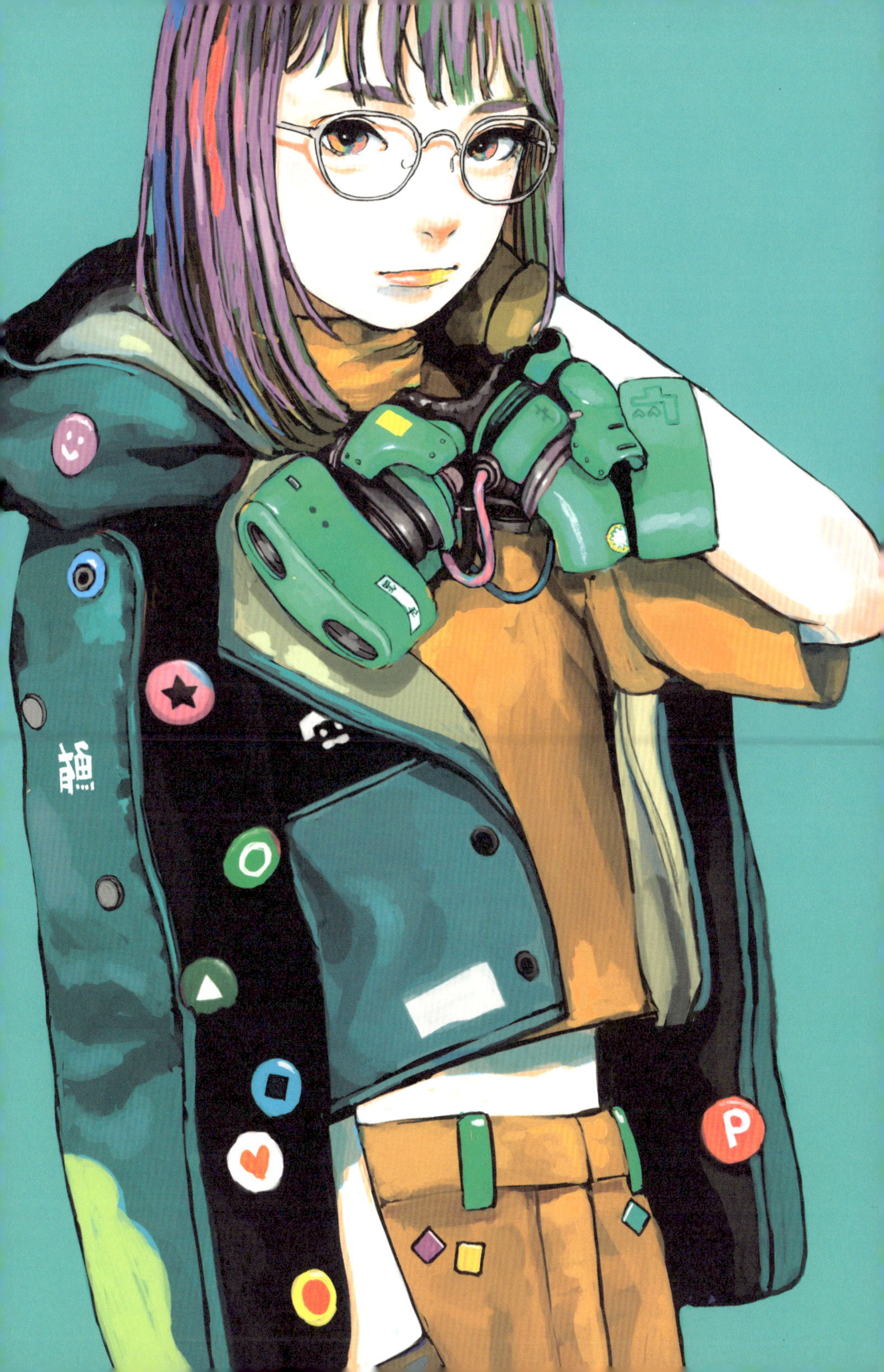

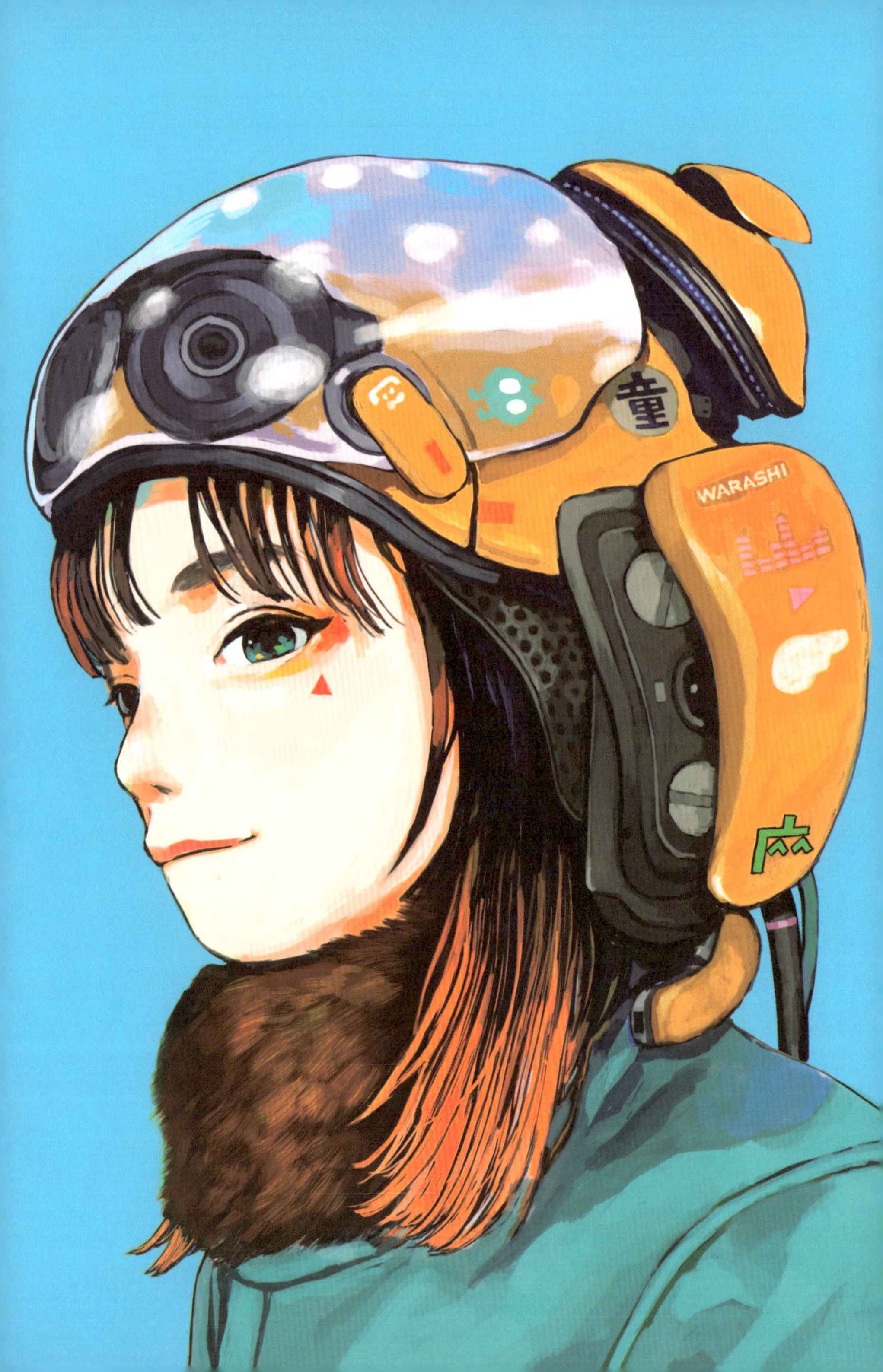
童
WARASHI

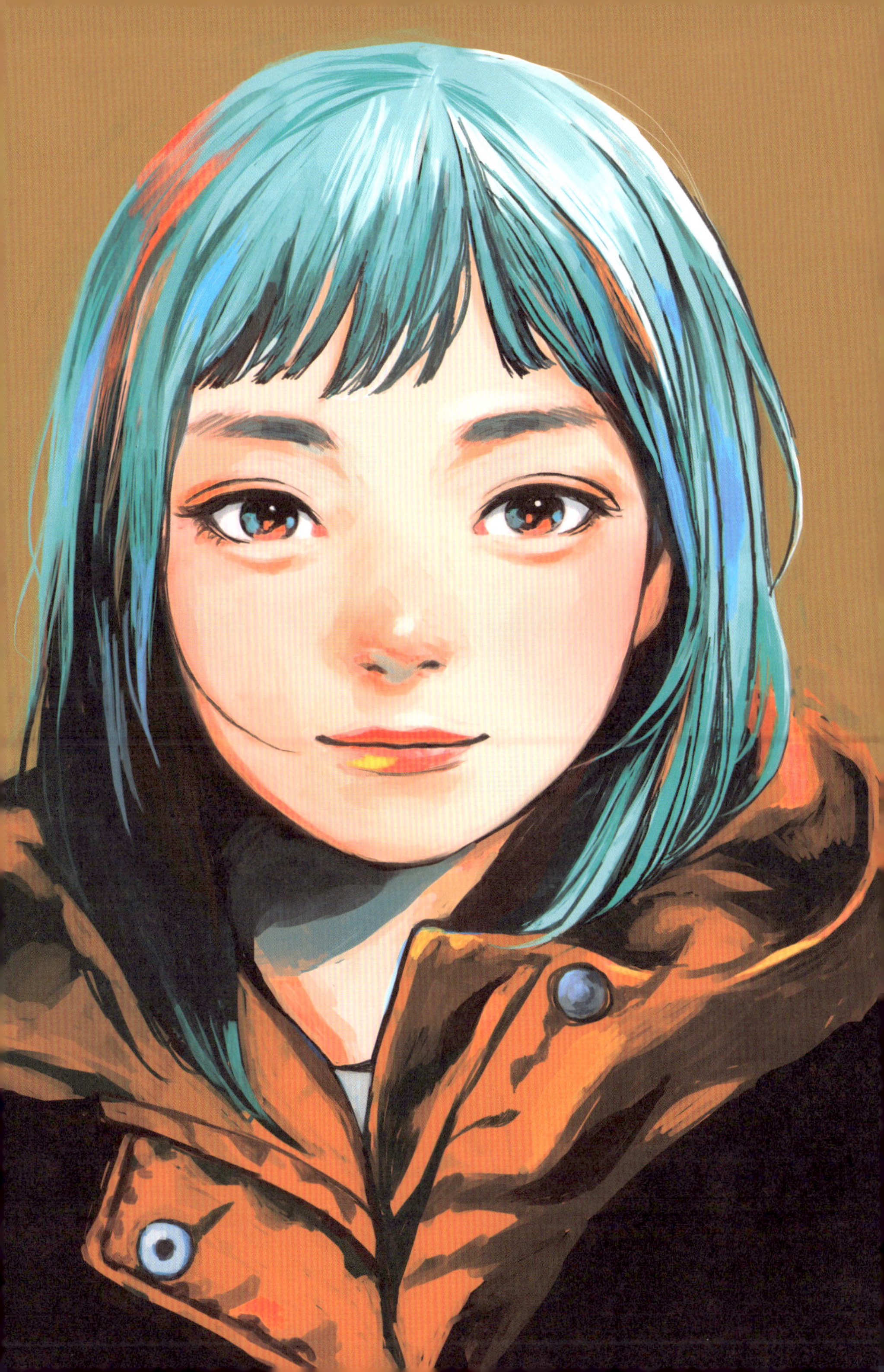

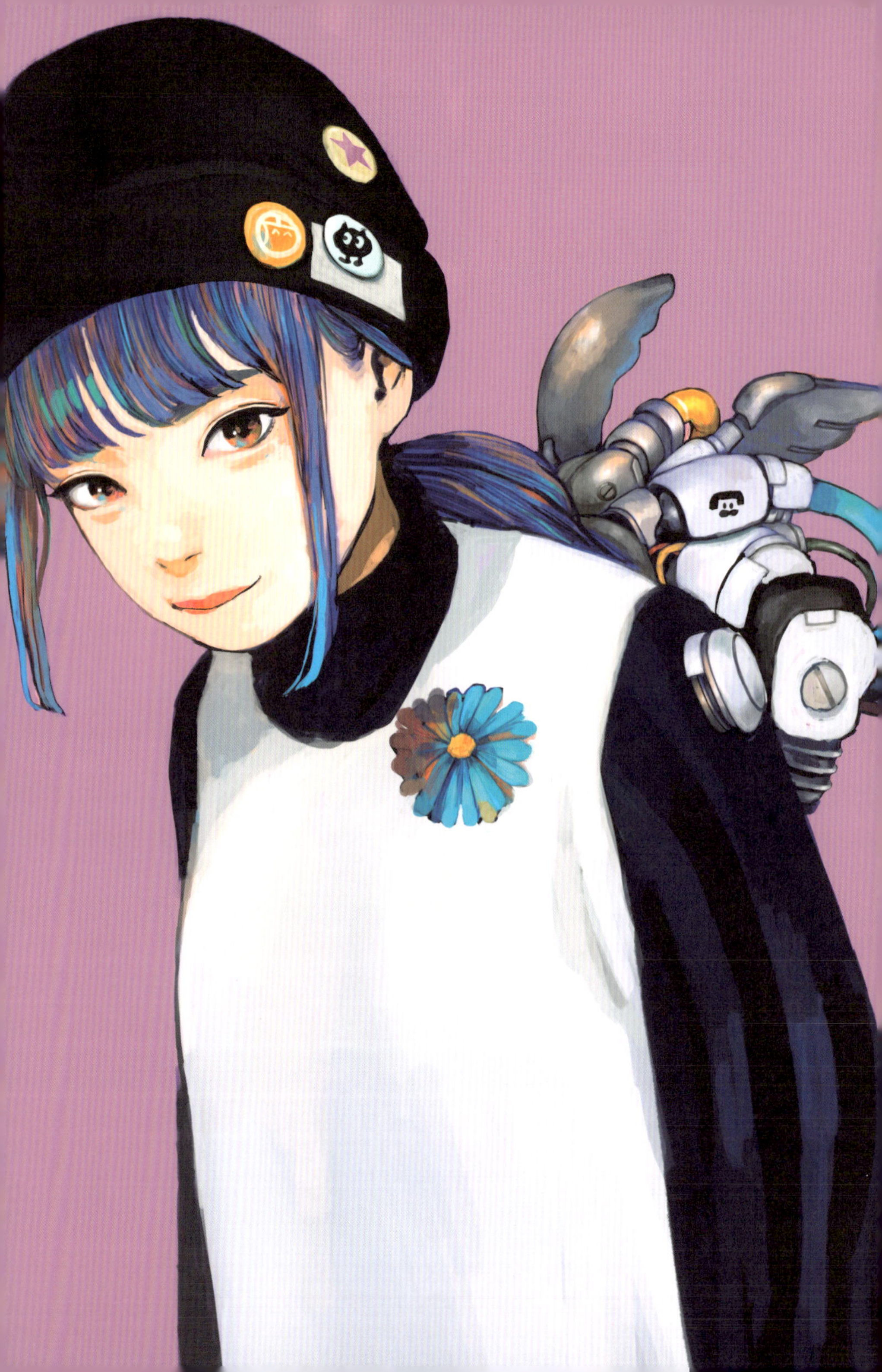

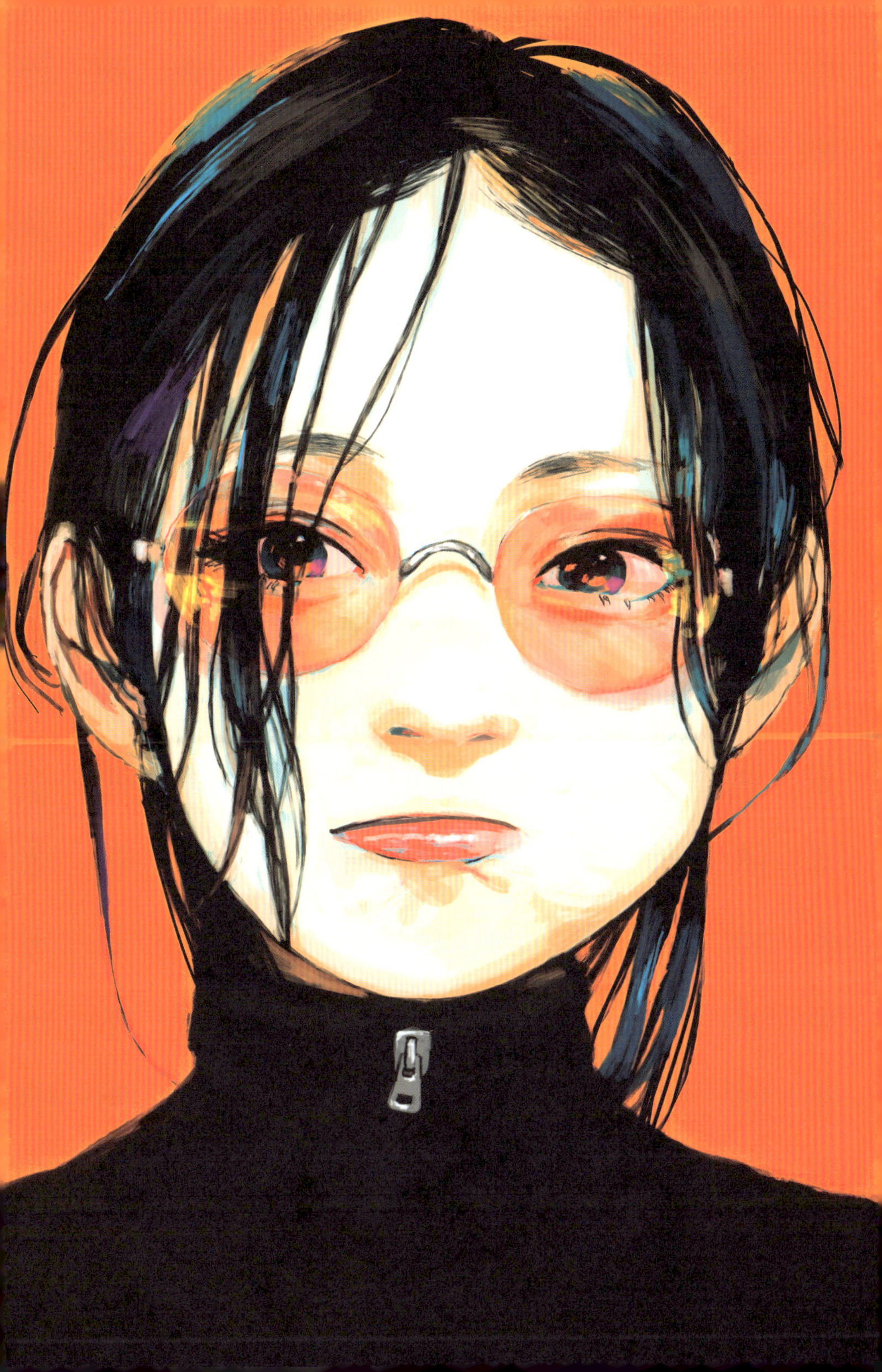

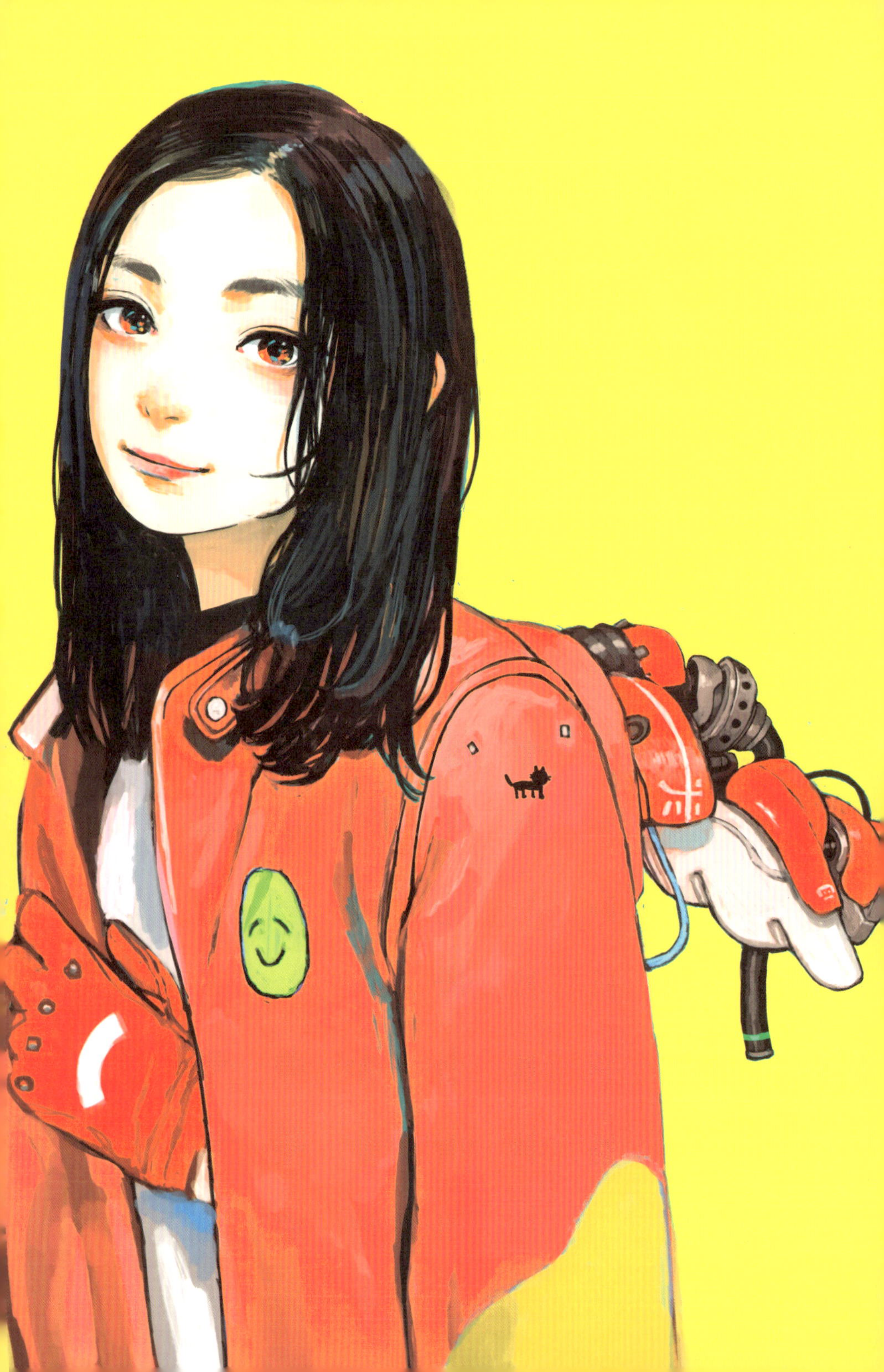

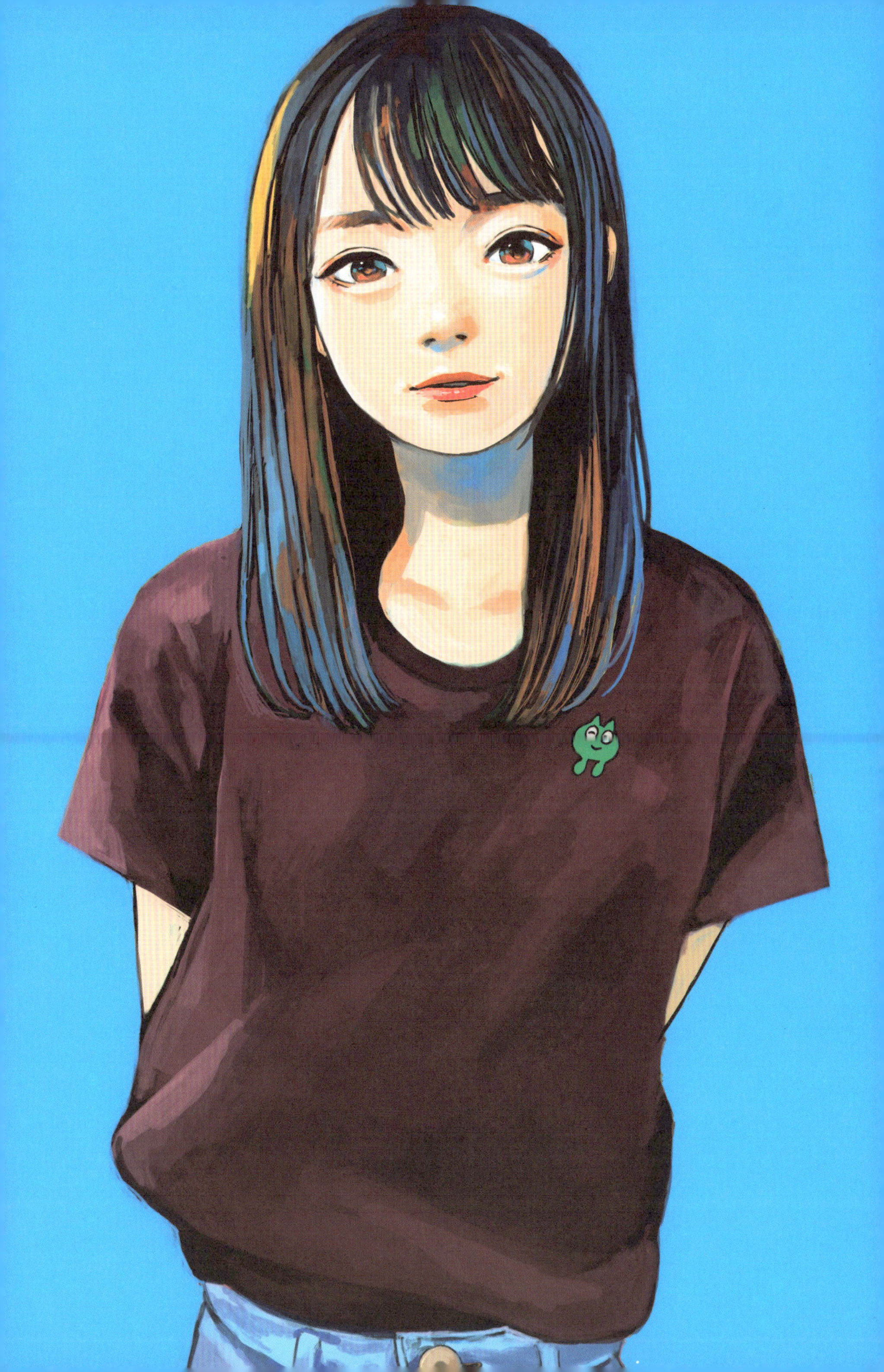

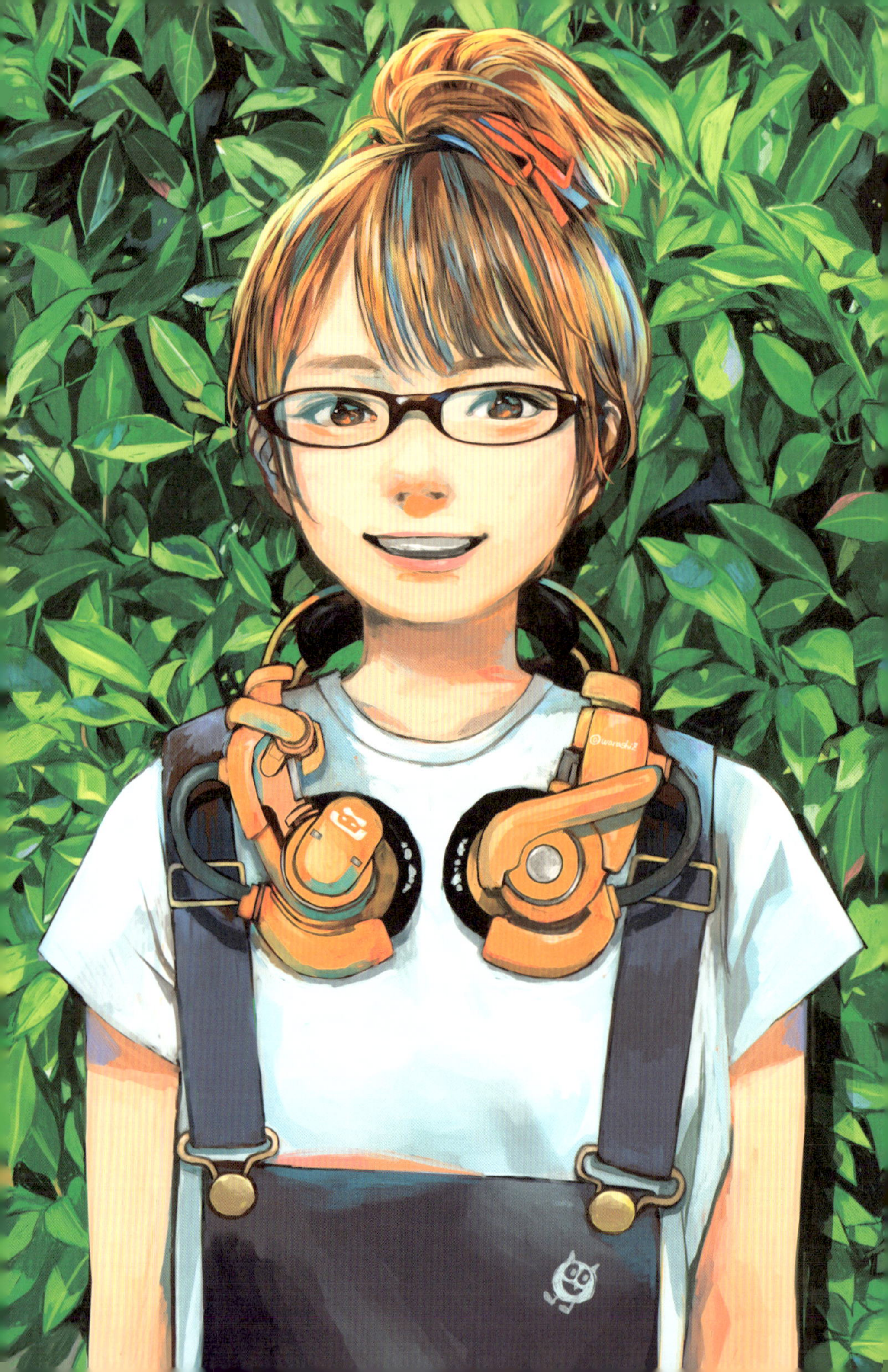

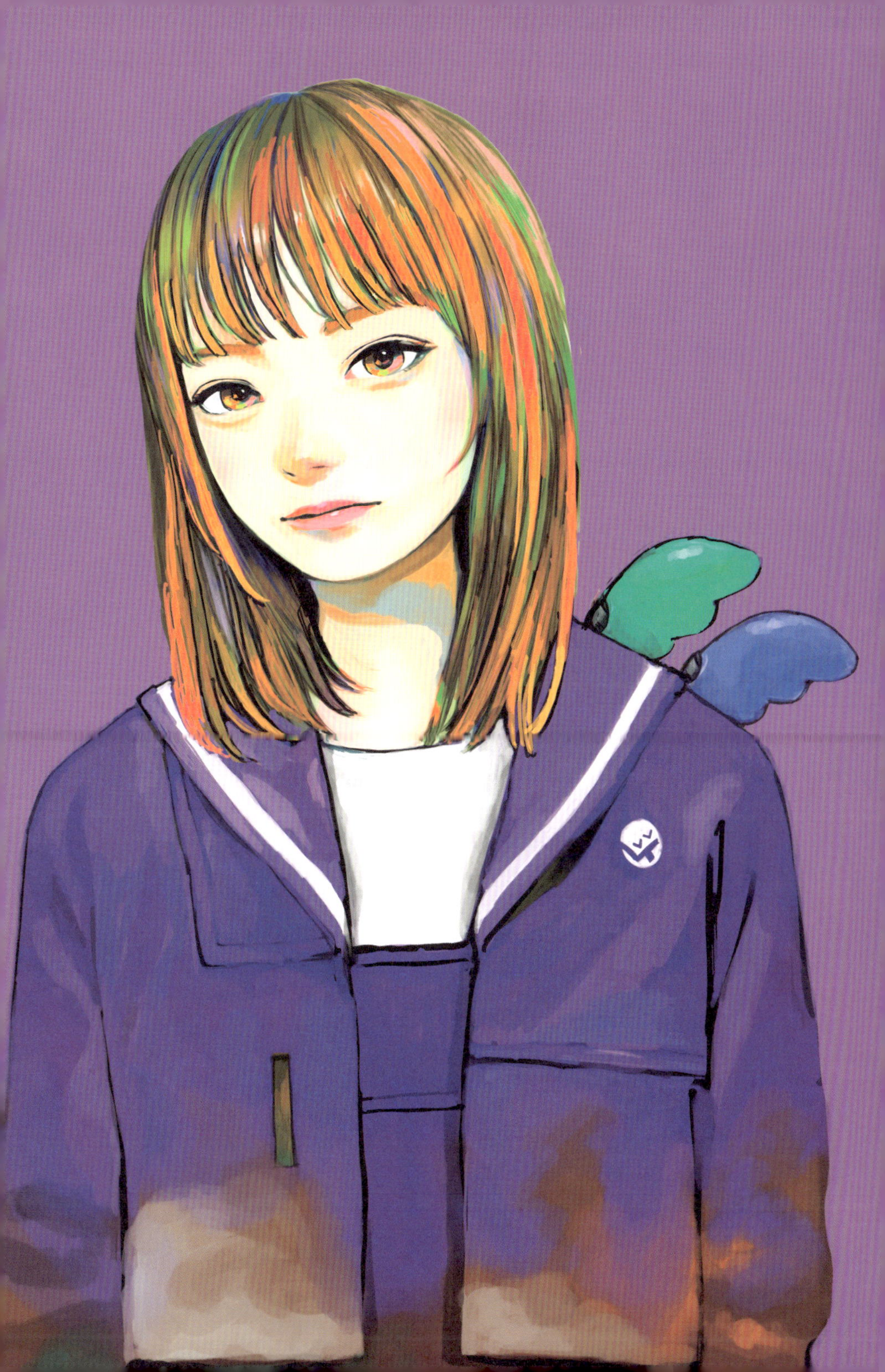

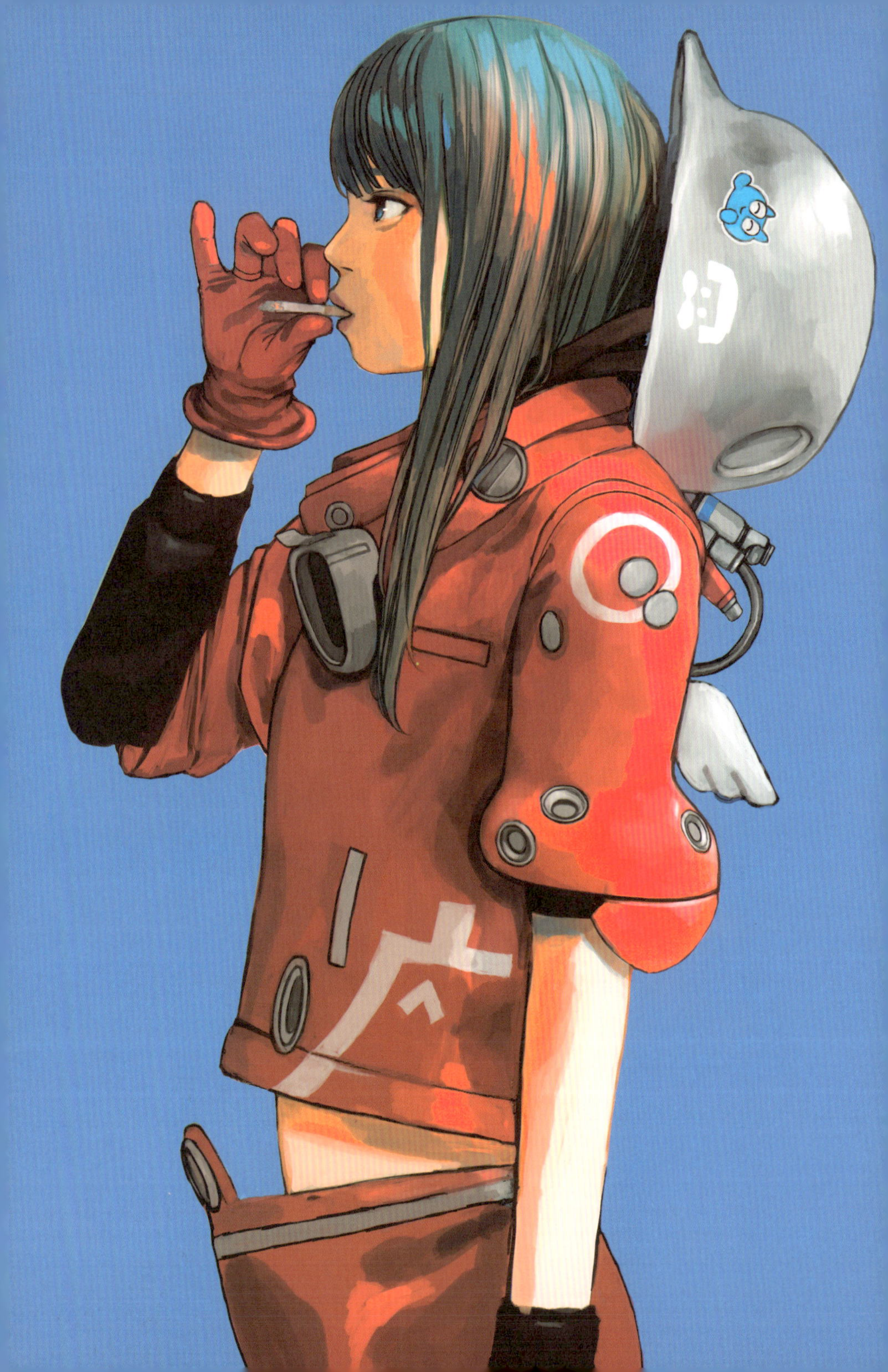

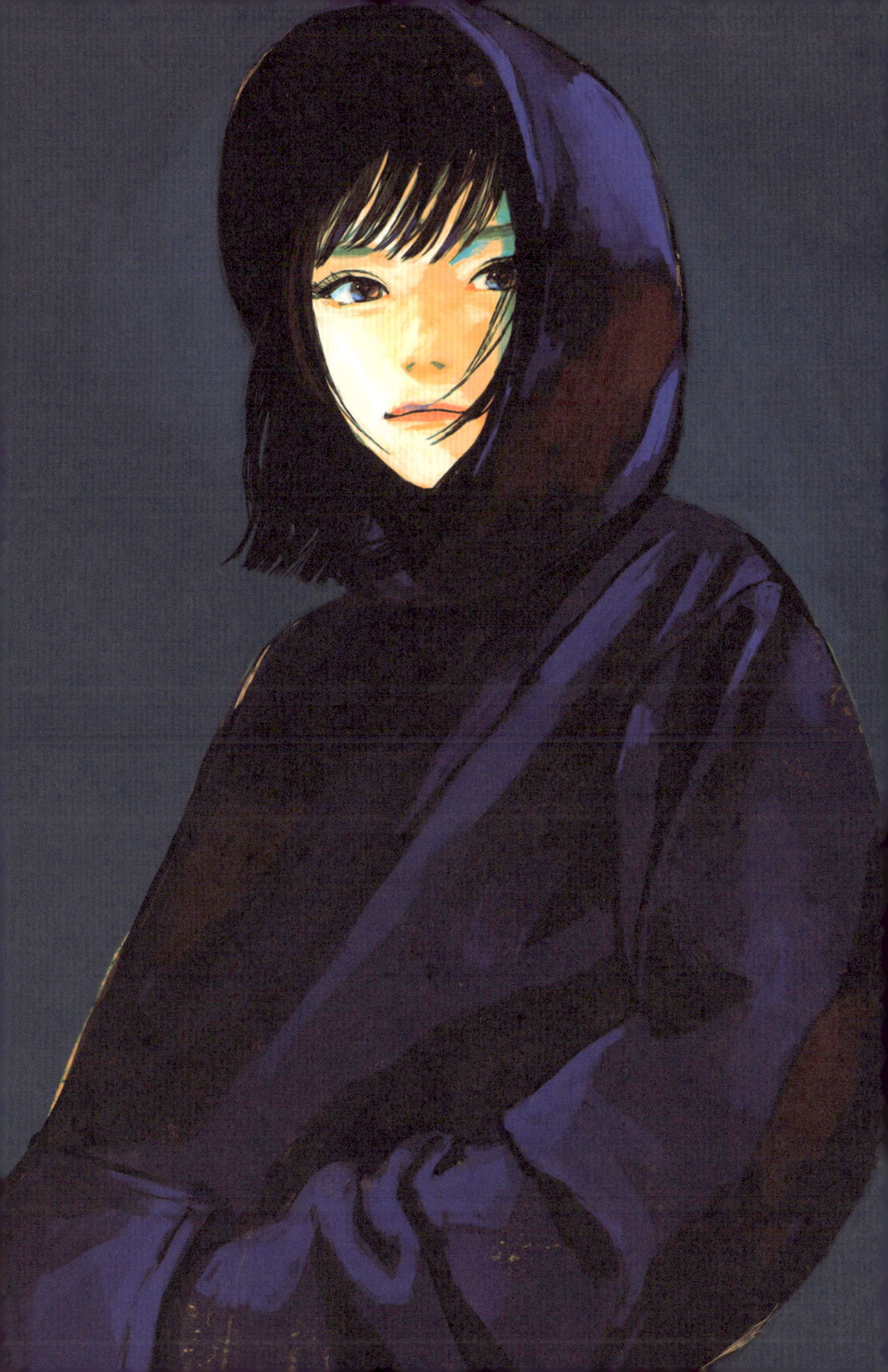

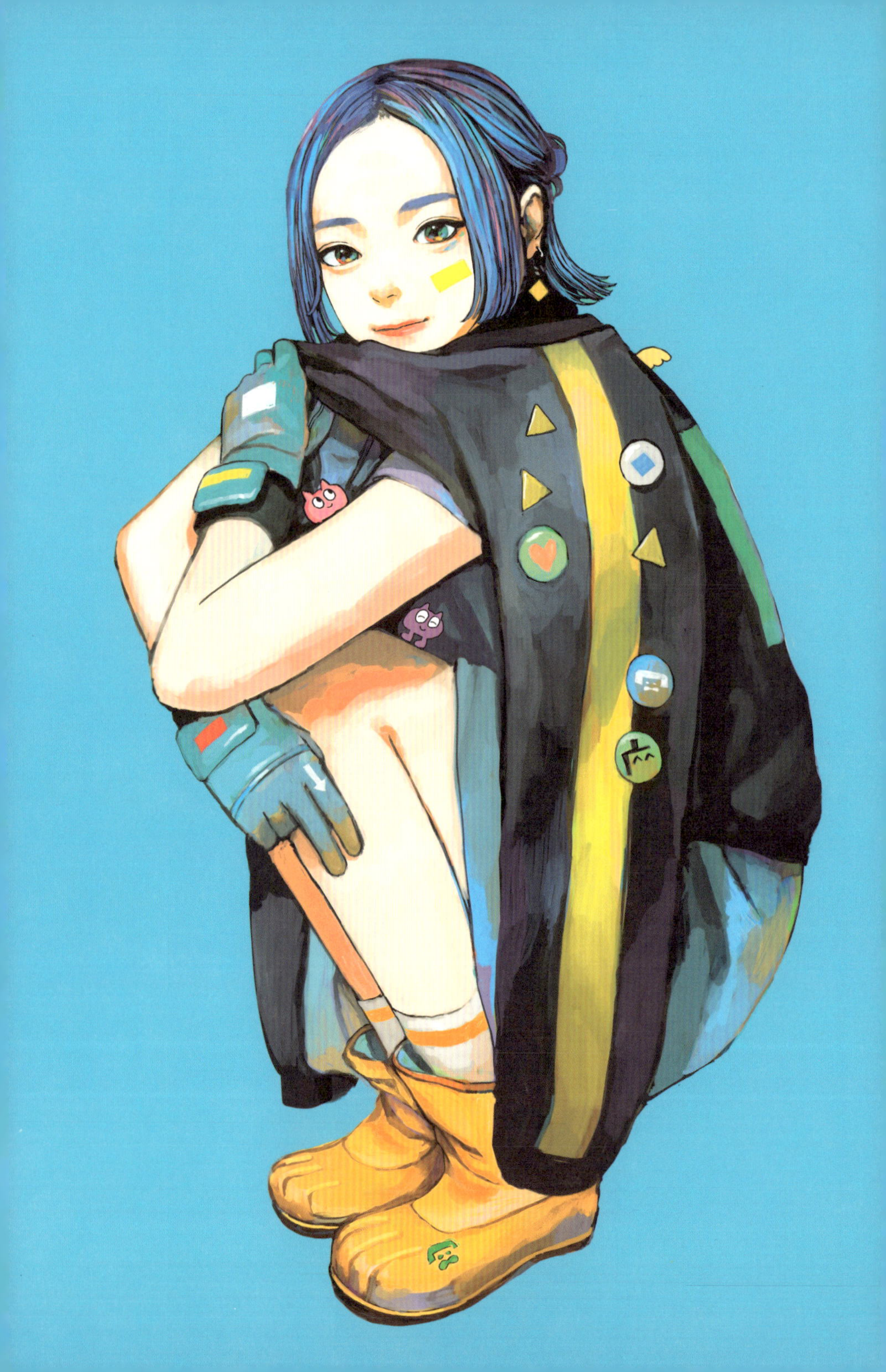

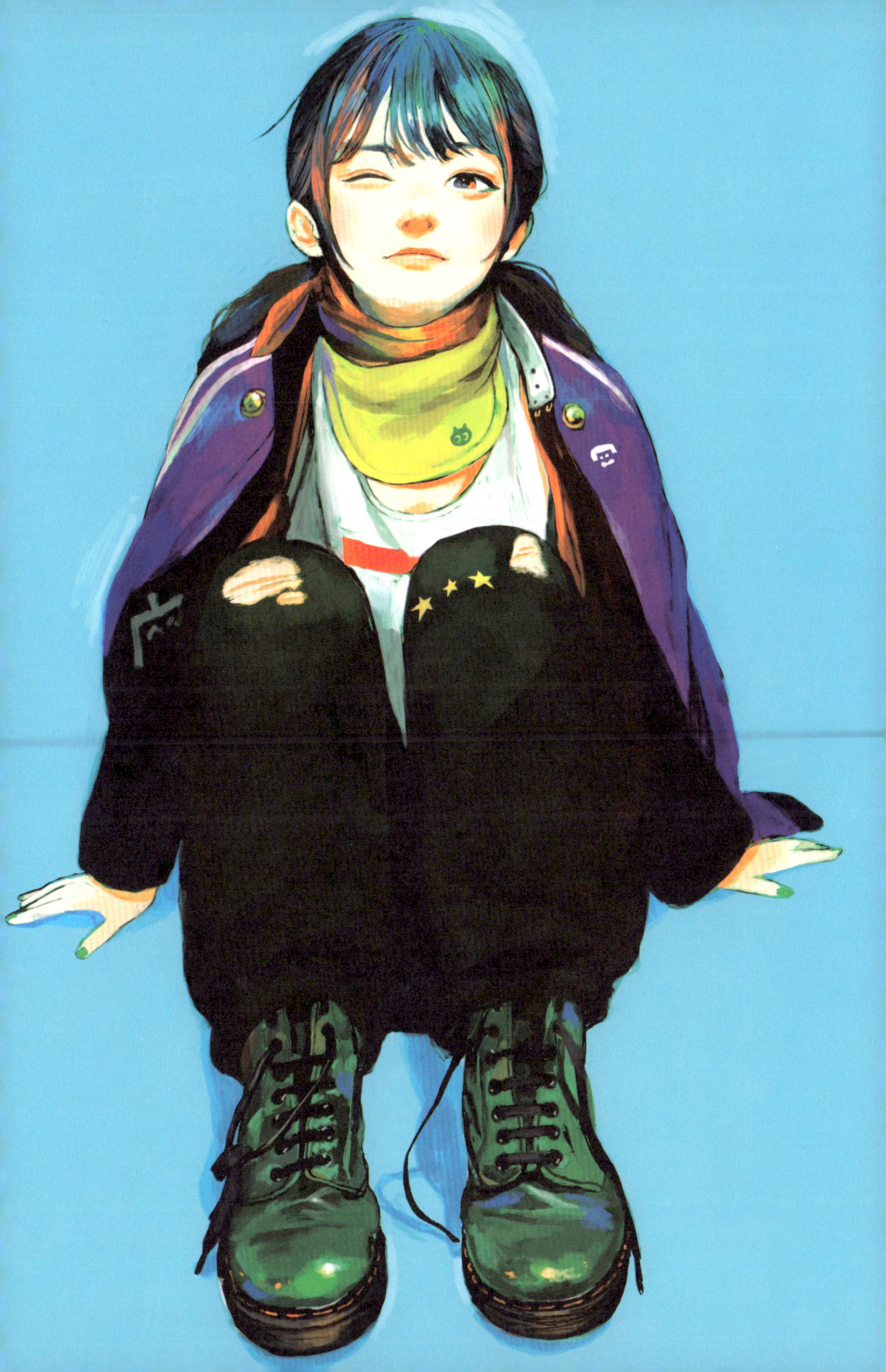

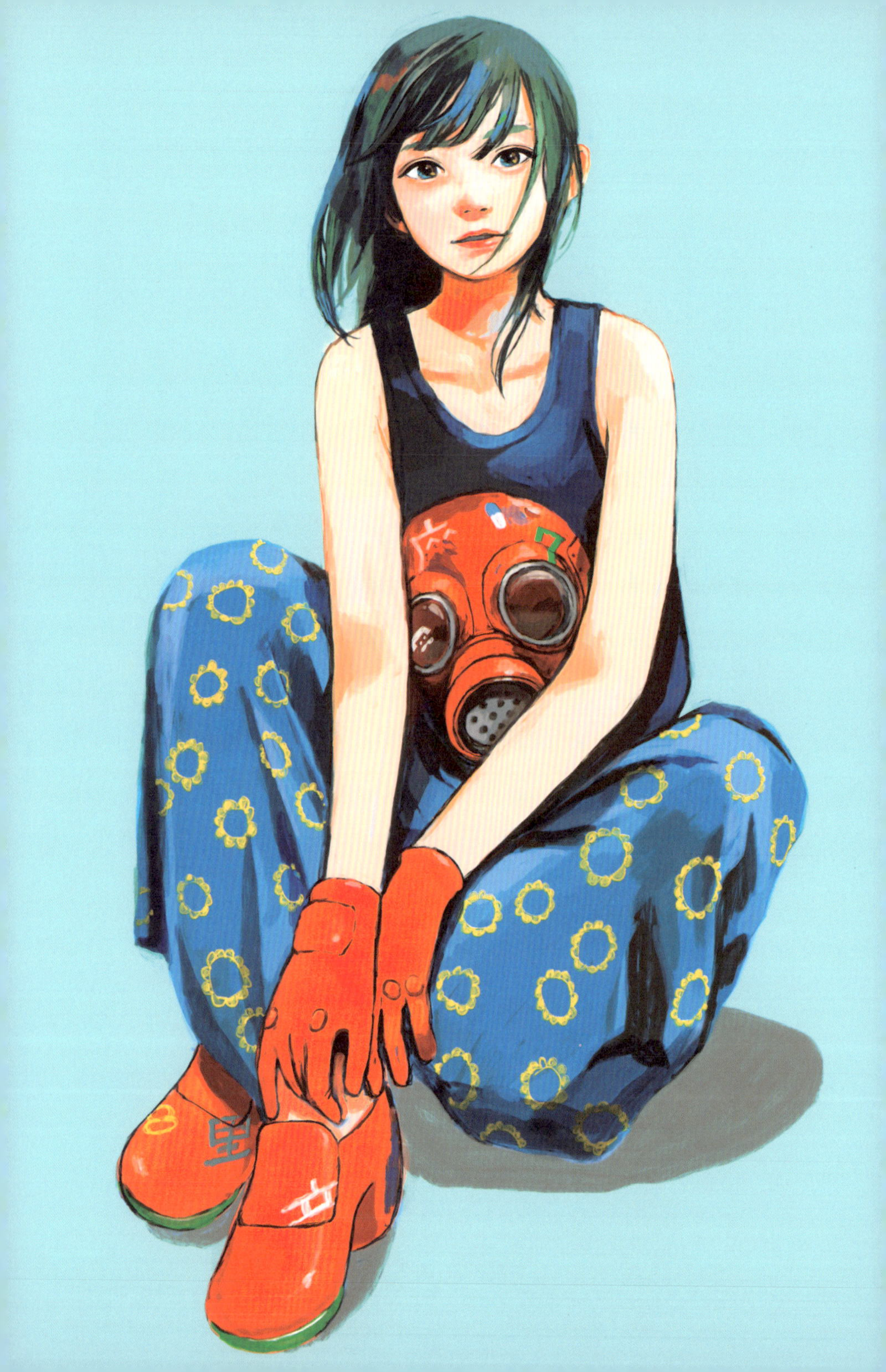

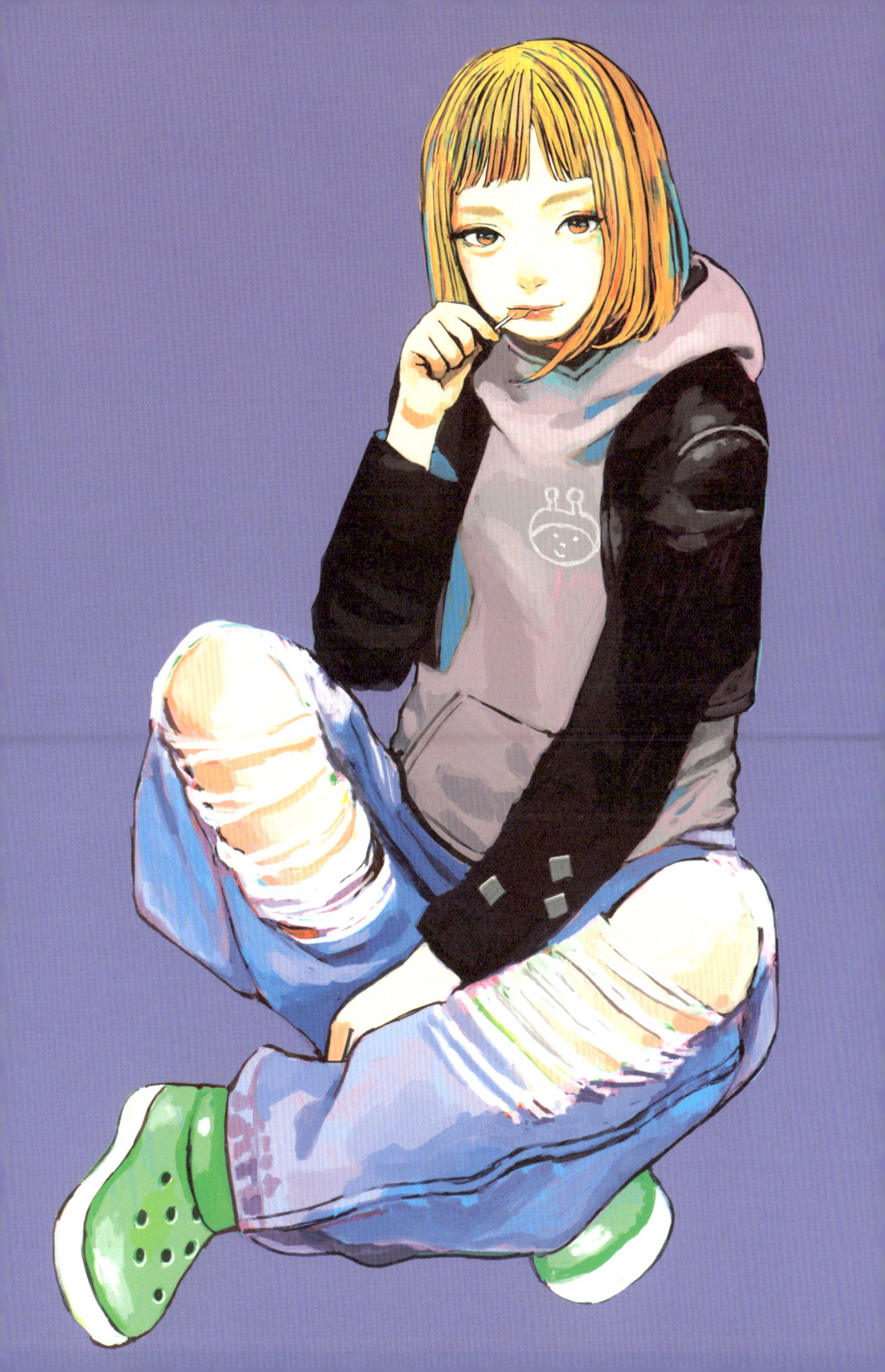

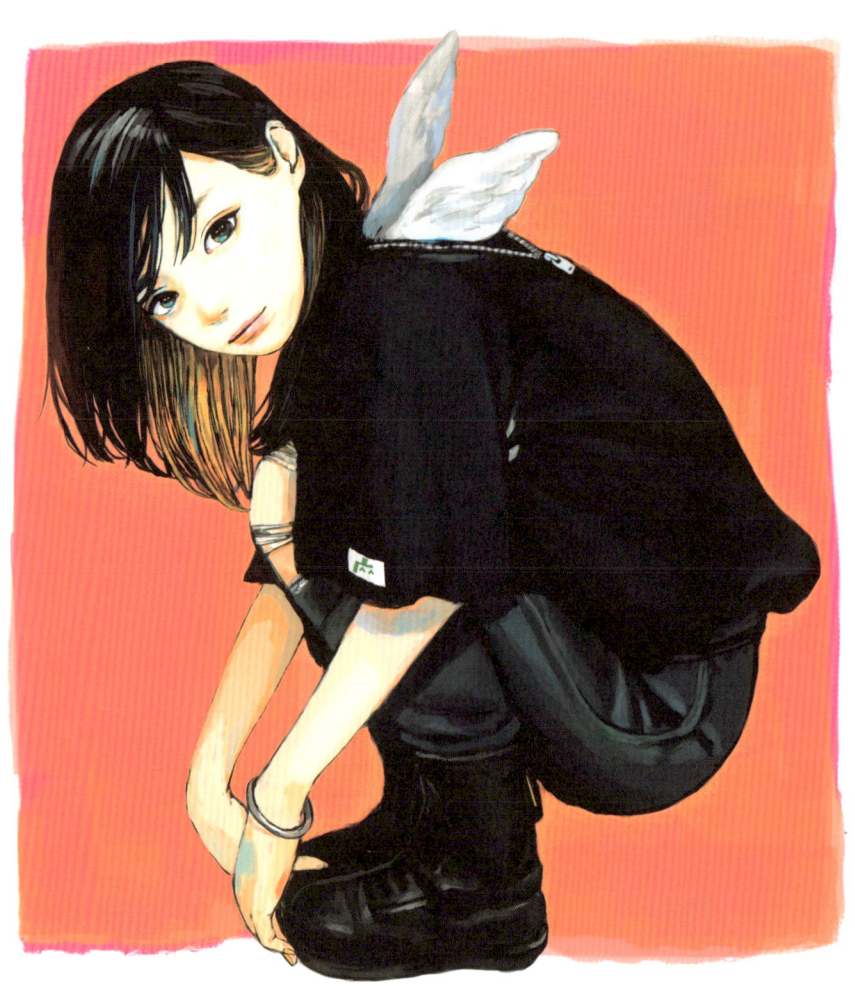

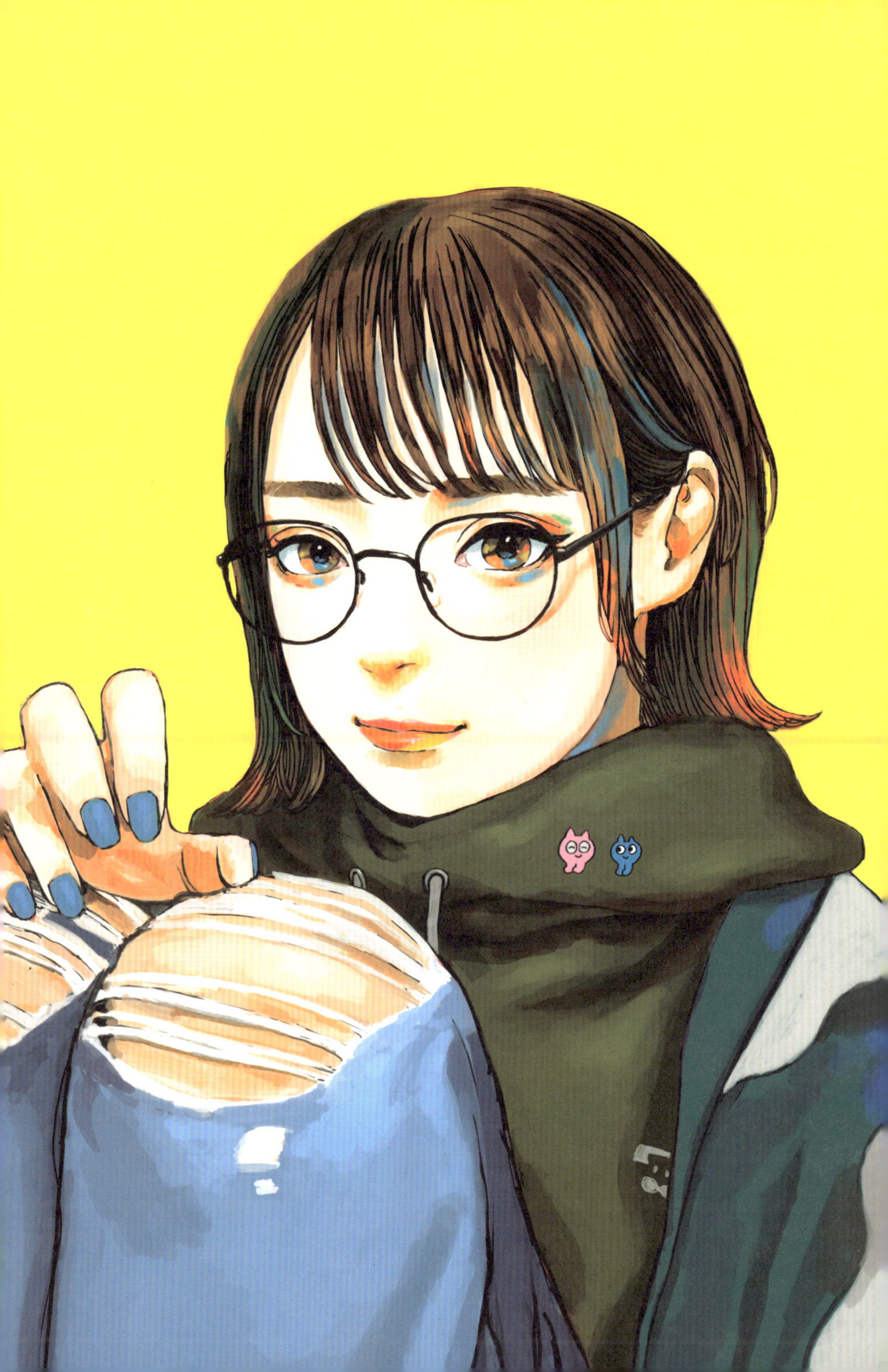

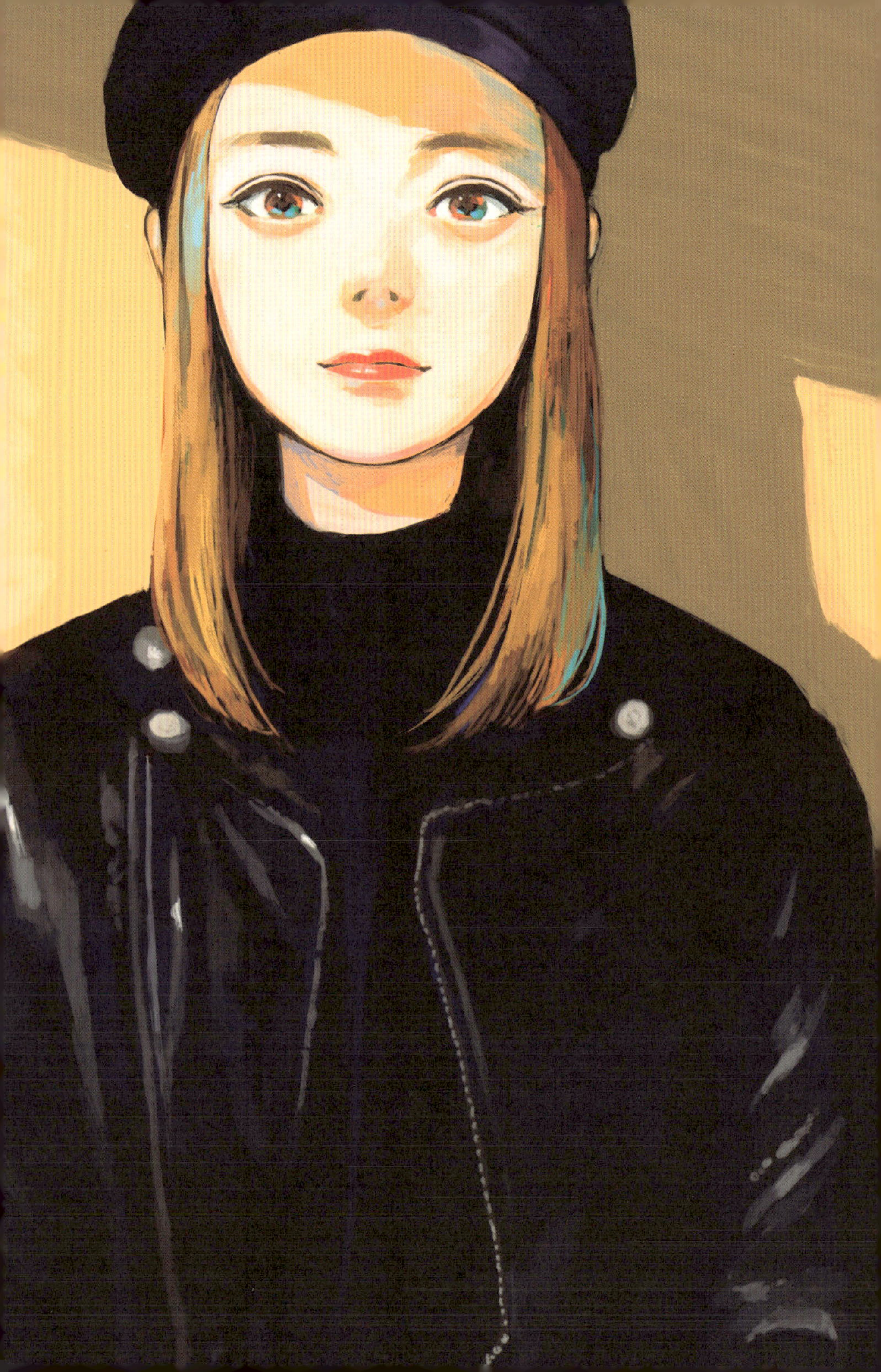

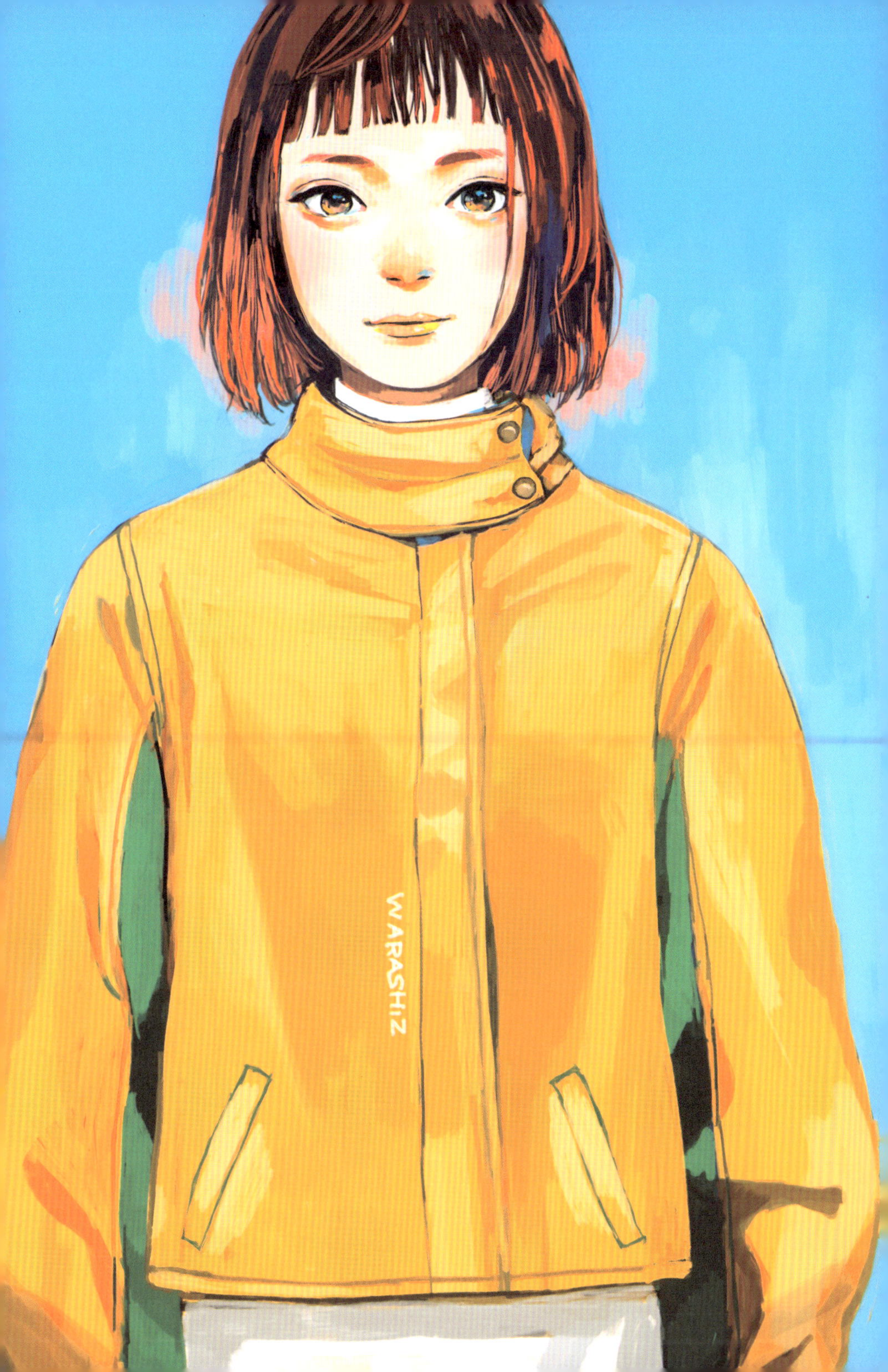
WARASHiZ

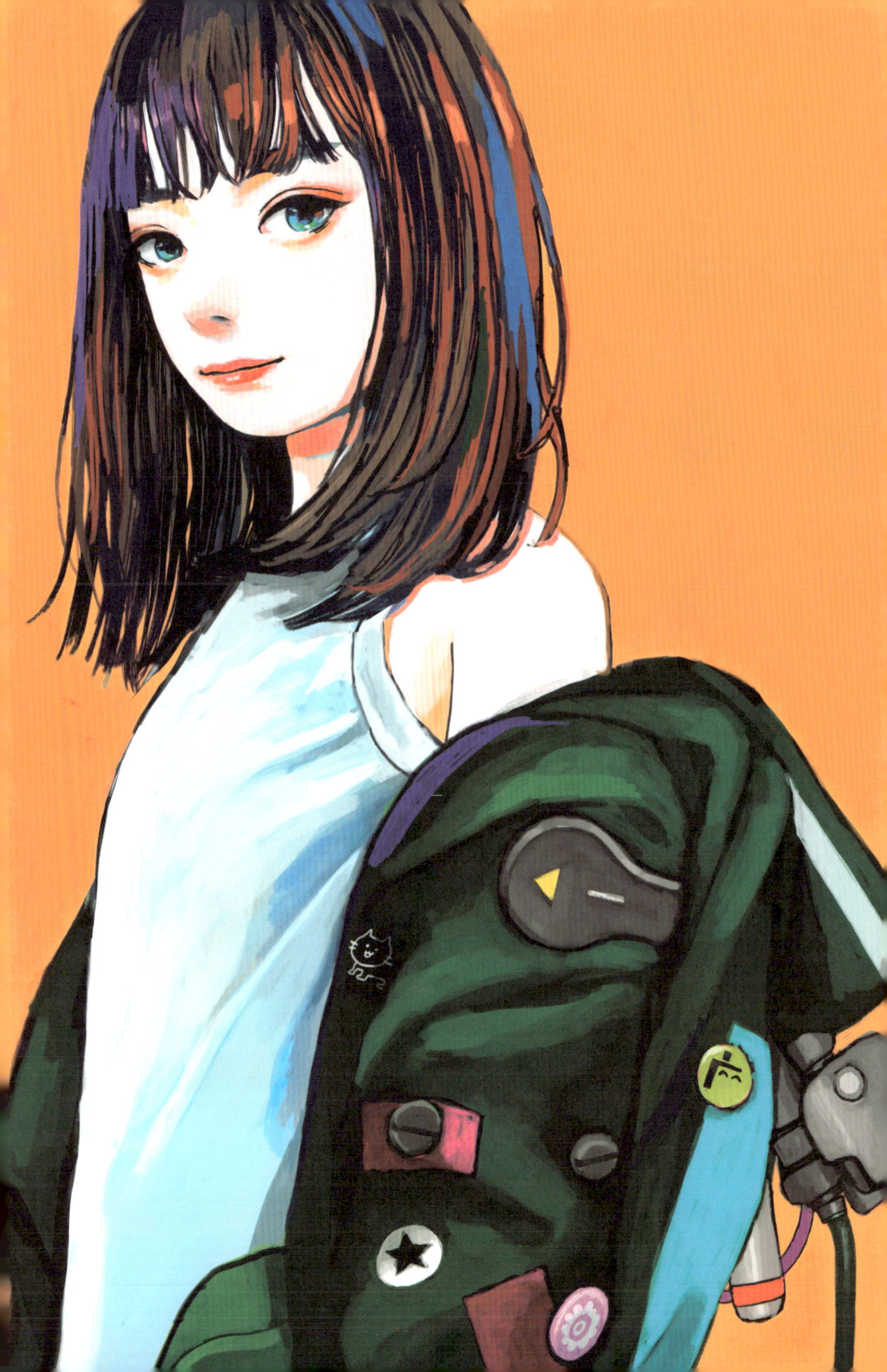

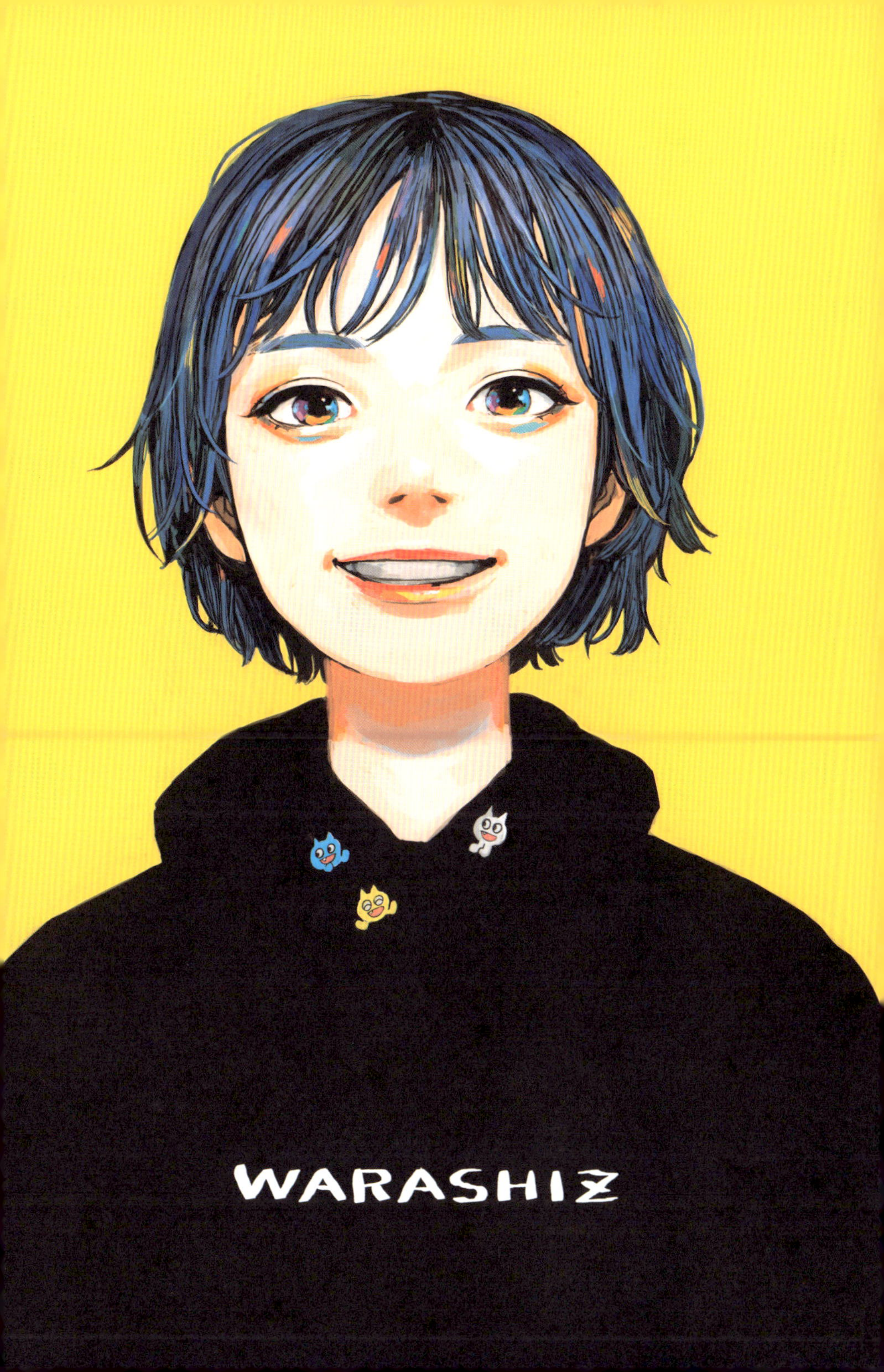
WARASHIZ

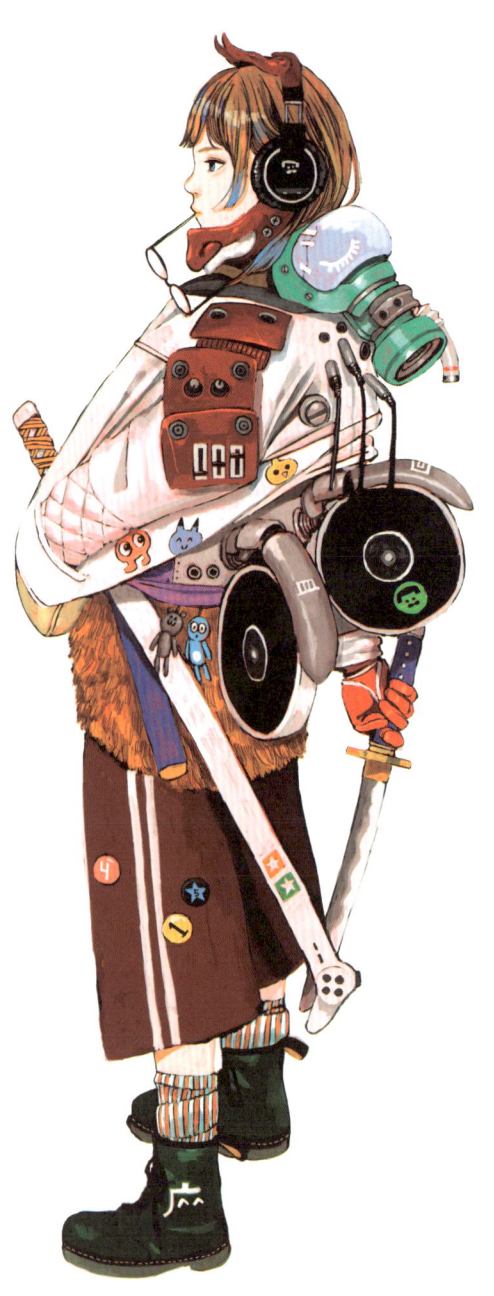

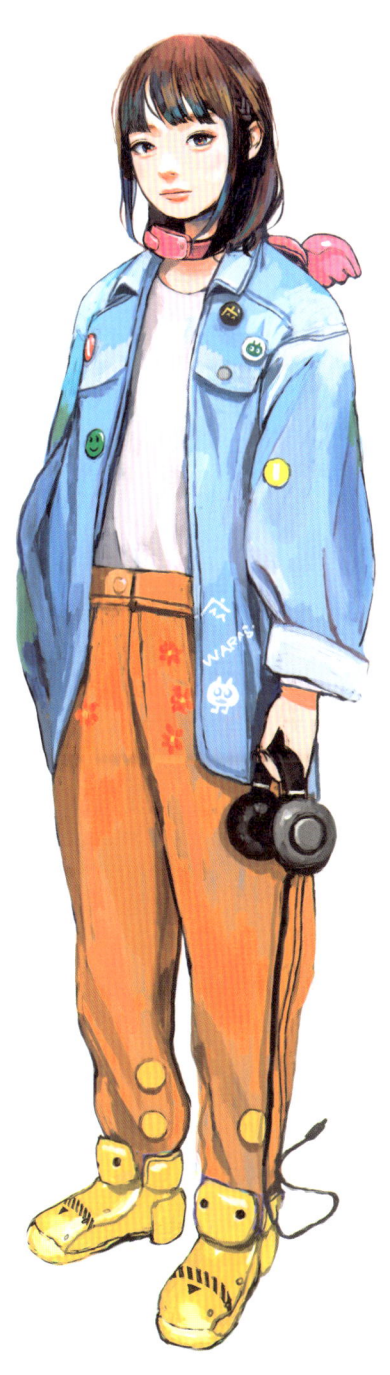

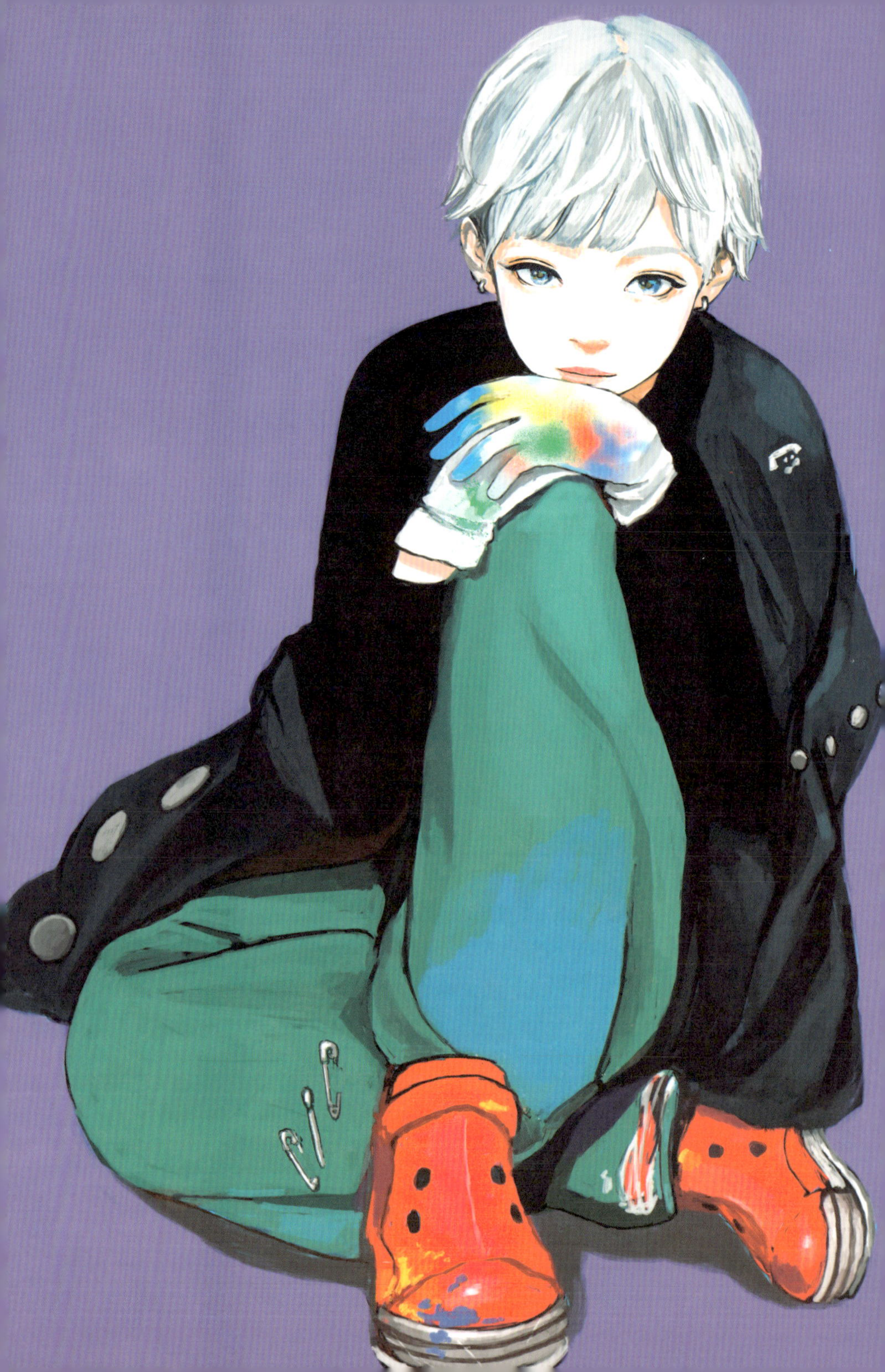

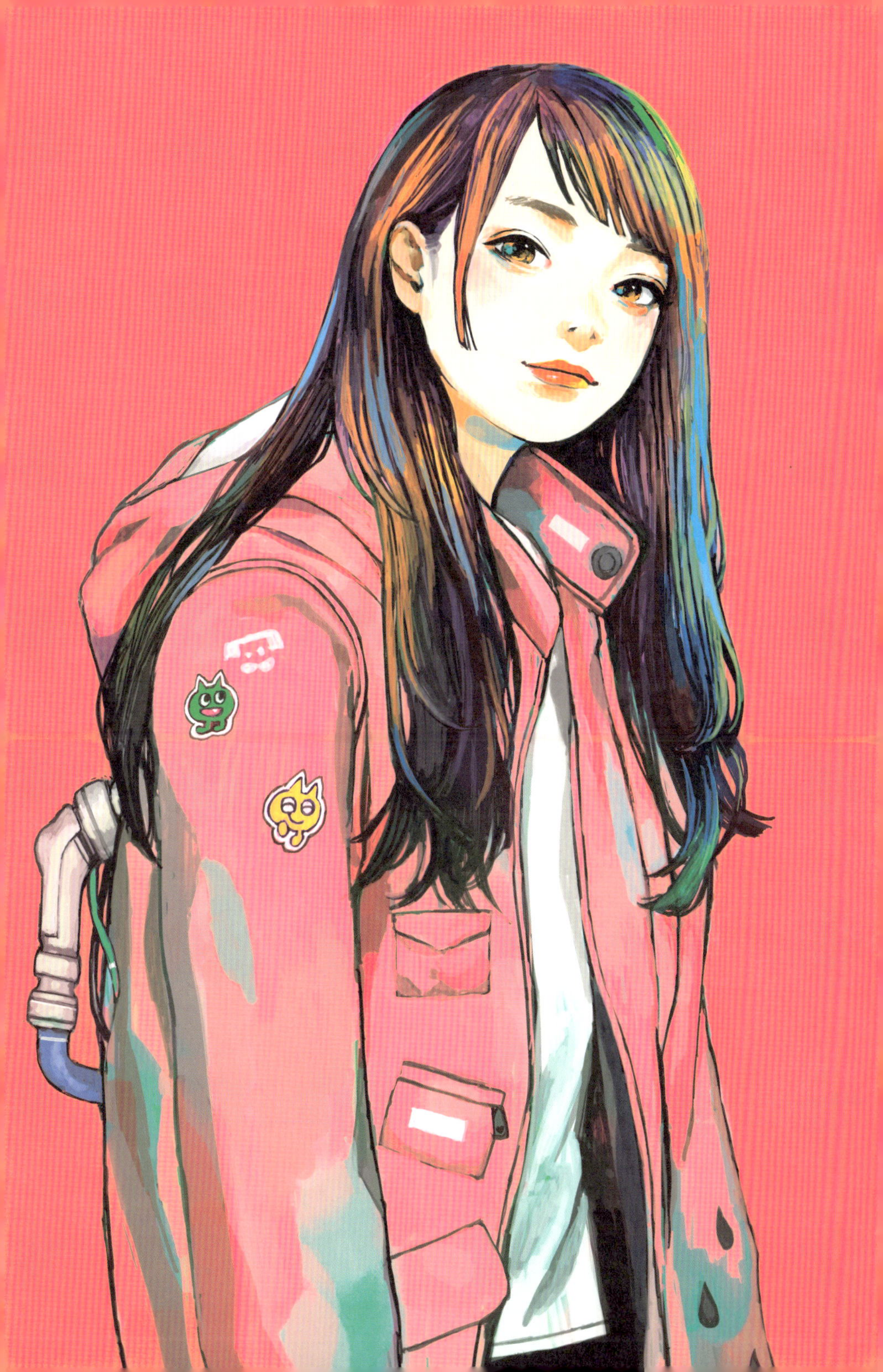

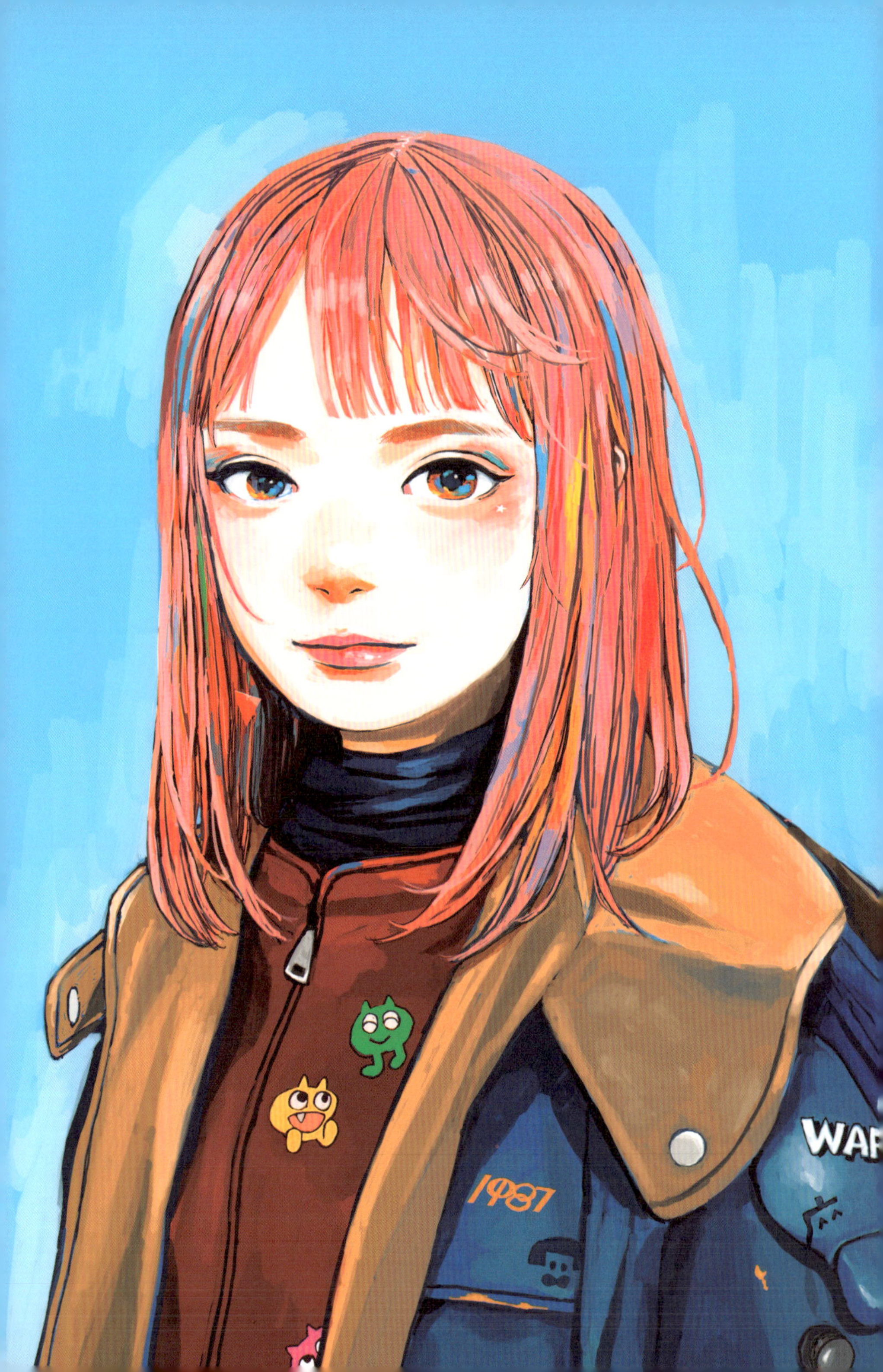
WAR
1987

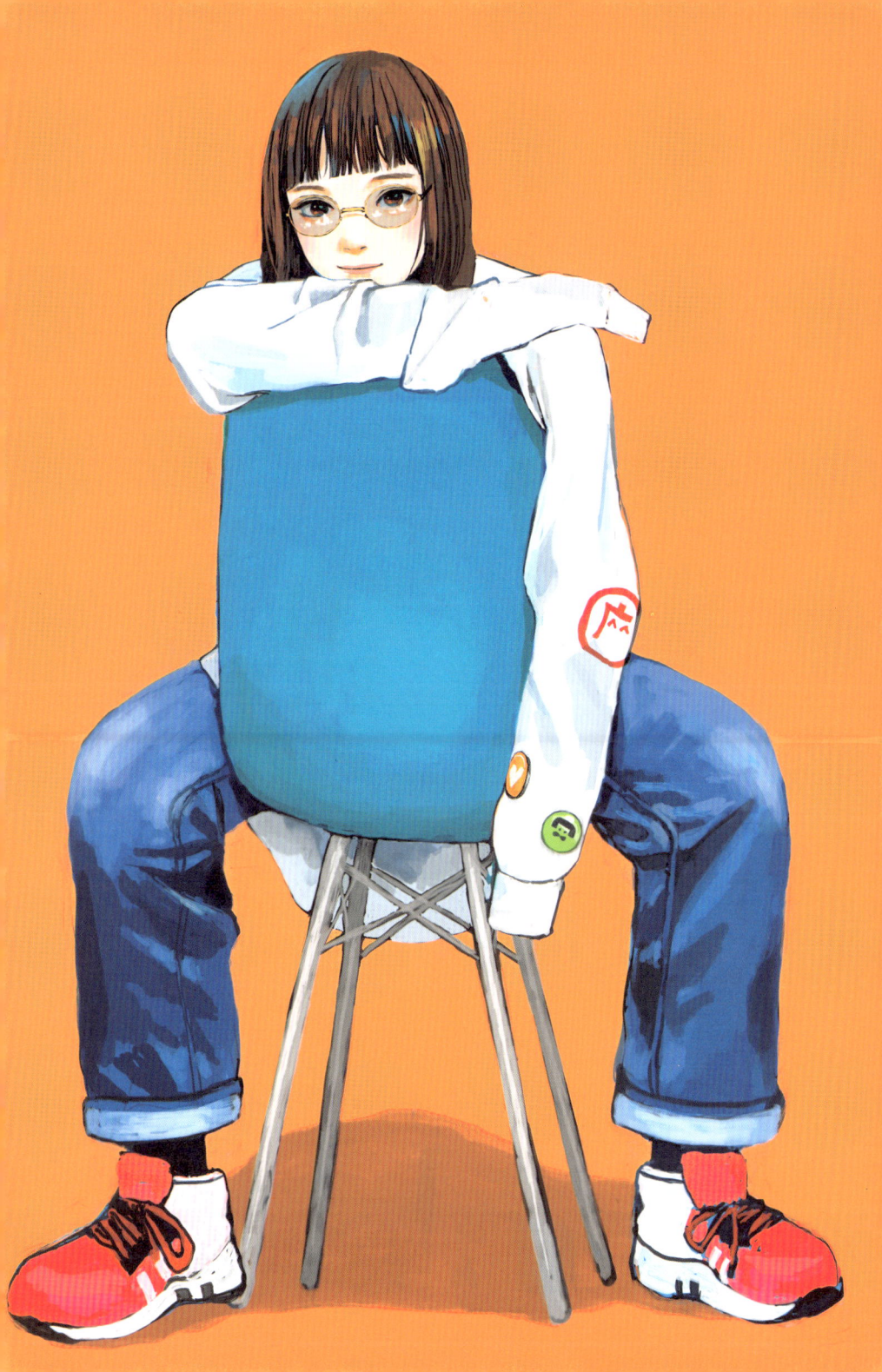

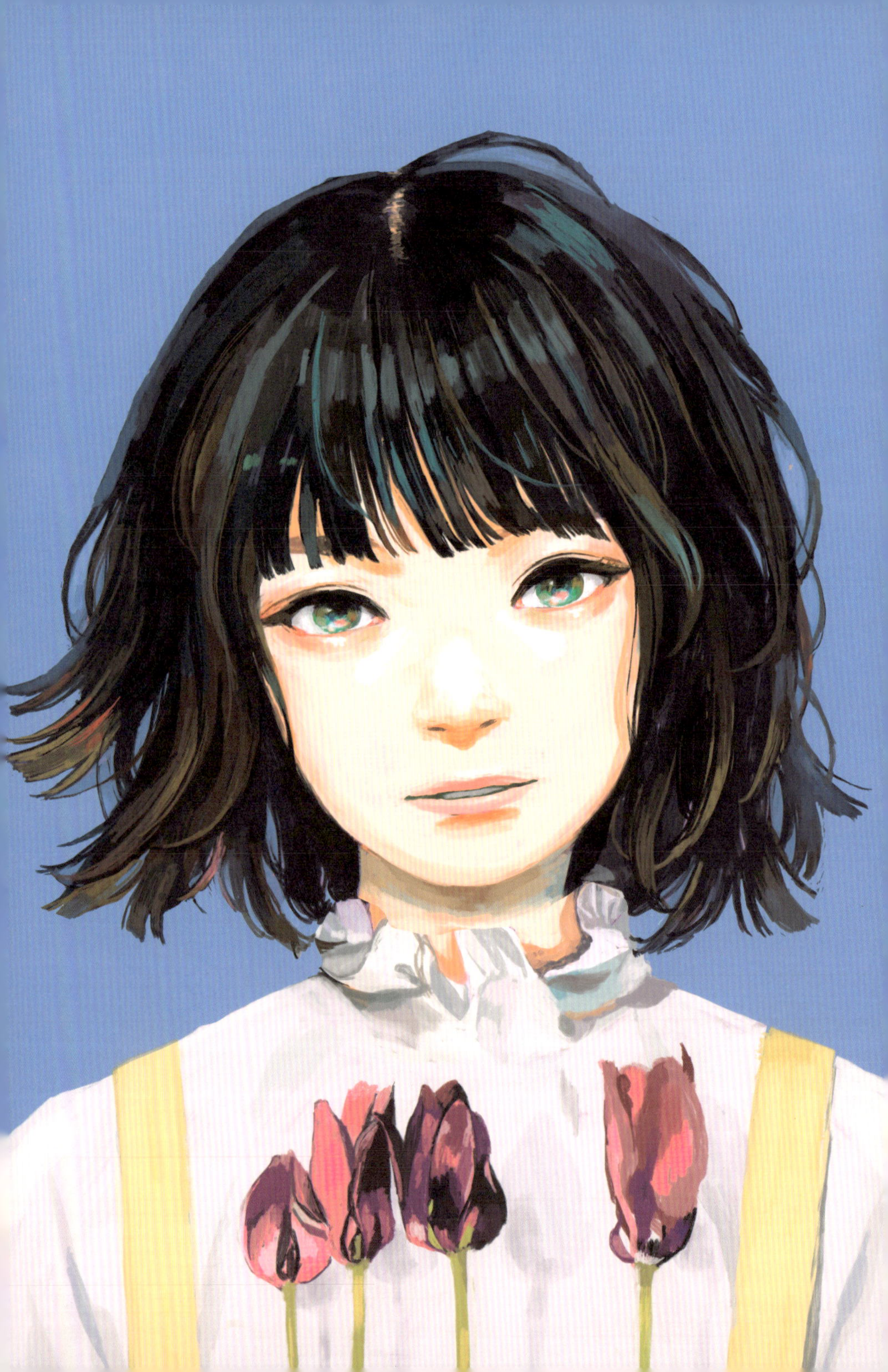

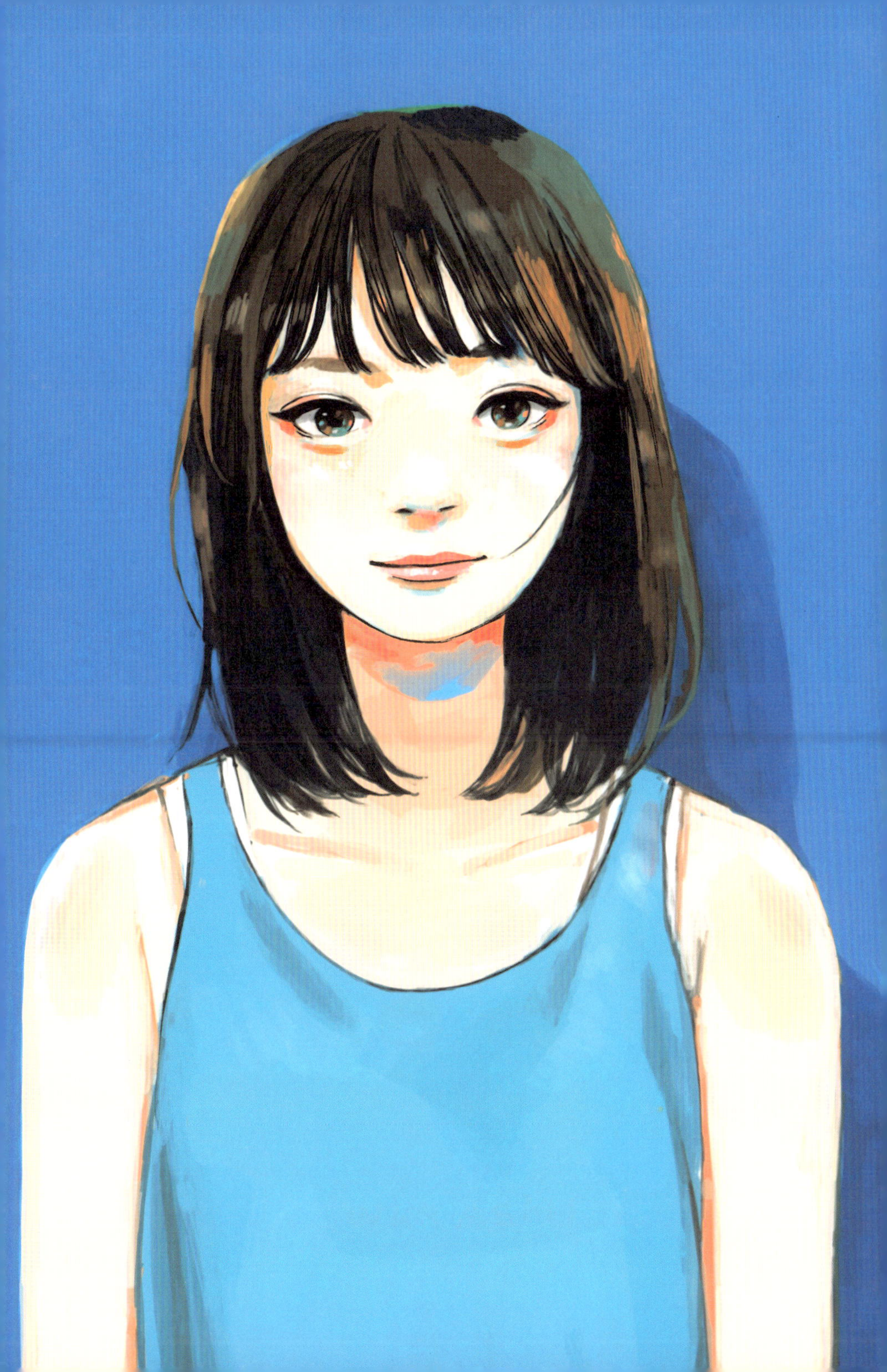

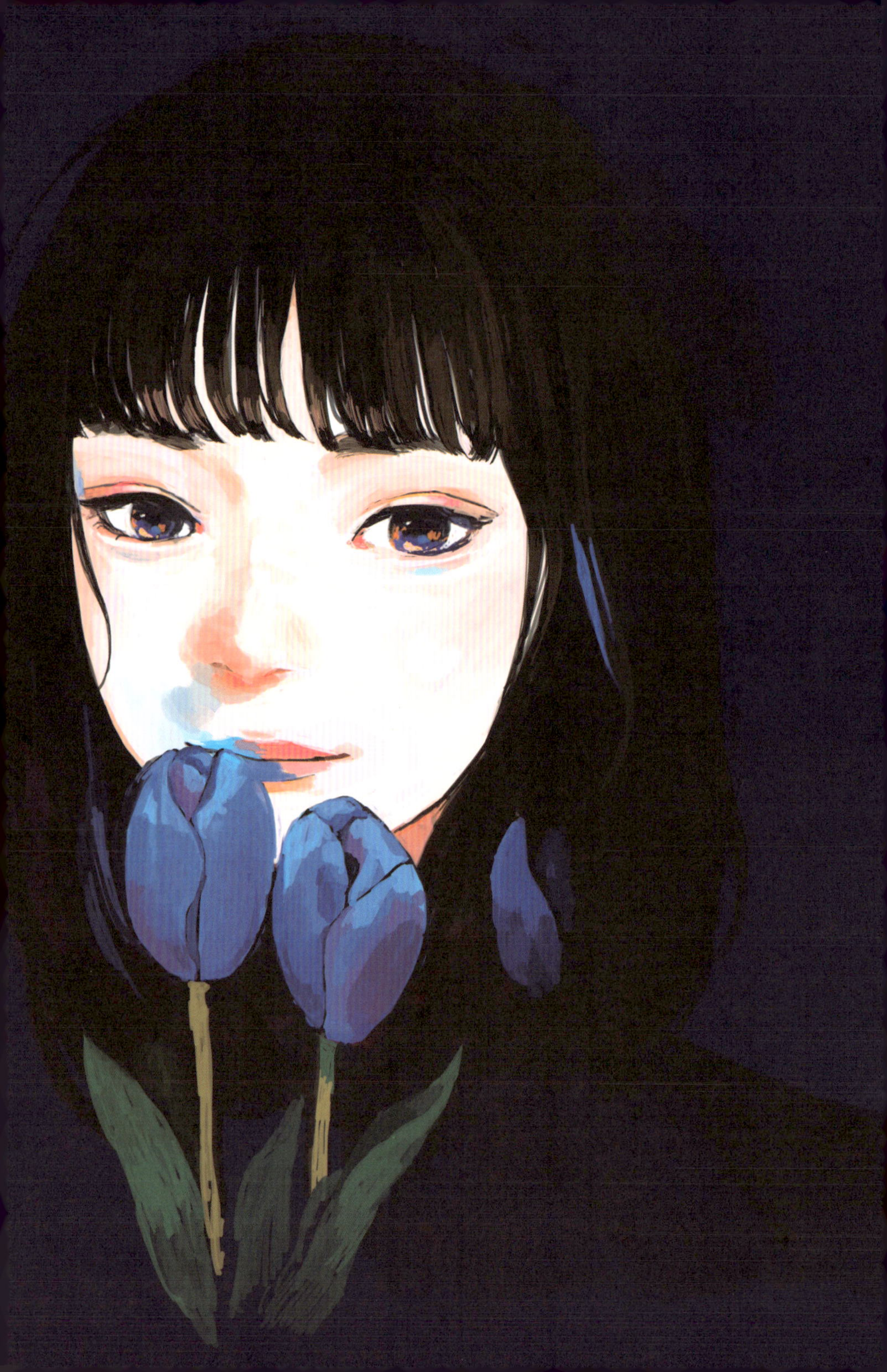

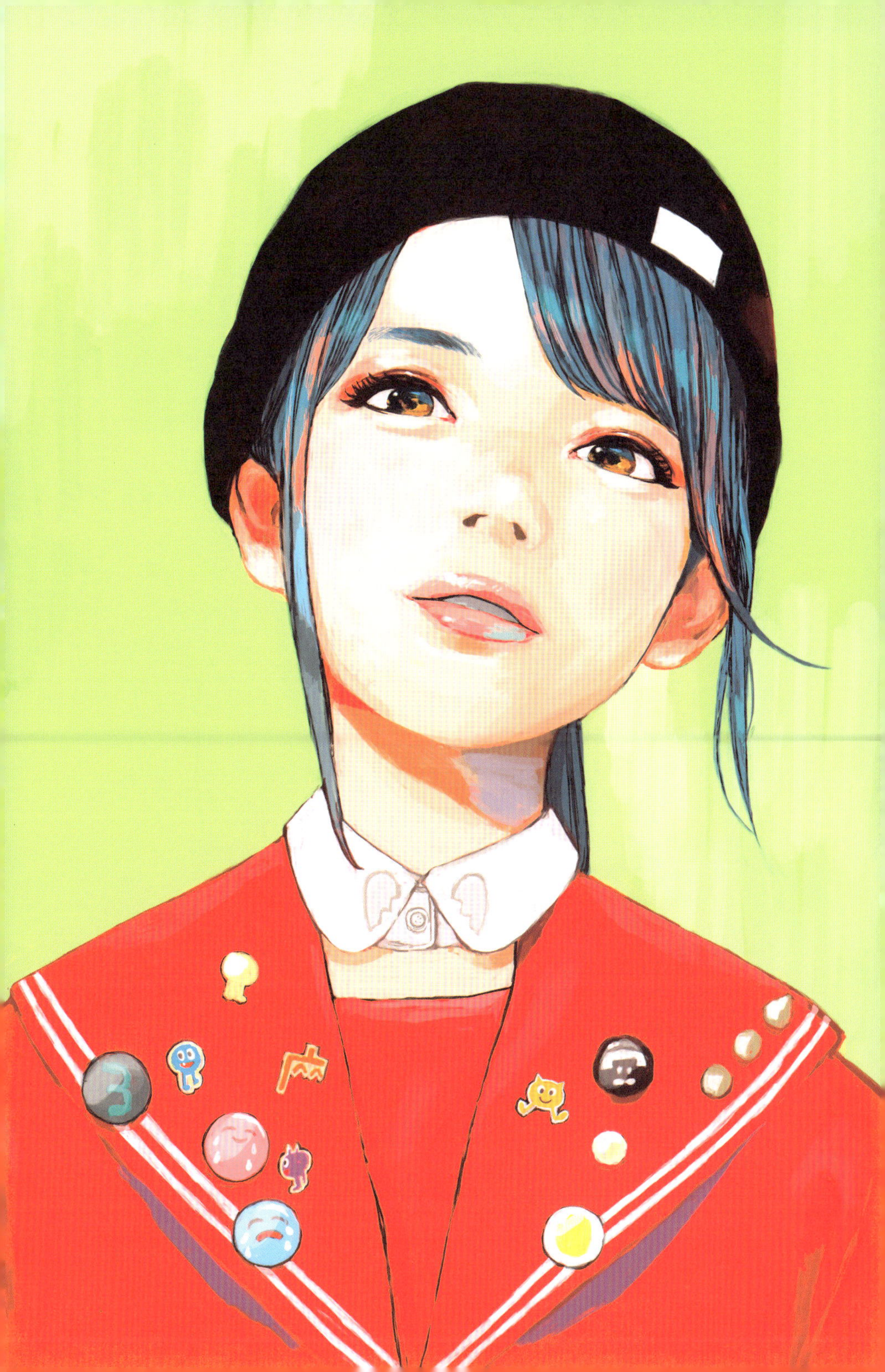

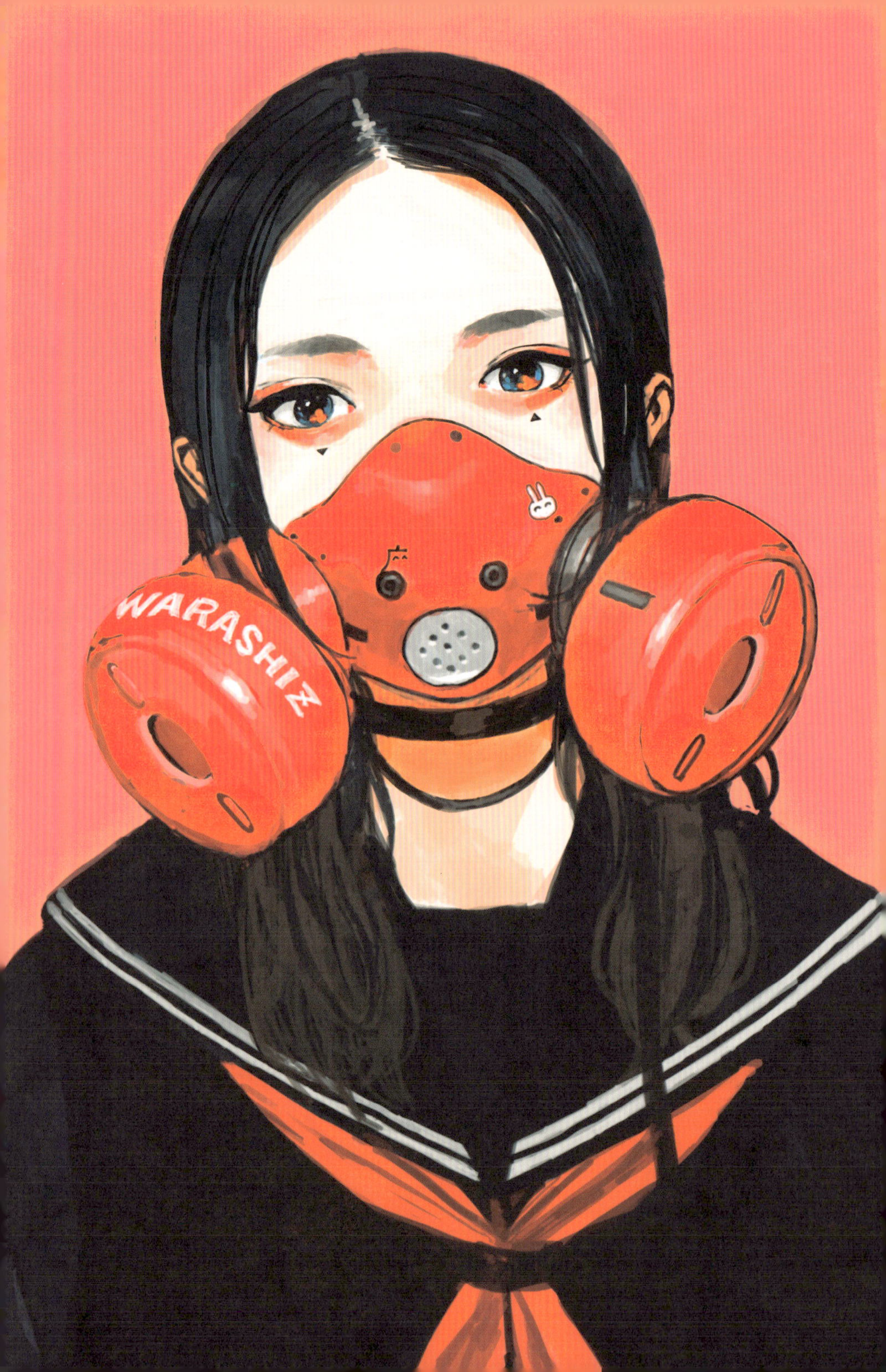
WARASHIZ

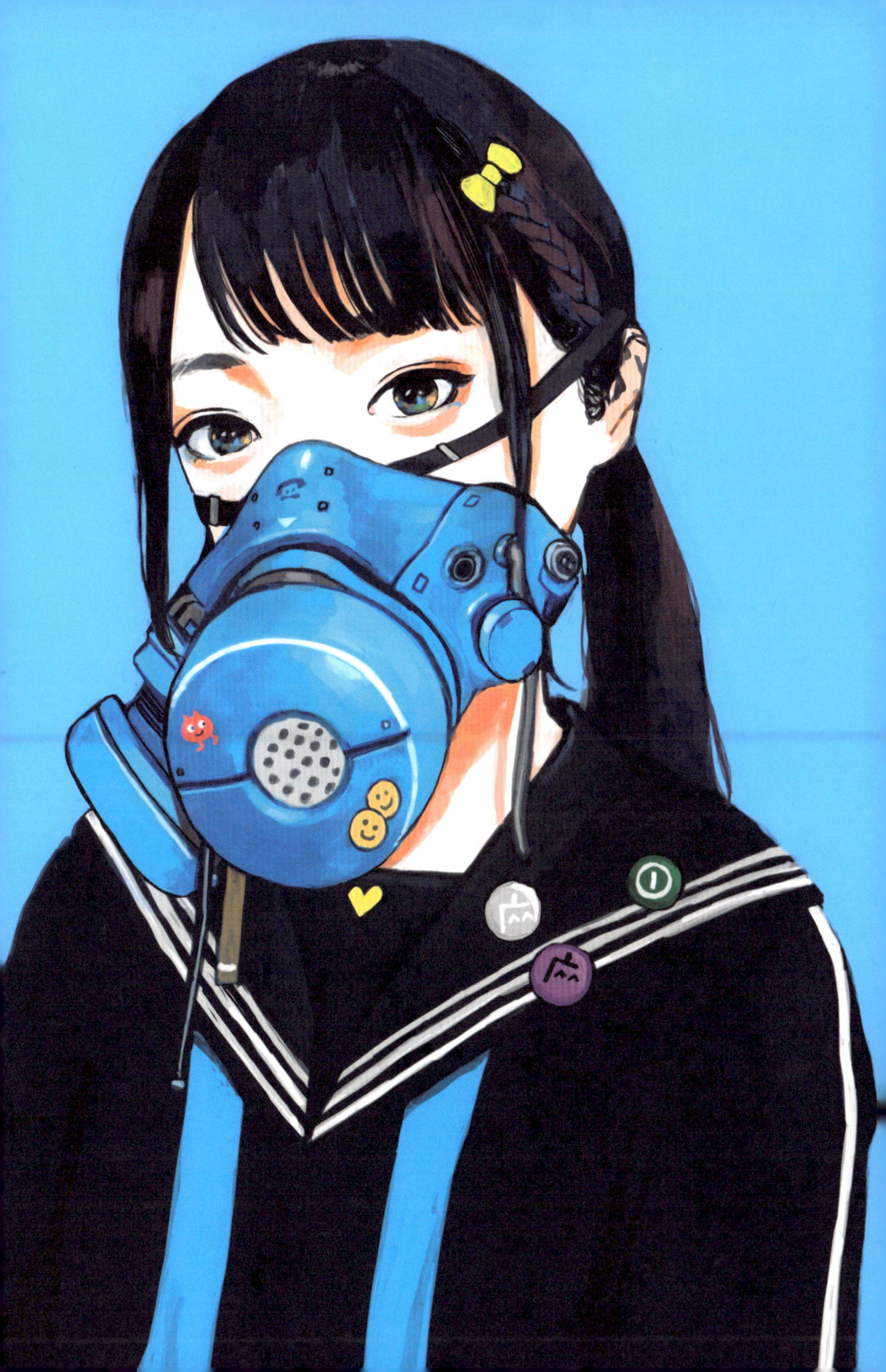

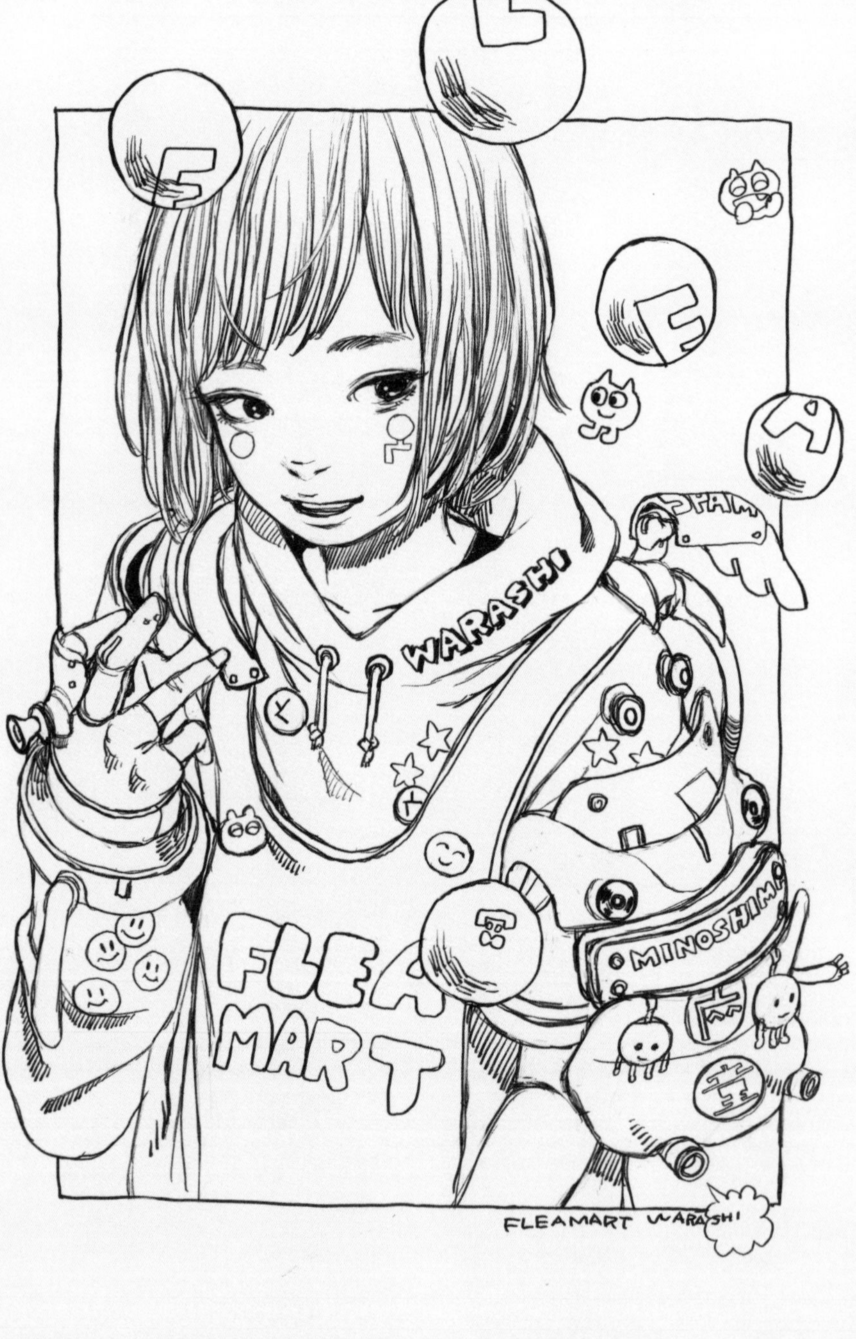
WARASHI
FLEA MART
MINOSHIMA
FLEAMART WARASHI

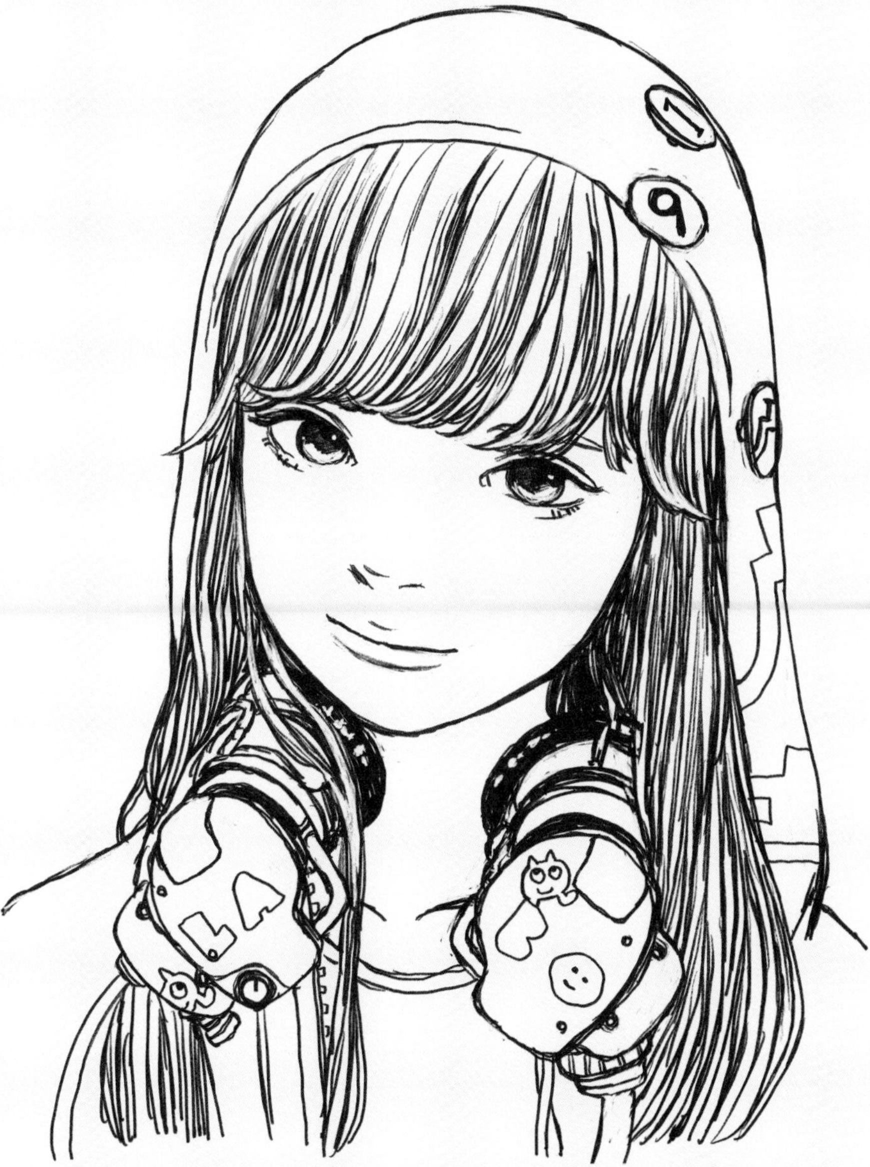

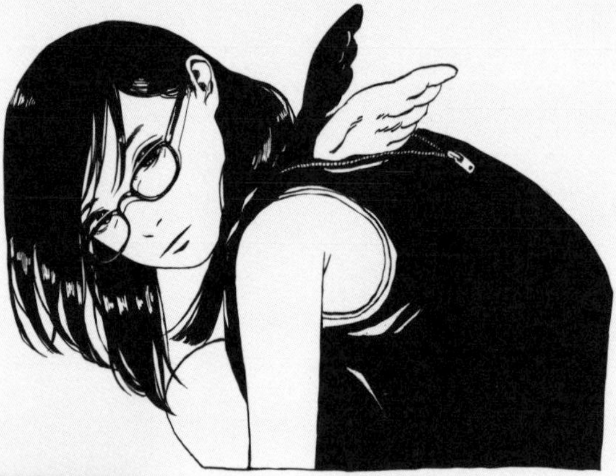

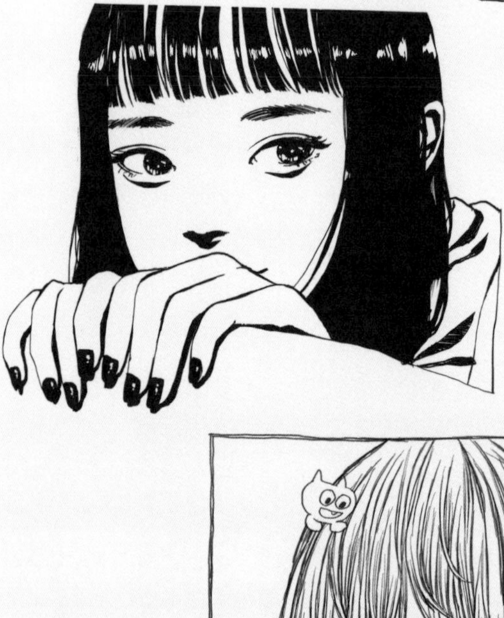

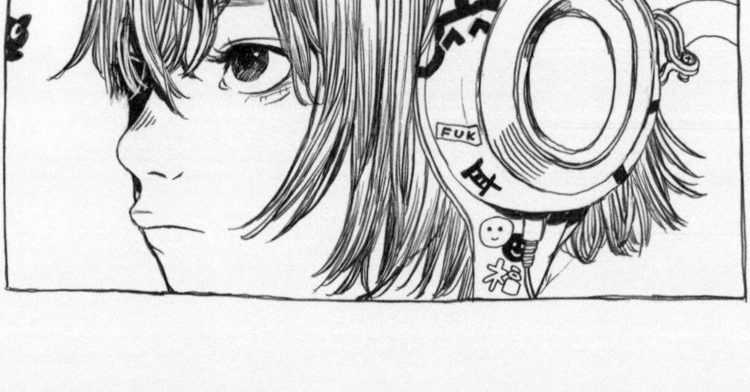
FUK

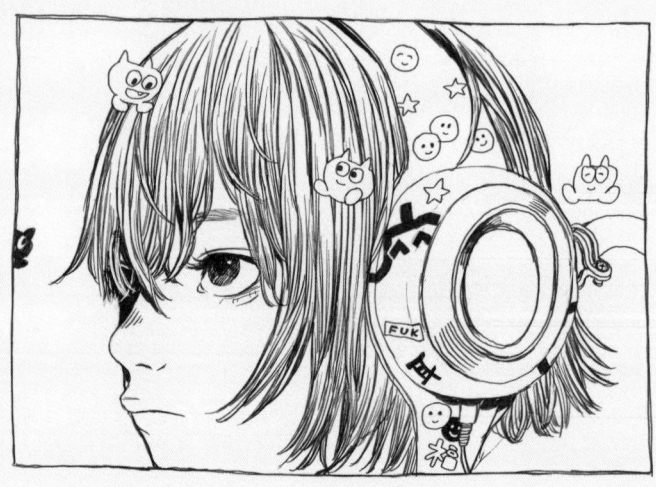

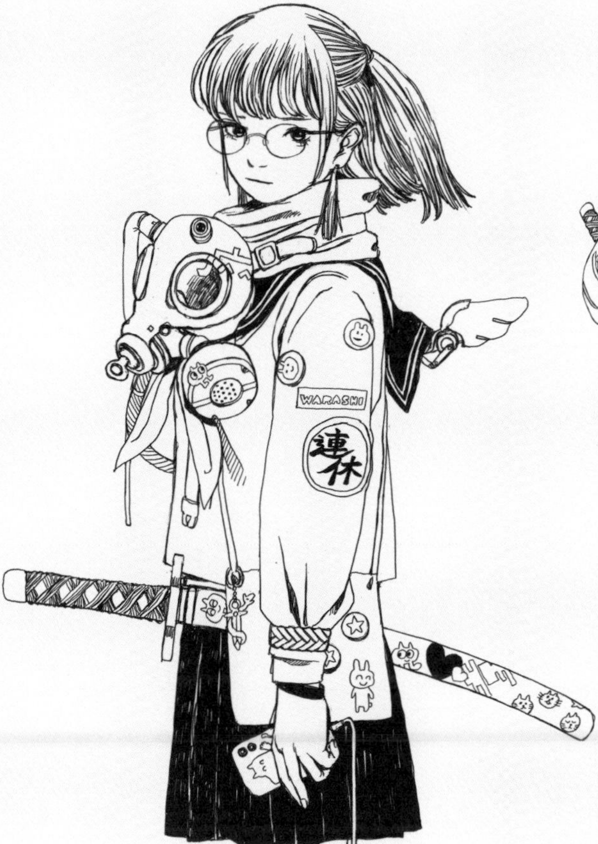
WARASHI
連休
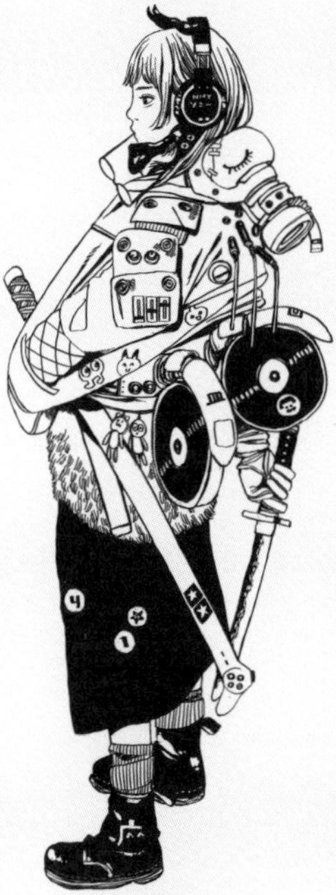
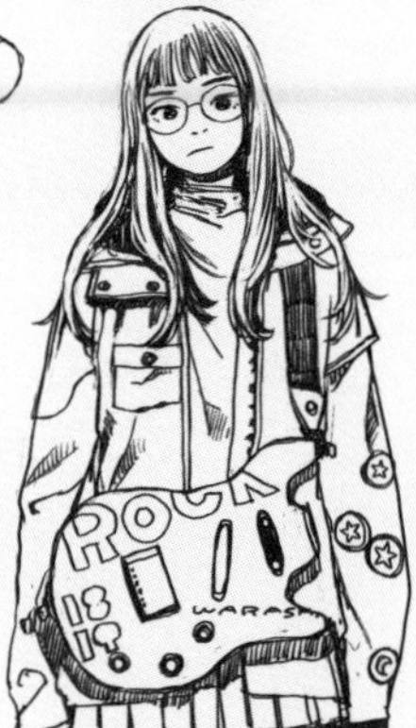

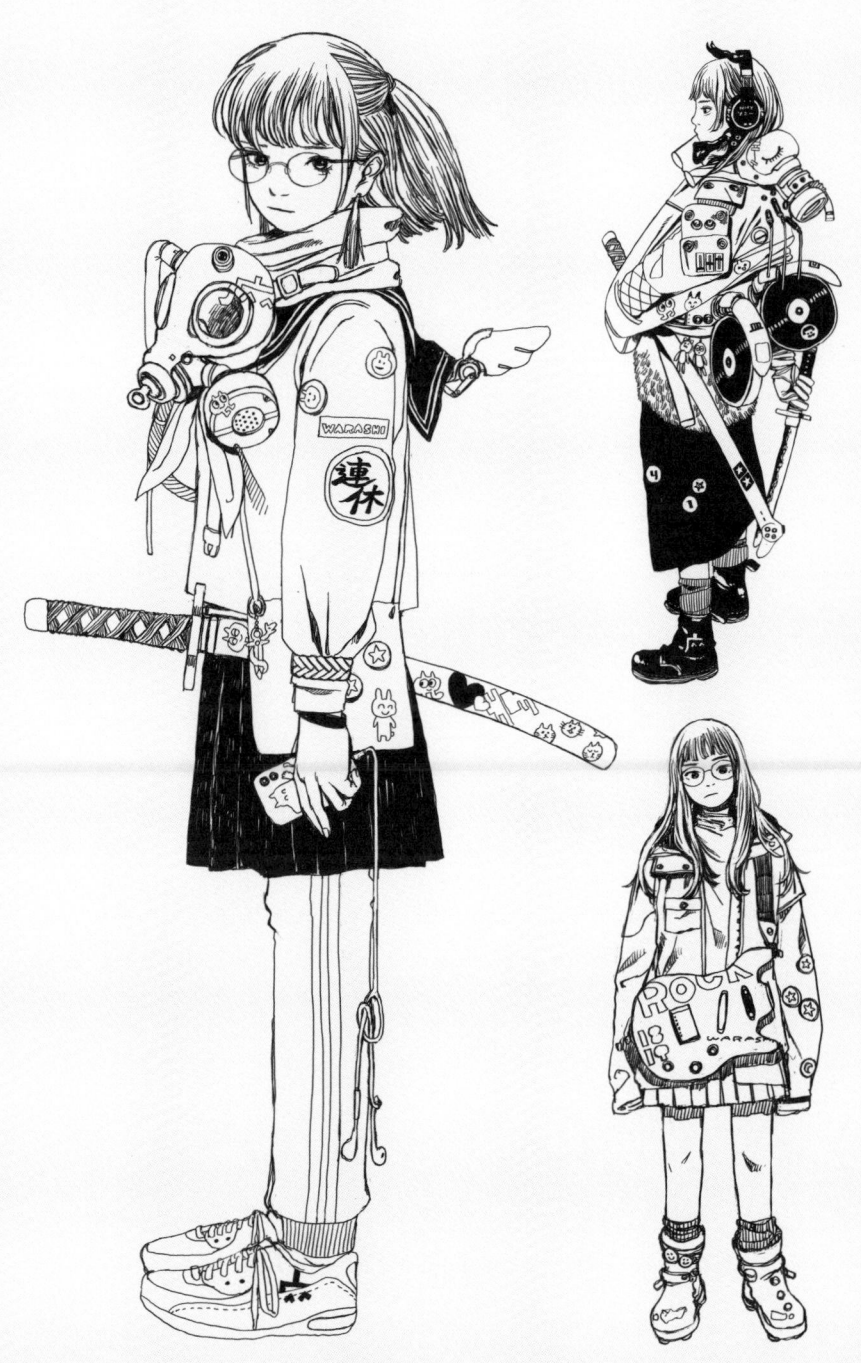

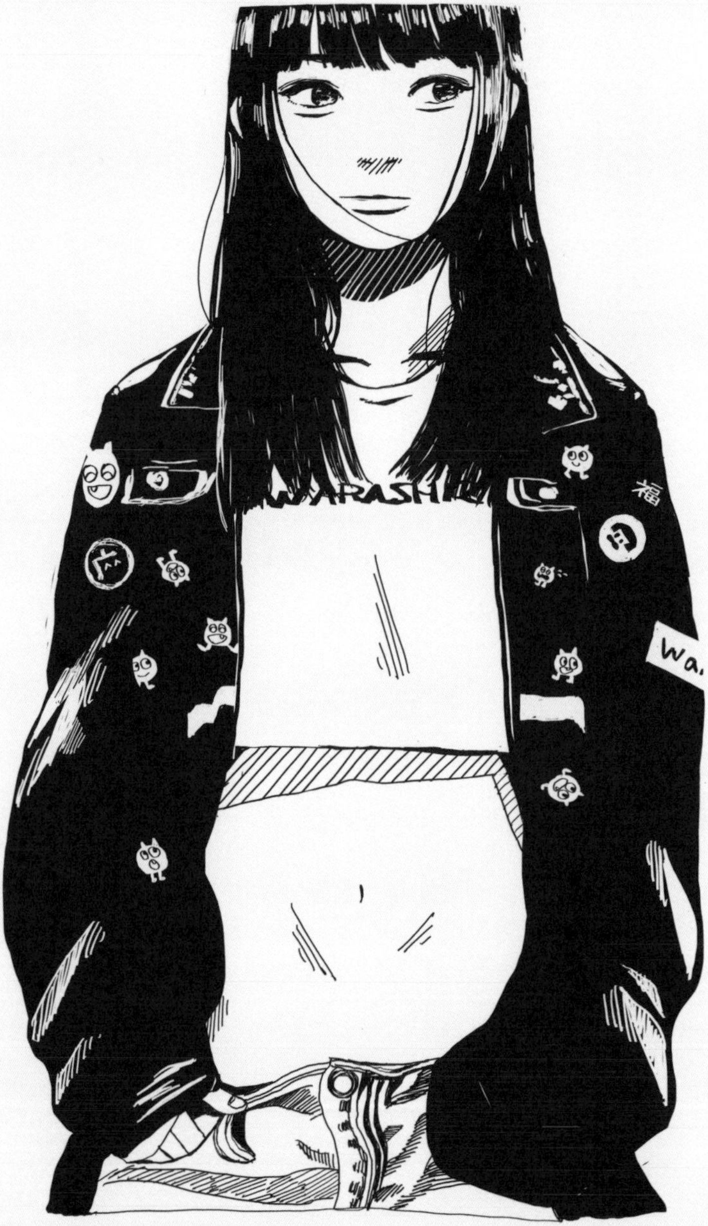
WARASHI
福
wa.

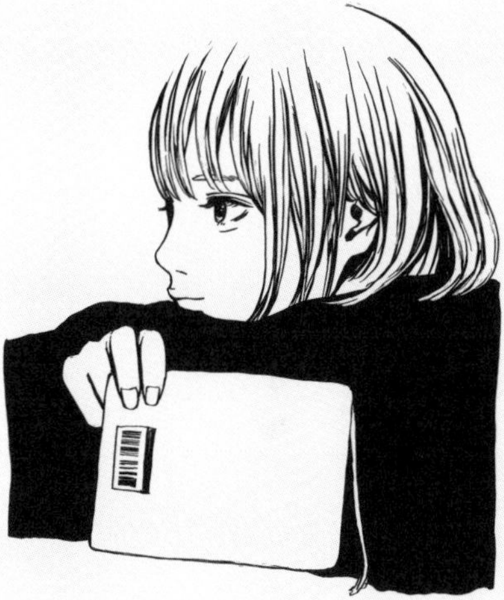
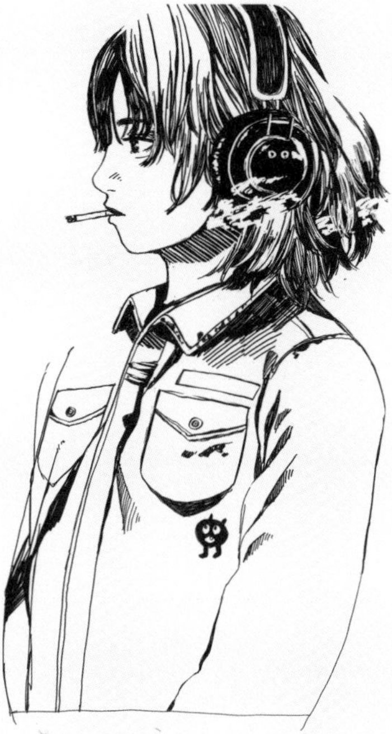
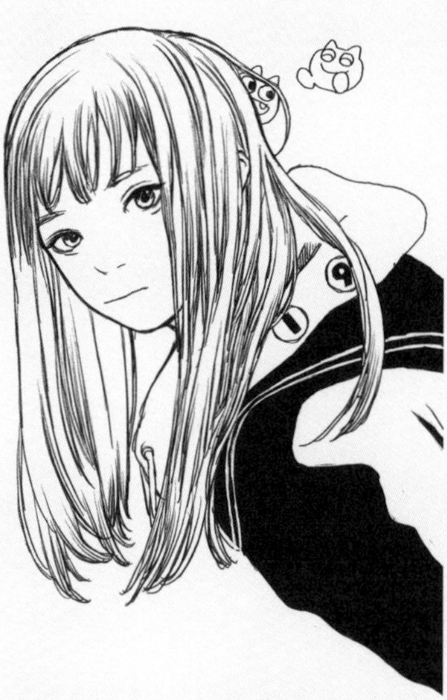
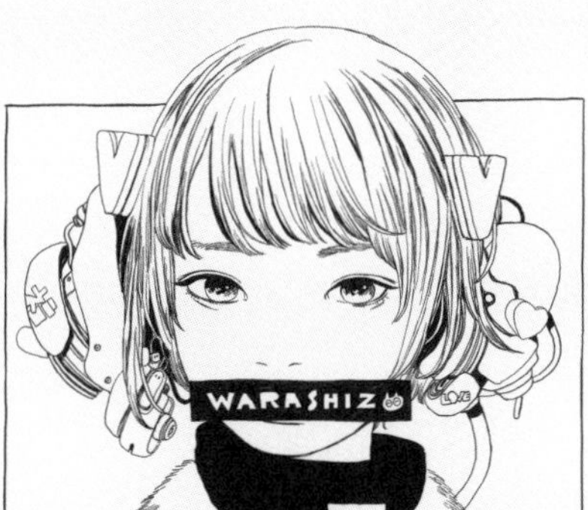
WARASHIZ

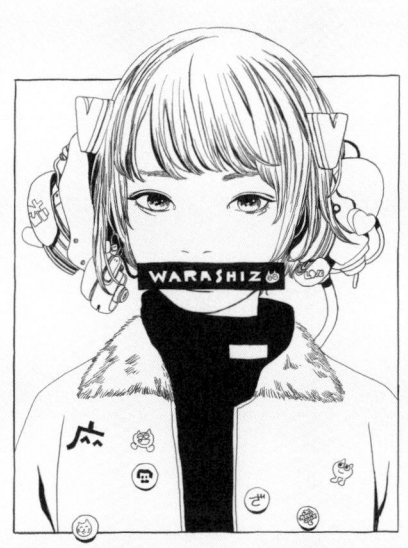

著者略歴

ざしきわらし

1987年福岡生まれ。地元福岡を拠点に活動するイラストレーター。

🐦 warashi @WarashiZ
📷 ざしきわらし @warashiz0614

ざしきわらしイラスト作品集　COLOR PALETTE

2021 年 6 月 25 日　初版第 1 刷発行
2025 年 8 月 18 日　　第 5 刷発行

著　者　　　ざしきわらし
発行者　　　相澤正夫
発行所　　　芸術新聞社
　　　　　　〒 101-0052
　　　　　　東京都千代田区神田小川町 2-3-12 神田小川町ビル
　　　　　　TEL 03-5280-9081 （販売課）
　　　　　　FAX 03-5280-9088
　　　　　　URL http://www.gei-shin.co.jp
印刷・製本　シナノ印刷
デザイン　　堀川達也 （horikawa design office）

協力　　　　アクセス BOOKS
　　　　　　ANIME Splay
　　　　　　壱岐市
　　　　　　ヴィレッジヴァンガード
　　　　　　学校法人 Adachi 学園
　　　　　　©Crypton Future Media, INC.
　　　　　　rockin'star★

©Zashikiwarashi , 2021 Printed in Japan
ISBN 978-4-87586-618-3 C0071

Zashikiwarashi ART WORKS COLOR PALETTE

Geijutsu Shinbunsha Inc.
Kanda Ogawamachi Building, 2-3-12 Kanda Ogawamachi,
Chiyoda-ku, Tokyo 101-0052, Japan
URL http://www.gei-shin.co.jp

ISBN978-4-87586-736-4 (Outside Japan)
©Zashikiwarashi , 2021 Printed in Japan